AF557696

ASTRID LEHMANN

EINE REISE ZU DEN SCHÖNSTEN GÄRTEN IM SCHWARZWALD

ASTRID LEHMANN

EINE REISE ZU DEN SCHÖNSTEN GÄRTEN IM SCHWARZWALD

Verborgene Gartenparadiese entdecken

GMEINER

Alle Angaben in diesem Buch wurden von der Autorin mit Sorgfalt recherchiert und zusammengestellt. Für die Richtigkeit der Angaben kann jedoch keine Haftung übernommen werden. Wandervorschläge im Internet können veralten – bitte prüfen Sie diese nochmals vor Antritt Ihres Ausflugs. Für Hinweise und Anregungen sind wir dankbar. Bitte wandern Sie auch im Mittelgebirge gut ausgerüstet und mit Vorsicht.

Besuchen Sie uns im Internet:
www.gmeiner-verlag.de

Im Ehnried 5, 88605 Meßkirch
Telefon 07575 / 2095-0
info@gmeiner-verlag.de

1. Auflage 2024

Redaktion: Anja Sandmann
Lektorat: Isabell Michelberger
Layout & Design: Veronika Buck
unter Verwendung folgender Fotografien:
© Staudengärtnerei Gräfin von Zeppelin e. K. (Cover & Pfingstrose U4)
© Astrid Lehmann (Gartenbilder U4)

Printed in EU
ISBN: 978-3-8392-0584-6

Sonnengelb und luftig leicht,
mit einem liebevollen Blick betrachtet,
ist der Löwenzahn
eine wunderschöne Pflanze.
Für alle Pflanzenfreunde auf dieser Welt,
die sich mit ganzem Herzen
für den Schutz unserer
wunderbaren und doch so fragilen
Erde einsetzen.

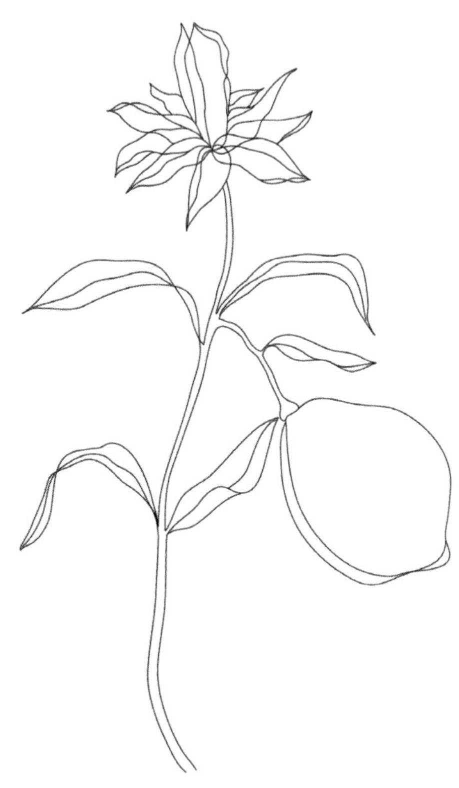

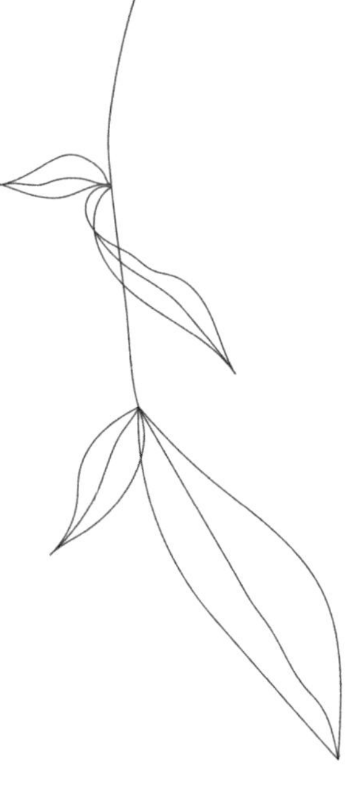

INHALT

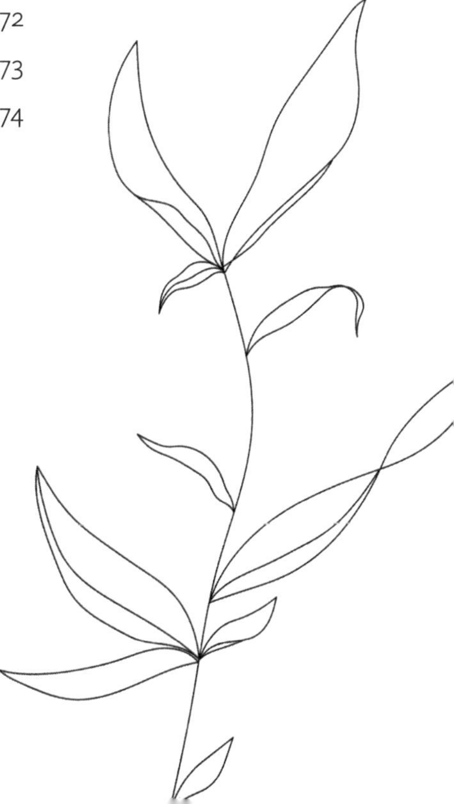

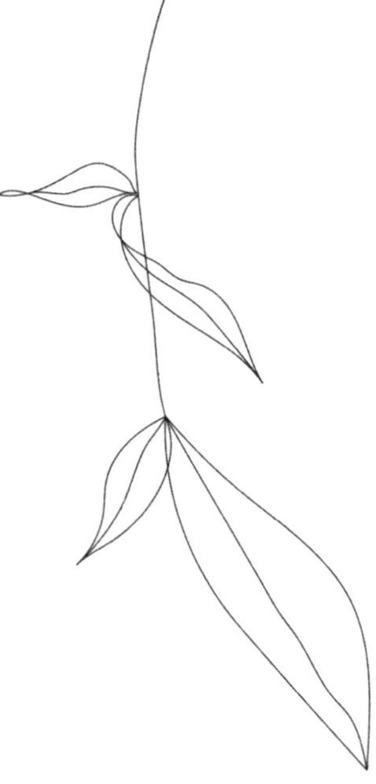

Gartenglück bis in die Zehenspitzen

Eine Liebeserklärung

Blühende Bilder unserer Fantasie, Horte unserer Träumereien und Sehnsüchte, Wiege unserer Geborgenheit. Oder Orte der Geselligkeit und der Intimitäten, der Wissensvertiefung und der Forschung. So vielgestaltig unsere Gärten sind, so unterschiedliche Wogen der Emotionen lassen sie in uns schwingen. Eins ist sicher, die bunten Reiche berühren unser Innerstes.

Woran liegt das? Virtuell und rasend schnell wie in einem Computerspiel dreht sich unsere Welt in Sphären, die wir zum Teil nicht greifen können. In unserem kleinen Stück Natur, unserem Rückzugsort, können wir uns dem bewusst entziehen, innehalten, kräftig durchatmen und genießen. Garten erdet – mit den Händen und ganz tief im Kopf. Wir kommen zur Ruhe und gewinnen Abstand zum hektischen Treiben um uns herum. Und plötzlich finden wir Antworten auf unsere Fragen und Zweifel, während wir dem Mysterium des Lebens bei seinem Lauf zuschauen. Ein ewiger Kreislauf, der mit dem Austreiben im Frühjahr beginnt und eine freudige Neugier in uns weckt. Im Sommer folgt das farbenfrohe Spektakel, bei dem die Blüten ihren großen Auftritt haben, als hätte ein Maler seinen dicken Pinsel genommen und in bunten Klecksen seine Farbpalette über unseren Garten gestrichen. Im Herbst freuen wir uns über eine reiche Ernte, die Früchte des Lebens, bevor alles wieder ruht und die Schneedecke eine kalte Stille über unsere Gärten haucht. Der Garten als Sinnbild unseres eigenen Lebens. Blühende Philosophie. Im Garten lernen wir so viel: Gelassenheit und Geduld, Ehrfurcht und Hoffnung, Freude und Dankbarkeit.

Eine innige Beziehung vereint uns Menschen und Pflanzen. Vielleicht rühren die Emotionen auch von dieser Urverbindung her, die in unserem Unterbewusstsein schlummert. Pflanzen sind die Grundlage allen Lebens auf Erden. Ohne sie gäbe es keine Tiere und sicherlich keine Menschen. Auch wenn uns diese Gewissheit manchmal abhandengekommen zu sein scheint, spüren wir, dass wir ein Teil des Ganzen sind, das uns umgibt. Die Natur im Allgemeinen und die individuellen Gartenreiche in unserem jeweiligen Mikrokosmos sind ein kostbares Gut, über das wir unsere schützenden Hände eine Zeitlang legen dürfen.

Die in dem Band porträtierten Gärten sollen die Vielgestaltigkeit der bunten Reiche im Schwarzwald präsentieren. Üppige Bauerngärten, als Spiegel des ländlichen Lebens, mit einem charmanten Wirr-

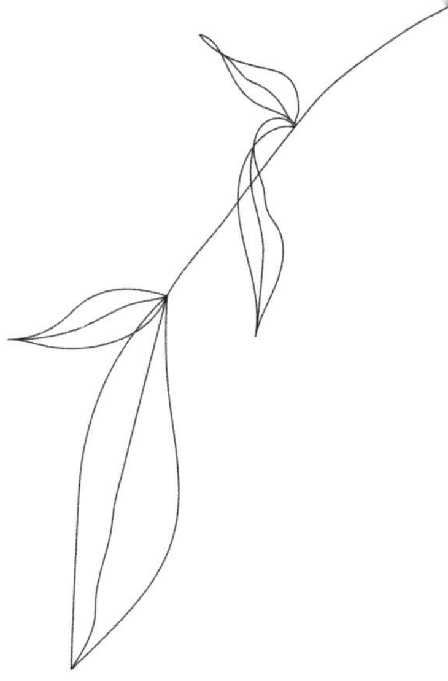

warr an alten Gemüsesorten, Kräutern und Blumen, die Kindheitserinnerungen in uns wecken. Die sämige Kräutersuppe, die knusprigen Bratkartoffeln und den knackigen Salat können wir bereits auf der Zunge schmecken. Kloster- und Heilpflanzengärten, grüne Apotheken, die uns Geschichten aus alter Zeit erzählen und einen unschätzbaren Pflanzenreichtum beherbergen. Landhausgärten und Parks, die uns als bunte Pflanzengedichte zum Träumen einladen und in denen unsere Seele schaukelt. Schließlich exotische Reiche, mit denen wir in ferne Länder reisen und unsere beengte Sicht erweitern. Alte Gemüsesorten, vergessene Heilpflanzen, landschaftliche Poesien oder exotische Raritäten. Die bunten Lebensräume des Schwarzwalds verzaubern nicht nur uns, unsere Gärten sind auch besondere Refugien für eine artenreiche Tierwelt. Wildbienen, die sich am Blütennektar laben, Schmetterlingsraupen, die sich durch das saftige Laub knabbern, Vögel, die die reifen Früchte der Bäume verspeisen. Viele Blütenpflanzen profitieren vom Bestäubungsdienst der Insekten, während sich Singvögel, Fledermäuse & Co wiederum an den Insekten erfreuen. Diese einzigartigen und faszinierenden Lebensgemeinschaften werden im Band vorgestellt und einige Gartenbewohner aus dem Tierreich porträtiert. Wir spüren, dass alles miteinander verbunden ist und wir alle Glieder einer langen Lebenskette sind.

Und da Gärten auch Genuss bedeuten, vervollständigen lecker-kreative Rezepte den Band. Frisch, schnell zubereitet, gesund und vor allem voller Geschmack – wir freuen uns nach dem Gartenbesuch über einen herzhaften Zucchini-Kuchen, Buchweizen-Haselnuss-Knusperkekse oder ein Aronia-Süppchen. Nach dem Essen hängen wir bauchschwer und träge im Liegestuhl, hören den Hummeln beim Bummeln zu und saugen den Blütenduft tief ein, bis er unseren Körper durchströmt. Wir spüren prickelnde Glücksgefühle bis in die Zehenspitzen.

Wir schlüpfen nun in unsere bunten Gummistiefel, öffnen das Gartentor zum Schwarzwald und treten ein in eine sinnliche Welt der blühenden Fantasien. Viel Freude bei der Erkundung wünscht Ihnen

Astrid Lehmann

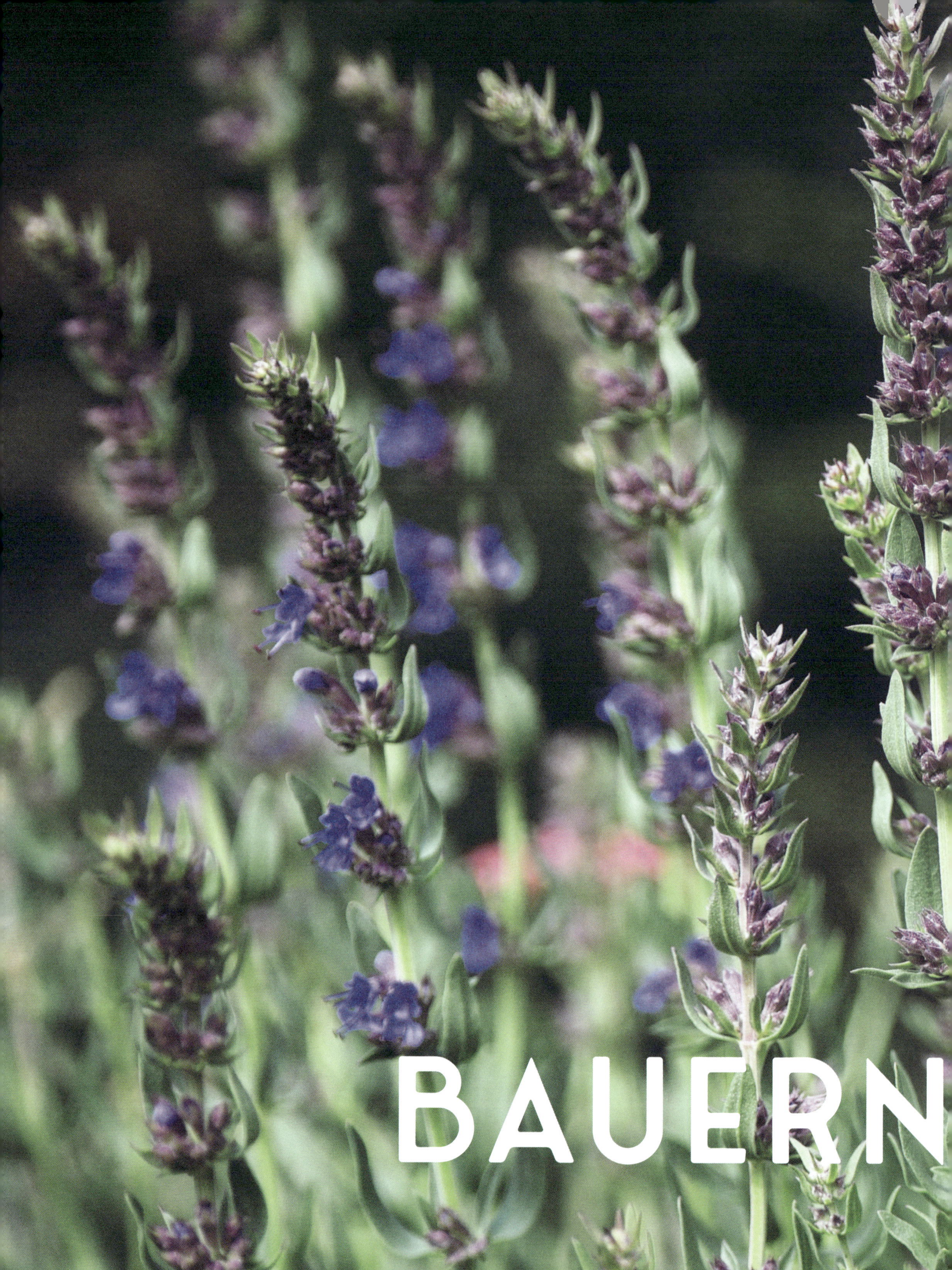
BAUERN

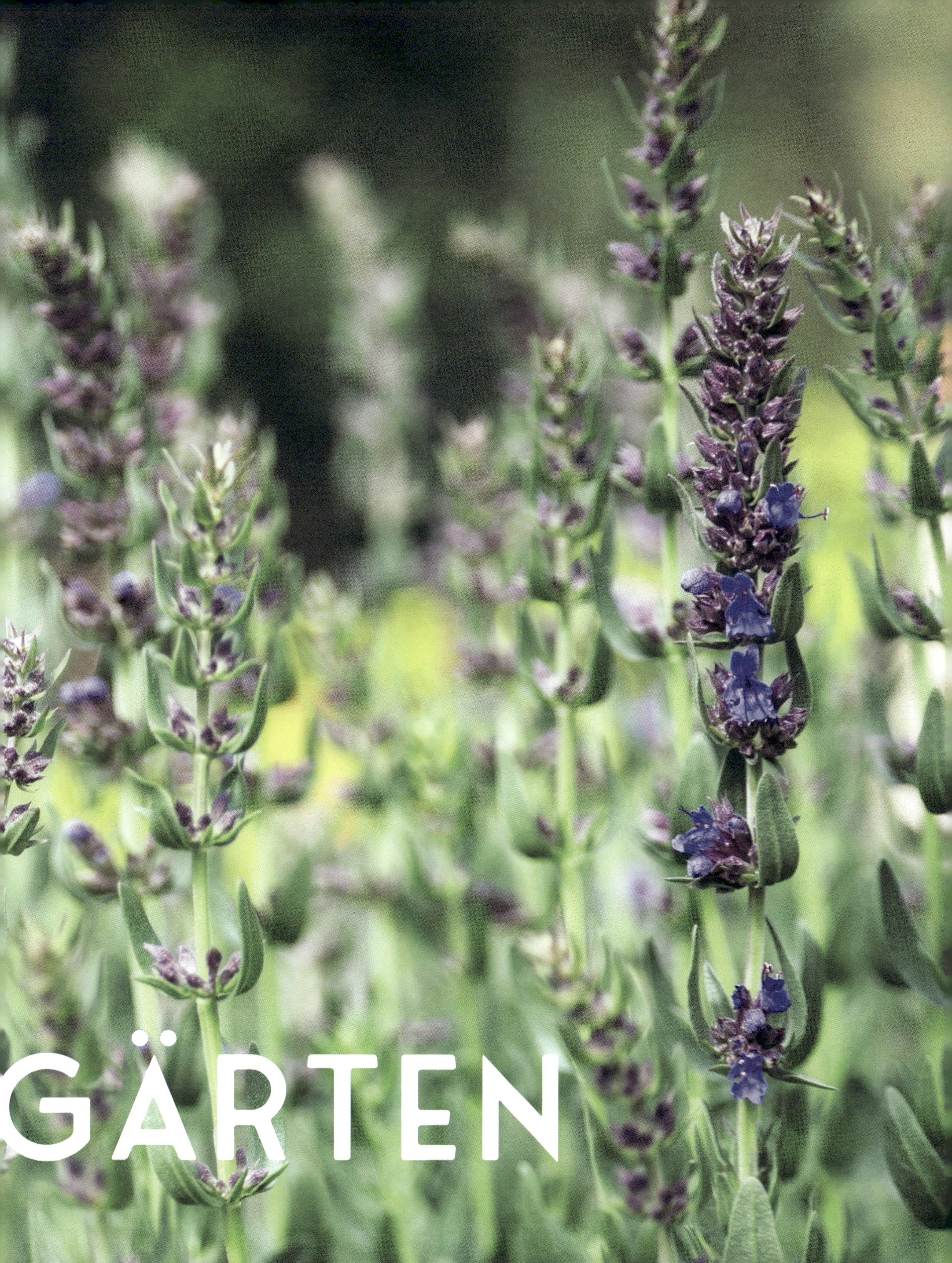

GÄRTEN

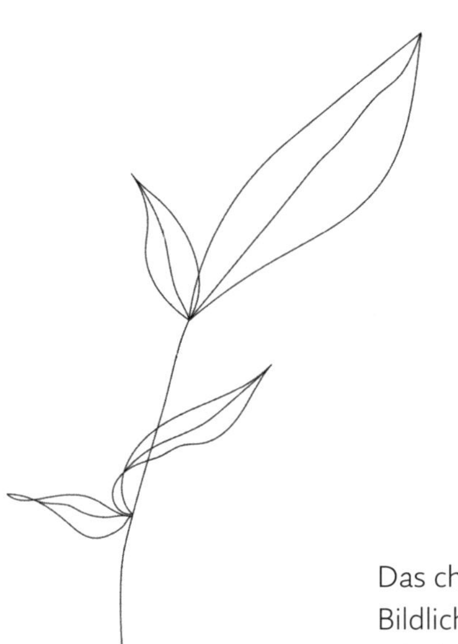

BAUERNGÄRTEN

Fröhliche Lebendigkeit

Das charmante Chaos im Bauerngarten weckt in uns kindliche Freude. Bildlich sehen wir unsere Großmutter in ihrer bunt gemusterten Kittelschürze vor uns, wie sie auf der Harke gestützt mit ihren Bohnen spricht, während wir uns an der prall gefüllten Blüte der Dahlien und der Süße der Himbeeren erfreuen. Der Bauerngarten versprüht den unvergleichlichen Charme aus vergangenen Tagen.

Nur auf den ersten Blick wirkt der Garten wie ein unkontrolliertes Sammelsurium an Gemüsesorten, Blumen und Kräutern, ohne Sinn für rechte Ordnung. Schlanke Karotten stehen neben bunten Kohlköpfen, Liebstöckel und Petersilie konkurrieren um das Regenwasser, Kapuzinerkresse und Erbsen ranken um die Wette, während eine Stockrose ihren großen Auftritt hat. Das freche Chaos ist fein säuberlich von einem Naturzaun oder einer Hecke eingefriedet, so als dürften die Pflanzen ihr wildes Reich nicht verlassen. Dabei verfolgt der Bauerngarten ein klares Ziel: Er bildet die Nahrungsgrundlage für die Hofbewohner. Heute ist das nicht mehr so wichtig wie früher, als die Menschen abgeschieden lebten und die Ästhetik eine untergeordnete Rolle spielte. Den Kapriolen der Natur ausgesetzt, ging es Jahrhunderte um das schlichte Überleben.

Die reiche Erde eines Bauerngartens speichert das Wissen der Gärtner und trägt es von Generation zu Generation in die Zukunft. Ein Zusammenspiel, das von den Bodenverhältnissen, den klimatischen Bedingungen, den Pflanzenkenntnissen und dem Brauchtum geprägt ist. Und ein Stück weit vom Aberglauben, da seit jeher ein besonderer Zauber die geheimnisvolle Welt der Pflanzen begleitet. So wird ein Bauerngarten, der auf den sanften Hügeln der Rheinebene sein Gesicht der Sonne entgegenstreckt, andere Pflanzenschätze beherbergen als

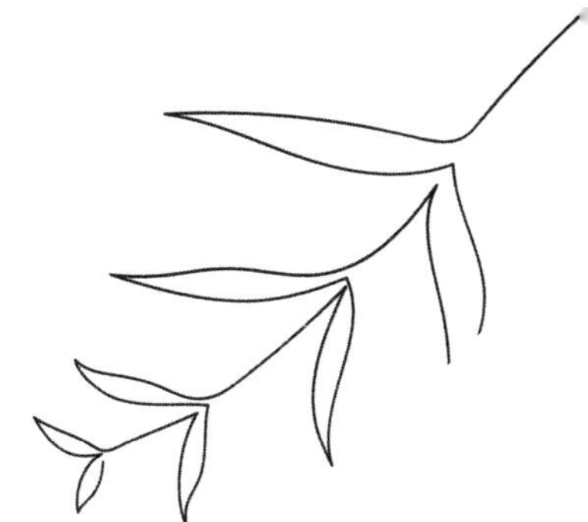

einer auf einer windigen Höhenlage, in dem erst im Mai der Frühling Einzug erhält. Gemeinsam haben sie den Charakter eines Selbstversorgergartens zusammen mit dem Ensemble aus Hofgebäude, Brunnen, Speicher und Backhäuschen.

Wo liegen die Anfänge des Bauerngartens? Das ist heute nicht genau nachvollziehbar. Als der Mensch noch nicht sesshaft war, fand er in der Natur ausreichend Nahrung: wild wachsende Pflanzen und Pilze, Wildtiere und Fische. Erst als er sich niederließ, fing er an, die Tier- und Pflanzenwelt zu domestizieren. Dabei hat der Garten der sesshaften Bauern in den Jahrtausenden eine starke Wandlung erfahren. Neue Pflanzen sind immer wieder eingewandert. Zunächst brachten Römer auf ihren Eroberungszügen südländische Arten in den Schwarzwald. Eine weitere maßgebliche Prägung erfuhren die Gärten auch von Mönchen, die sich im frühen Mittelalter niederließen. Später, durch die Entdeckung neuer Welten ab dem Ende des 15. Jahrhunderts, gelangten Exoten wie die Kapuzinerkresse oder die Sonnenblume in das bäuerliche Pflanzenreich. Langsam ist auch der Aspekt der Ästhetik in die Bauerngärten hineinspaziert. Nutz- und Zierpflanzen haben sich zu einer nostalgischen Harmonie vereint. Heute strahlt uns der traditionelle Bauerngarten mit einer großen Vielfalt bunt entgegen. Ein Feuerwerk an Blütenpracht. Entzückend, bäuerlich-ländlich, farbenfroh, wie kein anderes Pflanzenreich weckt der traditionelle Bauerngarten Sehnsüchte nach Geborgenheit und Heimat in uns. Ein verzierter Nutzgarten voller Harmonie für Augen, Magen und unsere Seele.

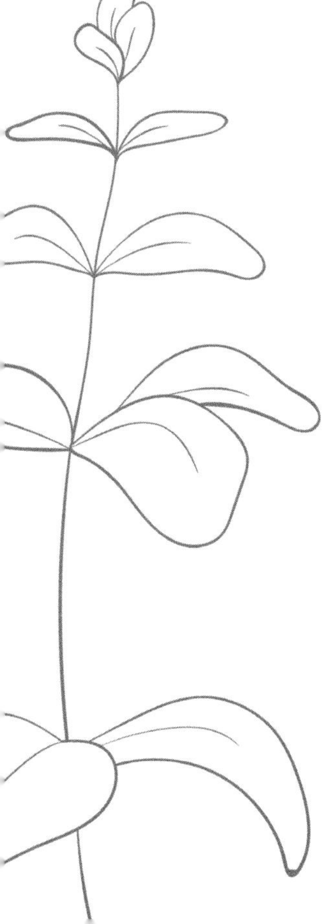

Der Bauerngarten vom Christleshof

Verwoben mit der Ganzheitlichkeit der Natur

Gelebte Erfahrung und zukunftsgerichtete Weitsicht, ruhende Verankerung und mitreißende Liebe zum Boden, in den graugrünen Augen der Bauerngärtnerin fließt alles ineinander. Ihr Blick zieht uns in seinen Bann. So tief wie ein Bergsee voller Empfindungen und Emotionen. Wer das Gärtnern lernen will, wer verstehen will, wie alles zusammenhängt, ist auf dem Christleshof, in einem Seitental Tennenbronns, goldrichtig.

Seit Generationen ernährt der große Selbstversorgergarten, mit seinem Gemüse und seinen Kräutern, mit den Beeren und den Früchten, die Bewohner des Bauernhauses. Für die abgelegen lebenden Menschen war er jahrhundertelang ein wichtiger Bestandteil. Gemeinsam mit dem Speicher, der Mühle und dem Bienenhäusle bildete er eine Einheit und sicherte das Überleben der Bewohner. Der große Eindachhof wurde in einer Talmulde errichtet. Beidseitig erheben sich breite Wiesenflächen, die Sommer- und die Winterseite, auf denen das Vieh weidete und großflächig Kartoffeln und Kraut angepflanzt wurden. Auf Stiegen gelagert oder als Sauerkraut verarbeitet wurden die Vorräte im großen Erdkeller verwahrt. Sie waren die Lebensgrundlage für den langen Winter. So war es jahrhundertelang, bis Anita Schwenk vor über 20 Jahren zurückgekehrt ist und den Hof von ihren Eltern übernahm. Der große Nutzgarten hat seitdem sein Gesicht verändert und eine Neuausrichtung erfahren. Dabei hat die Umwandlung langsam stattgefunden, um nicht zu schnell an dem Verankerten zu rütteln. Bewährte Elemente der Bewirtschaftung hat die gelernte Hauswirtschafterin beibehalten und sie mit neuen Gedankenansätzen verknüpft. Von Anfang an stand jedoch im Vordergrund, dem Boden keinen Schaden zuzufügen. Daher ist sie von dem Willen getrieben, ganz auf Pestizide zu verzichten. Entstanden ist ein Bauerngarten, der alte Geschichten erzählt und zukunftsgerichtete Träume verwirklicht.

Angefangen hat alles mit einer simplen Kräuterspirale, die sie vor dem Wohnhaus errichtete, dort wo bisher das Vieh weidete. Bereits nach zwei Jahren war die Steinschnecke zu klein. Schnell reifte die Idee heran, zwischen dem Bauernhof, der alten Mühle und dem Bienenhäusle eigens einen Garten für die Kräuter- und Teepflanzen zu gestalten. Eine hübsche Szenerie, in der sich nun ein bunter und würziger Teppich ausbreitet. Eingerahmt wird das wild wachsende Aromareich von gesägten Schwarten, die dekorative Akzente setzen. Es gibt so viel zu sehen, zu riechen, zu schmecken, dass man lange verweilen kann. Das in Sonnengelb strahlende Johanniskraut, das würzige griechische Bergheu, der violett blühende Thymian, sie sind nun der Wohnplatz von unzähligen Faltern, Bienen, Schwebfliegen und Käfern. Buntblühende Stockrosen gesellen sich zu ihnen und unterstreichen die Szenerie mit ihren Tönen. Der gelernten Kräuterpädagogin ist es wichtig, dass sich die Kräuter- und Wildpflanzen in ihrem Reich bis zu einem gewissen Maß ihren Platz selbst aussuchen. Nur so gedeihen sie üppig. Und das sieht man. Vor unserem Auge erstreckt sich eine unglaublich bunte und wohlriechende Vielfalt. Man verspürt den Drang, in die wilde Oase einzutauchen. Etwas abseits steht ein Gewächshaus, das den Abschluss bildet. Es beherbergt Paprika-, Auberginen- und himmelhohe Gurkenpflanzen.

Auch der traditionelle Selbstversorgergarten, der sich seit Generationen hinter dem Wohnhaus befindet, hat seit einigen Jahren ein Umkrempeln erfahren. Früher wurde das Gemüse klassisch in großen Beeten angepflanzt, heute gärtnert Anita Schwenk nach dem Prinzip des »Market Gardening«. Bereits auf den ersten Blick merkt man, dass hier eine Fachfrau waltet. Vier große quadra-

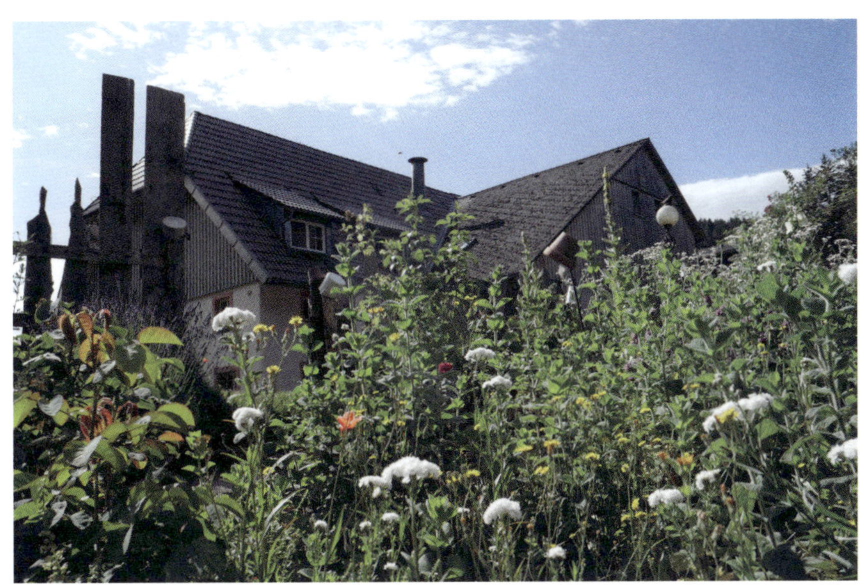

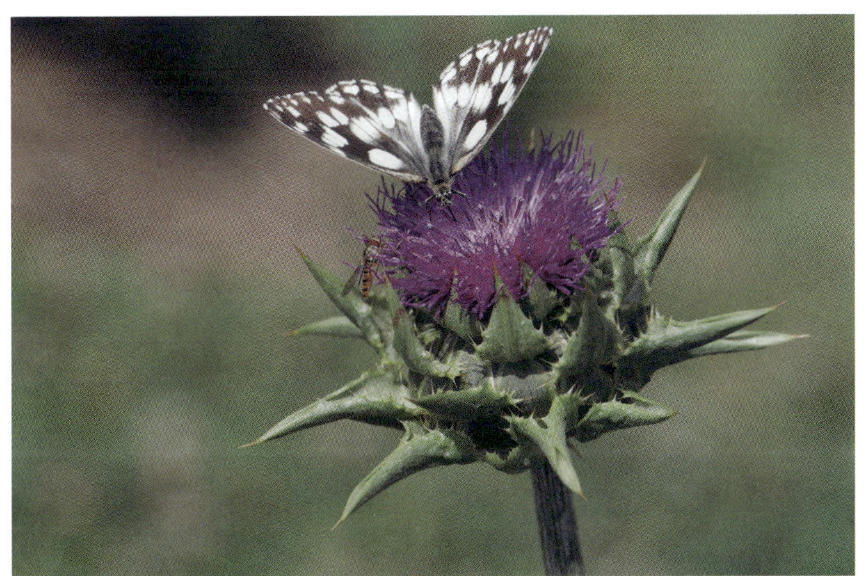

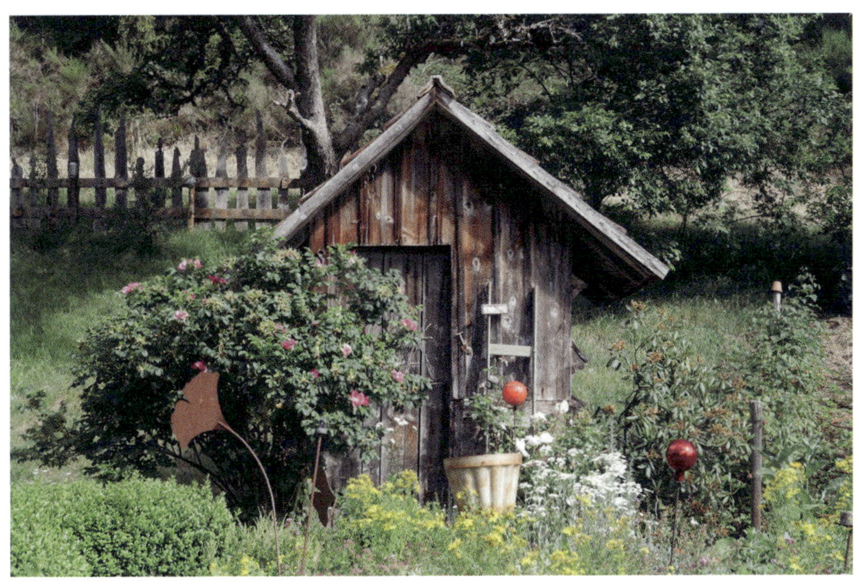

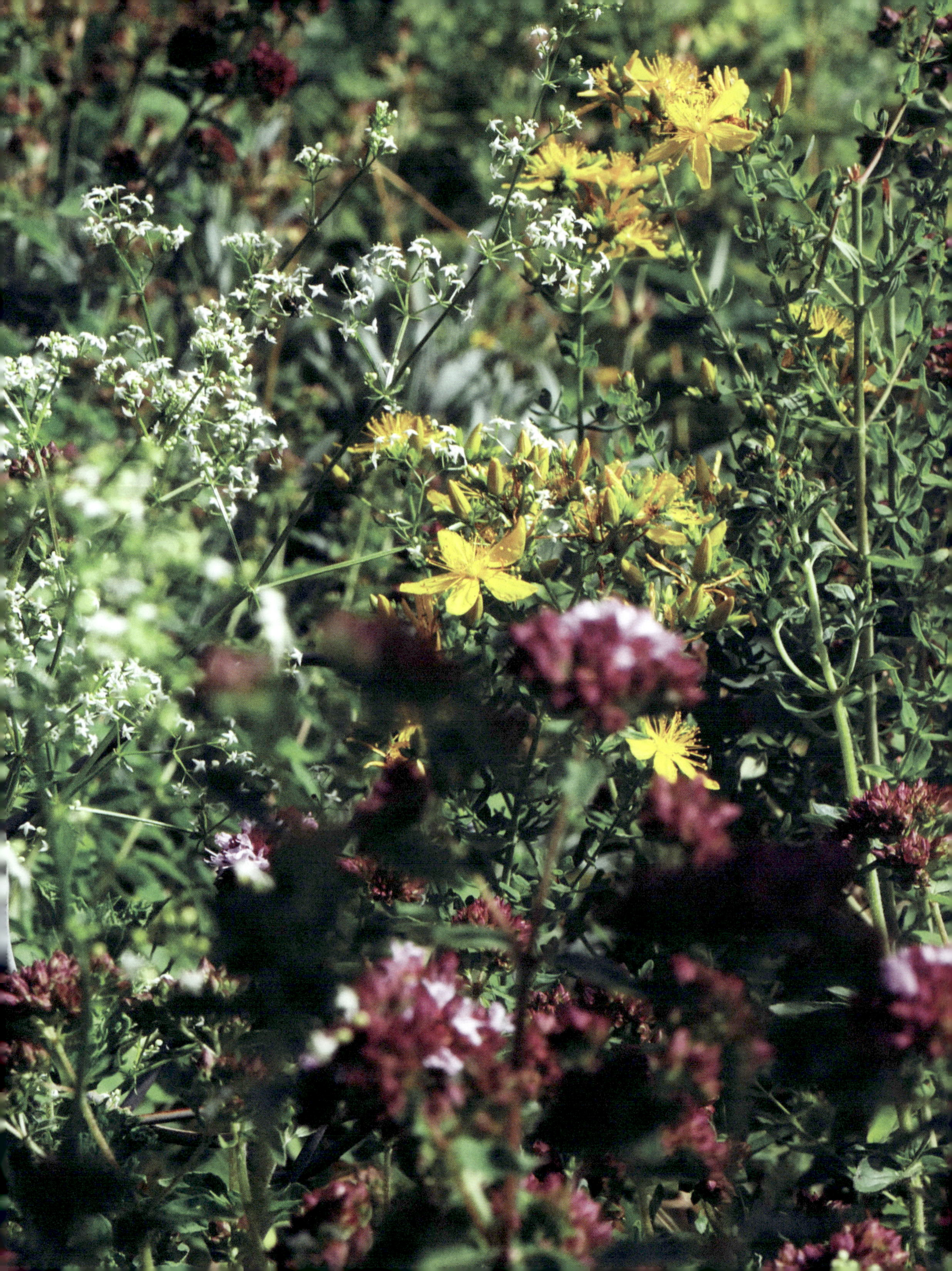

tische Beete stehen zur Verfügung, die ihrerseits in viele kleine Rechtecke unterteilt sind. Innerhalb der Quadrate und der Rechtecke zieht das Gemüse jährlich um. Taktgebend sind die Fruchtfolge, der Nährstoffbedarf und die Mischkultur. Ein ausgeklügelter Plan, der eine reiche Ernte verspricht. Dicht gedrängt wachsen Kohl, Kartoffeln, Bohnen, Pastinaken und Karotten, ab und an stellen sich Ringelblumen hinzu. Rasenstreifen grenzen die Rechtecke ein. Regelmäßig fährt die Bauerngärtnerin mit dem Rasenmäher durch. Die Pflege ist dadurch einfach und ihr Gemüse profitiert vom Grasschnitt, der als düngende Mulchschicht und Schutz gegen Austrocknung ausgebreitet wird. Spätestens wenn Anita Schwenk in den beiden Händen einen dicken Krautkopf hält und die Kürbisse so groß wie Wagenräder sind, weiß sie, dass die Bewirtschaftung funktioniert. Am Ende des großen Selbstversorgergartens steht das zweite Gewächshaus der Familie, das für Tomaten reserviert ist. Auch dort wächst eine prächtige Vielfalt mit wohlklingenden Namen.

Bis an Johannis (24. Juni) wird gepflanzt,
ein Datum, das du dir merken kannst.

Da aller guten Dinge drei sind, gibt es neben dem Kräuter- und Teegarten und dem Gemüsegarten auch einen separaten Beerengarten. Das ist das Reich der Aronia-, Johannis-, Josta- und Himbeeren und des Beinwells (Symphytum officinale). Auch da hat die Erfahrung gezeigt, dass die alte Heilpflanze nicht nur Knochenbrüche heilt und als Jauche angesetzt werden kann, sondern auch die Beerensträucher nährt. Direkt untergeharkt profitieren die Familie und die Vogelwelt von einer süßen Ernte mit prallen Früchten.

Die erfahrene Bauerngärtnerin und enthusiastische Kräuterpädagogin verbindet geschickt generationsübergreifendes Wissen und neue Erkenntnisse mit einem praktischen Tun. Im Vordergrund steht dabei die harmonische Verbundenheit zwischen den Pflanzen, den Tieren und dem Menschen. Ein enges und ganzheitliches Miteinander, das sie mit authentischer Leidenschaft lebt. Ob Gartenführung, Kräuterkochkurs oder das Herstellen von Blütenseifen, auf dem Christleshof gibt es für Besucher unendlich viel zu entdecken.

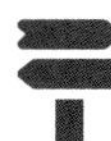

Christleshof
Anita Aberle-Schwenk
Schwarzenbach 269
78144 Tennenbronn
kräuter-entdecken.de

Die große Brennnessel

[Urtica dioica]

Pflanzenfamilie Brennnesselgewächse – Urticaceae

An Vielseitigkeit kaum zu überbieten: Die brennende Nessel ist für Tier und Mensch besonders wertvoll. Das wussten unsere Vorfahren sehr zu schätzen wie steinzeitliche Funde belegen. Heilmittel, Nahrungsmittel, Werkstoff, Faserpflanze, Färberpflanze, die Möglichkeiten der Verwendung sind vielfältig. In unseren Gärten sollten wir ihr einen Ehrenplatz vorbehalten.

Die heiße Pflanze aus der kalten Erde begleitet den Menschen und wächst in der Nähe seiner Siedlungen. Gut zu erkennen ist sie an ihren Brennhaaren, die auf dem Stängel und den Blättern sitzen. Berühren wir sie, entstehen schmerzende Quaddeln, ihr Schutz gegen Fressfeinde. Doch das sollte uns nicht davon abhalten, ihre positiven Eigenschaften zu nutzen. Als Nährstoffbombe ist sie unter anderem eine wunderbare Frühjahrskur. Dem gezüchteten Spinat ist das Wildgemüse überlegen: Vitamin-, mineralstoffreicher und ohne nierenschädigende Oxalsäure bietet es uns eine unglaubliche kulinarische Vielfalt. Im Smoothie, als Pesto mit Nüssen, gedünstet und mit Rahm verfeinert, als Beilage in Quiche und Aufläufen, der Fantasie sind keine Grenzen gesetzt. Sogar roh kann man die Nessel essen, allerdings sollte man mit dem Nudelholz über ihre Blätter fahren. Ihre Samen sind geröstet eine Delikatesse.

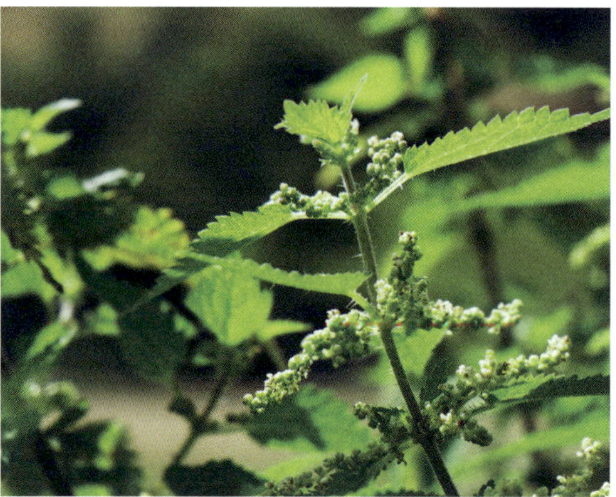

Vielen Tieren dient die Brennnessel als Futterpflanze. Bei einigen Schmetterlingsraupen ist sie sogar die einzige Futterquelle. Räumen wir ihr in unseren Gärten ein Plätzchen ein, dann können wir nicht nur eine wundervolle Jauche herstellen, sondern uns an bunten Schmetterlingen erfreuen. Der Kleine Fuchs, das Tagpfauenauge, der Admiral oder das Landkärtchen sind nur einige der Falter, deren Raupen sich von den brennenden Blättern ernähren.

Steckbrief

Höhe: *bis 1,5 m*

Aussehen: *Die Stängel wachsen aufrecht und sind meist verzweigt, auf den Stängeln und Blättern sitzen die Brennhaare. Die Blüte ist grünlich-weiß. Später im Jahr entwickeln sich grün-braune Samen.*

Standort: *Sie bevorzugt Halbschatten.*

Blütezeit: *von Juli bis September*

Inhaltsstoffe: *unter anderem Flavonoide, Kieselsäure, Vitamine, Mineralstoffe*

Eigenschaften: *unter anderem blutreinigend und harntreibend*

Der Türmchenbauer

[Das Landkärtchen – Araschnia levana]

Das Landkärtchen hat schon etwas von einem Zauberkünstler. Eine wandelnde Flügelfarbe und schiefe Eiertürmchen, die an Blättern hängen – in unseren Gärten, an feuchten Waldrändern oder entlang eines Bachufers können wir den heimischen Künstler gut bewundern. Entweder trägt er ein oranges Kleid mit einer braun-schwarzen Strickzeichnung oder seine Flügel weisen einen schwarzen Grundton mit weißen Bändern und gelblichen Flecken auf. Je nachdem ob es sich um einen Frühlings- oder Sommerschmetterling handelt. Seinen deutschen Namen verdankt er allerdings der Flügelunterseite, die wie eine Landkarte aussieht. Wer weiß, vielleicht trägt er ein Fleckchen des Schwarzwalds auf seinen Flügeln?

Am liebsten hält er sich in feuchten Gebieten auf. In einem Garten mit einer naturnahen Vegetation, in dem es schattige Ecken gibt, findet er ein gutes Habitat. Der Falter ernährt sich vom Nektar vieler Pflanzen. Man findet ihn unter anderem an den Blüten von Hahnenfußgewächsen, der Wilden Möhre, dem Wiesenkerbel, der Engelwurz oder dem Wasserdost. Seine Eier hingegen legt er aneinandergereiht an die Unterseite von Brennnesselblättern; wie die Perlen einer Kette baumeln sie an der Pflanze. Er ist der einzige heimische Türmchenbauer. Sobald sie schlüpfen, können die gefräßigen Raupen die Brennnesseln verspeisen, ihre einzige Futterquelle. Die Puppen der Sommergeneration müssen den harschen Winter aushalten. Im Frühling schlüpfen sie zu einer orangenen Schönheit. Die Puppen der Frühlingsgeneration ergeben nach nur kurzer Puppenruhe einen schwarzen Falter. Es sind die Tageslängen und die Wärme während der Verpuppung, die die Farbvarianten steuern. Ein faszinierendes Kuriosum im Reich der Natur.

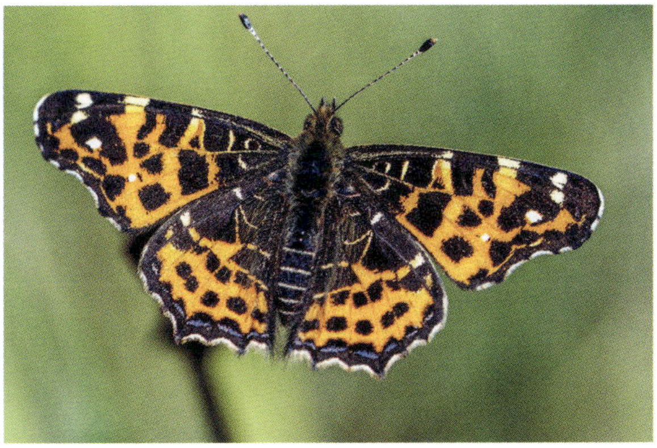

Steckbrief

Spannweite: *30 bis 40 mm*

Aussehen Falter: *Die Flügeloberseite weist eine bunte Zeichnung auf orangenen Flügeln oder eine weiße Zeichnung auf schwarzen Flügeln auf.*

Aussehen Raupe: *Schwarze Raupen, die zahlreiche dunkle Dornen tragen.*

Nahrungsquelle: *für die Falter verschiedene Blütenpflanzen, für die Raupen die Blätter der Brennnesseln*

Der Bauerngarten vom Kapphansenhof

Wo sich sonniger Breisgau und Hochschwarzwald vereinen

Natürlich gedeihen Kürbis, Stangenbohnen und Gurken im großen Schwarzwälder Nutzgarten, aber auch vietnamesischer Koriander, indisches Basilikum, japanischer Peterle oder schottischer Liebstöckel. Der Bauerngarten von Gabi Kapp ist eine duftende Buntheit voller Überraschungen, verträumt, divers und üppig. Ganz am Ende vom Ahlenbach, einem Seitental von Oberglottertal, da, wo die Straße endet, startet das Gartenreich der Bauerngärtnerin. Mehr Schwarzwald ist kaum möglich. Das hübsche Wohnhaus, das 1860 errichtet wurde, steht inmitten saftiger Wiesen, im Hintergrund erheben sich die Fichten und Tannen des Waldes. Einige Nebengebäude vervollständigen das Hofareal. Etwas weiter entfernt, oberhalb des Hangs und von den Blicken geschützt, wacht das Berghäusle über die Bewohner. Erbaut wurde es 1740 und diente lange Zeit als Libding, als kleineres Haus, auf das sich die Altbauern nach der Hofübergabe zurückziehen. Es ist in der traditionellen Bauweise des Schwarzwalds errichtet und ganz mit Stroh gedeckt. Das Berghäusle könnte in einem Museum stehen, so schön ist es.

Der traditionelle Bauerngarten erstreckt sich hinter dem Wohnhaus. Wie lange sich Gemüse, Kräuter und Blumen dort bereits die Hand reichen, weiß Gabi Kapp nicht. Seit über 40 Jahren bewirtschaftet sie den Garten, vor ihr werkelten an dieser Stelle ihre Schwiegermutter und deren Schwiegermutter unter dem Schutz der Obstbäume, die verstreut und mittlerweile knorrig im Gartenparadies stehen. Ihr Alter hat sie gezeichnet, doch ihre Ernte ist nach wie vor üppig. Vor über fünfzehn Jahren vergrößerte Gabi Kapp das bunte Reich um eine Vielzahl an Staudenrabatten, die sich um das Haus herum schmiegen. Dort, wo einst die Vorderwälder grasten, erstrecken sich nun insgesamt sieben Beete, die an floraler Pracht kaum zu überbieten sind. Sie läuten die Gartenbesichtigung ein und führen nun farbenreich zum Nutzgarten, der seit Generationen unerschütterlich an seinem Standort steht. Bei der Auswahl der Stauden hat sich die erfahrene Gärtnerin für Pflanzen entschieden, die mit der Nord-Ost-Lage gut zurechtkommen. Mit der trockenheitsverträglichen Selektion erspart sie sich das aufwendige Gießen und genießt vom Frühling bis in den Herbst hinein eine bunte Palette an farbenfrohen Farben. Wenn sich dann die Morgensonne über den Berg schiebt, verfangen sich ihre Strahlen in den Tautropfen. Wie kleine Perlen leuchten sie in den Blättern des Frauenmantels oder in den Blüten der Fuchsien.

Viele ihrer Pflanzen versamen sich und geben den Rabatten auf natürliche Weise eine wiederkehrende Komponente. So verhält es sich auch mit der Bauerngartenblume »Jungfer im Grün« (Nigella damascena), die sich selbstständig macht. Ihre Blüten, von Weiß über Rosa und Blau bis Violett, sind an Schönheit kaum zu überbieten und sitzen wie kleine Krönchen auf dem filigran wachsenden Stängel. Auf die Jungfer schaut der mannshohe Gewürzfenchel (Foeniculum vulgare) herunter, der ebenfalls gerne umherspaziert. Sein gelbes Doldenkleid strahlt über das Blumenreich und zieht eine Vielzahl an Insekten an, während der Große Reiherschnabel (Erodium hybridum) mit seinen Magenta-Blüten schöne Tupfer auf den Gartenteppich malt. Ein tiefes Blau, wie ein reingewaschener Sommerhimmel fern ab der Zivilisation: Die intensive Blütenfarbe der Hortensie ist nicht zu übersehen. Schönaster, Brandkraut, Telekie, Lerchensporn, immer wieder hüpfen Augenschmeichler in unseren Blickwinkel und verzaubern uns.

Wir sind im Nutzgarten angekommen, der wie jeder Garten die Leidenschaft der Besitzerin widerspiegelt. Neben einer außergewöhnlichen Auswahl an exotischen Gewürzpflanzen fallen sofort die vie-

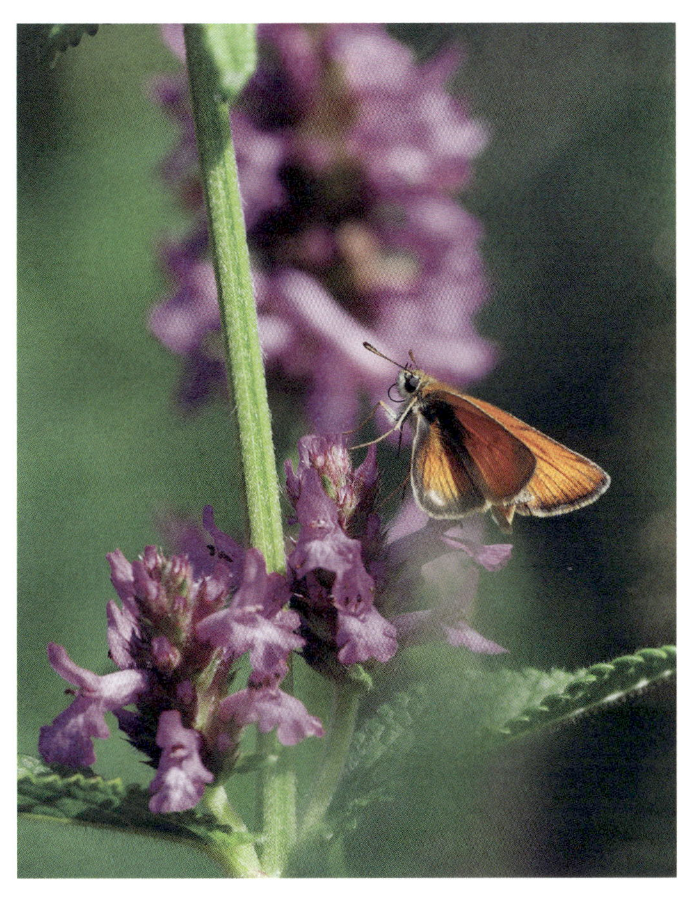

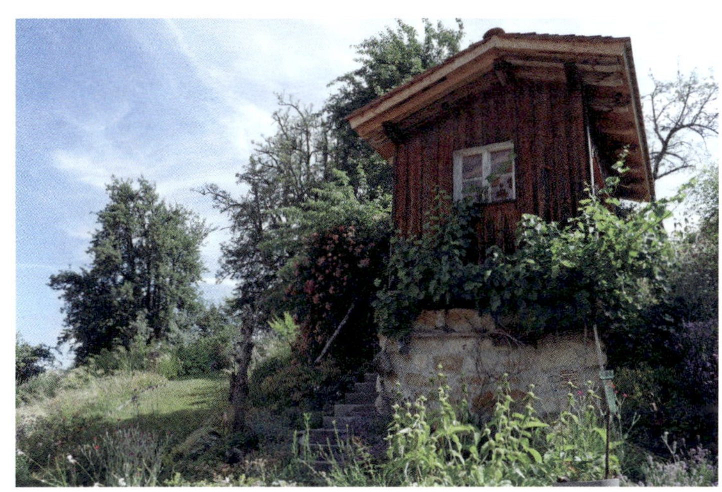

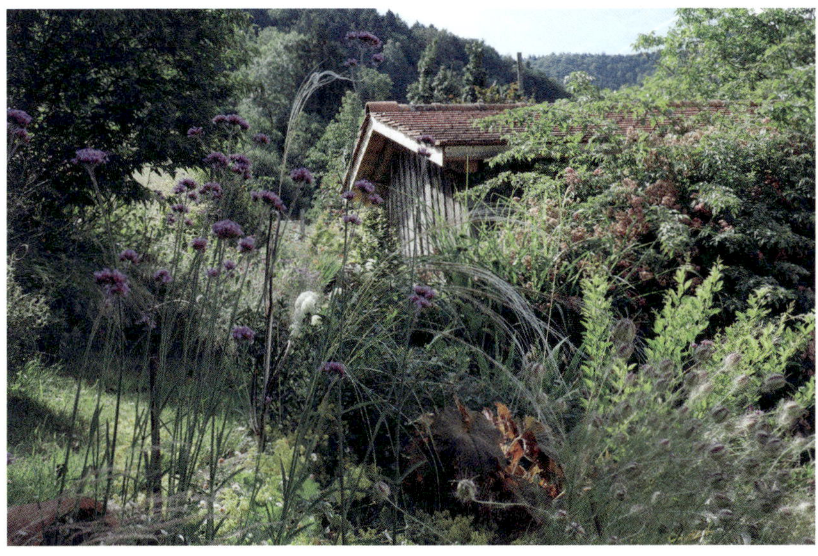

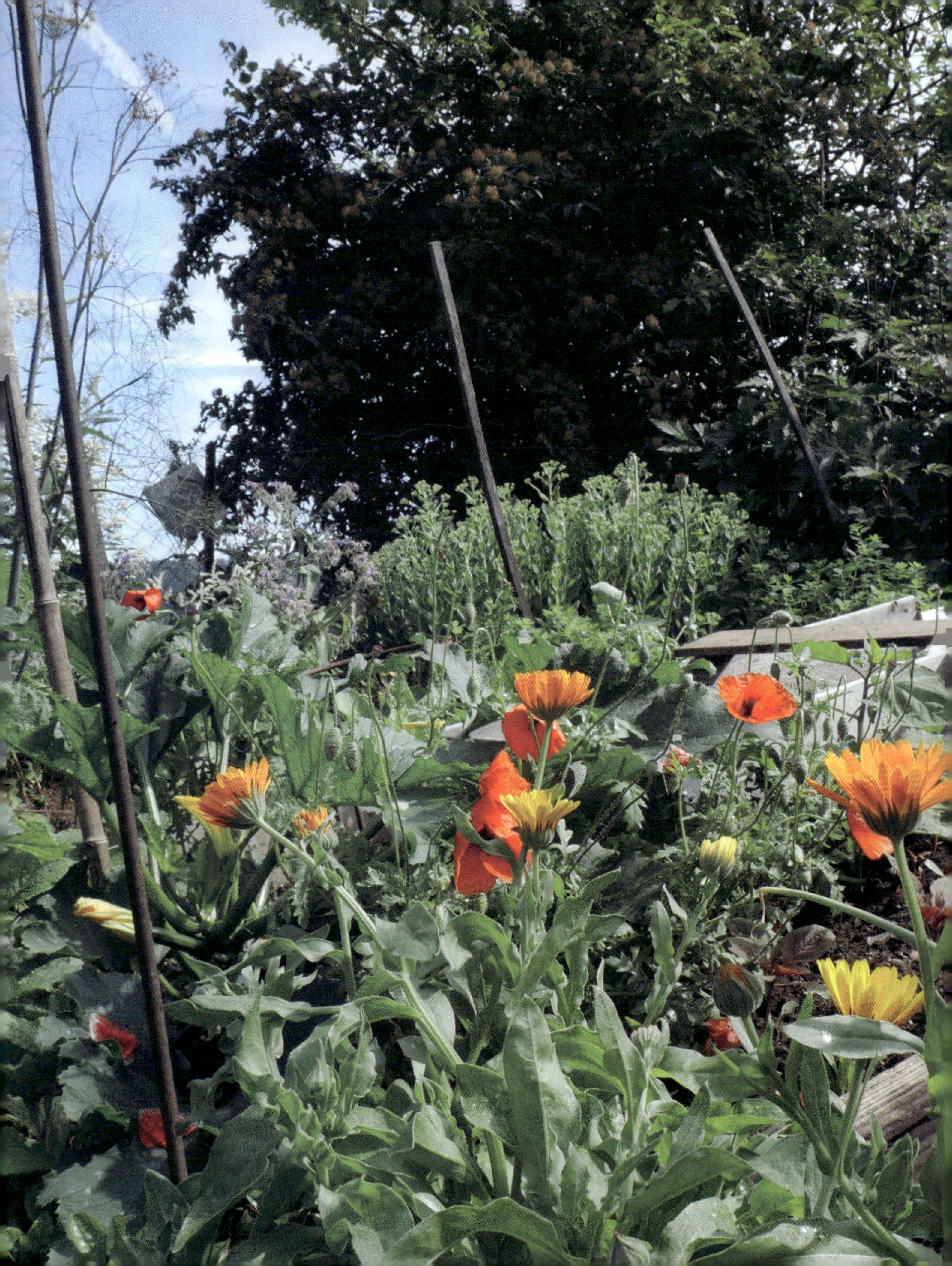

len Tomatenstöcke auf. San Marzano, Jersey Devil, Ananastomate, knapp vierzig Pflanzen stehen hier in Reih und Glied, adrett umsorgt, und versprechen eine reiche Ernte. Von kleinen Cocktailtomaten bis zu handtellergroßen Sorten, Gabi Kapp liebt sie alle. Neben Klassikern wie Zwiebeln, Kohlrabis und Salate, die in keinem Garten fehlen sollten, gedeihen Süßkartoffeln, die sich als Windengewächs gerne ausbreiten. An den Stangenbohnen räkeln sich Neckarkönigin und Berner Landfrau. Die Pflanzen natürlich. Als Beeteinfassung dienen Küchenkräuter wie die Kapuzinerkresse, der Borretsch und die Ringelblume. Sie sind hübsch anzuschauen und durch ihre Randlage kann man sie schnell pflücken und den Sommersalaten zufügen. Die eigentliche Begrenzung zur Wiese, das Schneckenblech, hält die Kriechtiere nicht davon ab, in das Gemüsereich einzuwandern. Doch dafür hat die Bauerngärtnerin ihre persönliche Wunderwaffe: alte, verfilzte Schurwollpullis, die sie auf der Erde ausbreitet und unter denen sich die Schnecken gerne verstecken. Auch Pappkarton funktioniert hervorragend. Gabi Kapp muss die Kriechtiere morgens nur noch absammeln. Der Nutzgarten ist umgeben von einer Vielzahl an schattenspendenden Obstbäumen – Äpfel, Birnen, Kirschen, Zwetschgen, Walnüsse. Unterstützt werden sie von Himbeeren, Johannisbeeren und Heidelbeeren, die den Speisezettel der Familie zusätzlich bereichern. Der Gartenrundgang ist fast vollendet. Ein klitzekleines Beet fällt auf, eine Miniversion des großen Nutzgartens: Es ist das Gartenreich des kleinen Enkels, in dem mit großer Begeisterung gegärtnert wird. Mit der natürlichen Neugierde eines Kindes taucht der Kleine bereits in das einzigartige Mysterium des Lebens ein, das aus Wiedererwachen und Wachstum, aus üppiger Ernte und Ruhen besteht.

Zu früh gepflanzte Gurken und Tomaten erleiden um Bonifatius (14. Mai) tödlichen Schaden.

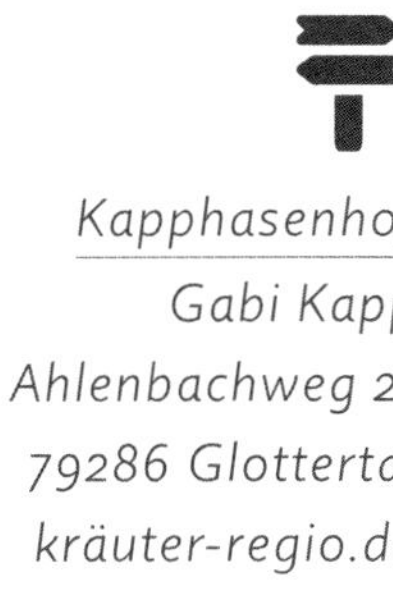

Kapphasenhof
Gabi Kapp
Ahlenbachweg 21
79286 Glottertal
kräuter-regio.de

Die Tomate

[Lycopersicon]

Pflanzenfamilie Nachtschattengewächse – Solanaceae

Rot und rund, aber auch gelb, orange, grün oder grauschwarz, länglich oder birnenförmig, die Welt der Tomaten ist bunt und formenreich. Die Tomate ist der Deutschen liebstes Gemüse, weit dahinter folgen die Möhre und die Zwiebel. Dabei ist der runde Liebling gar kein Gemüse, sondern gehört zu den Beerenfrüchten. Ursprünglich stammt die Tomate aus Mittel- und Südamerika, wo sie von den Naturvölkern seit Jahrhunderten kultiviert wurde. Anfang des 16. Jahrhunderts kam sie nach Europa, wo sie zunächst zaghaftes Interesse hervorrief, da sie als Nachtschattengewächs giftige Cousinen wie die Tollkirsche oder die Alraune besitzt. Erst ab dem 18. Jahrhundert, mit ihrem Einzug in die italienische Küche, verbreitete sie sich zunehmend auf dem gesamten Kontinent, seit Anfang des 20. Jahrhunderts rasant. Heute ist sie aus unserer Küche nicht mehr wegzudenken.

Weltweit soll es mittlerweile ungefähr 10.000 Sorten geben, die wenigsten davon finden wir in den Supermärkten. Unreif geerntet, transportfähig gelagert und lange haltbar: Die Tomaten, die wir kaufen, sind geschmacklich Lichtjahre entfernt von den Sorten, die reif und säuerlich-süßfruchtig in unserem Garten am Strauch hängen.

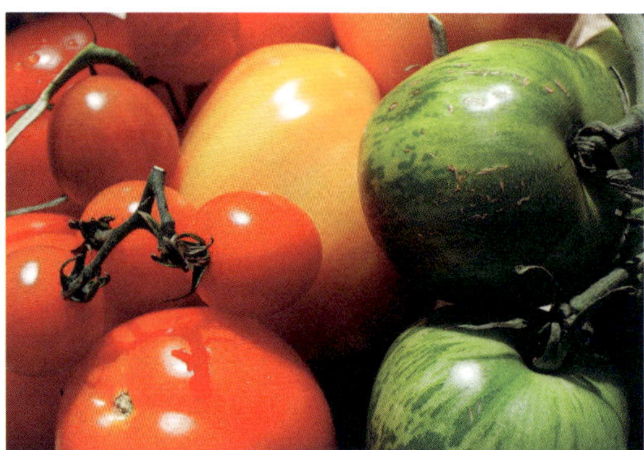

Ihr Anbau ist recht einfach. Egal, ob man einen großen Garten zur Verfügung hat oder nur einen Kübel auf dem Balkon, es gibt für jeden die passende Sorte. Was sie gemein haben, sind ihre Vorlieben für einen sonnigen und trockenen Standort, eine leichte Brise und eine humusreiche Erde.

Steckbrief

Samen: *Aus den reifen Tomaten des Vorjahres kann man das Saatgut ernten. Die Tomaten sind Lichtkeimer, die Samen sollte man daher nur mit einer dünnen Schicht Erde bedecken. Erde stets feucht halten.*

Aussaat: *ab Anfang März*

Auspflanzen: *wegen ihrer Frostempfindlichkeit erst ab Mitte Mai*

Standort: *sonnig und trocken*

Nährstoffverbrauch: *Als Starkzehrer benötigt die Tomate einen humusreichen, lockeren Boden, den sie mit ihrer tiefen Wurzel durchdringt.*

Tomatensalat

Weißbrot schmeckt am Backtag knusprig. Doch wird es schnell altbacken und hart. Was kann man daraus noch machen? In Olivenöl geröstet und mit sonnengereiften Tomaten und aromatischem Basilikum kombiniert wird es zu einem zweiten Leben erweckt. Eine leckere Vorspeise, die nach Urlaub schmeckt.

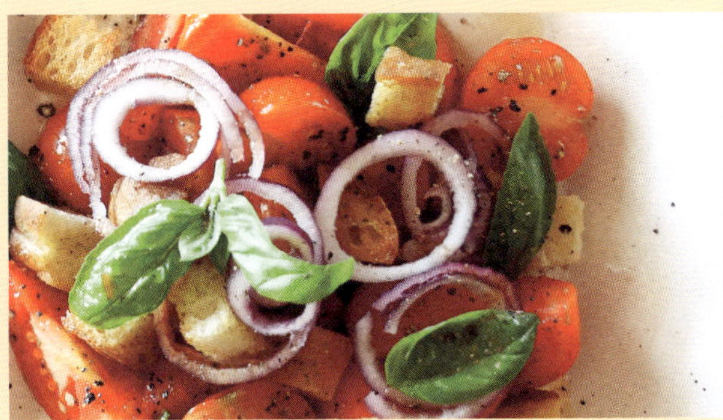

Zutaten

1 Knoblauchzehe

2 dicke Scheiben Weißbrot oder Baguette (vom Vortag)

5 EL Olivenöl

500 g Tomaten

1 EL Balsamico-Essig

½ TL Kräutersalz

1 rote Zwiebel

6–10 Basilikumblätter,

nach Belieben frisch gemahlener Pfeffer

1. Die Knoblauchzehe abziehen. Die harten Brotscheiben mit der Zehe einreiben und die Scheiben in Würfel schneiden.
2. In einer Pfanne 2 EL Olivenöl auf mittlerer Stufe erhitzen. Die Brotwürfel zufügen und unter gelegentlichem Wenden 5 Minuten rösten, bis sie kross sind. Dabei die Pfanne nicht aus den Augen verlieren, das Brot kann leicht anbrennen. Vom Herd nehmen und abkühlen lassen.
3. Die Tomaten waschen und in mundgerechte Stücke schneiden.
4. In einer Schüssel den Balsamico-Essig mit dem Kräutersalz verquirlen. Das restliche Olivenöl beimengen und verrühren. Die Tomaten zufügen.
5. Die Zwiebel abziehen und in dünne Streifen schneiden.
6. Die Brotwürfel unter den Salat heben, mit den Zwiebelringen und den Basilikumblättern garnieren. Mit frisch gemahlenem Pfeffer würzen und sofort servieren.

Tipp: Möchte man den Salat verfeinern, eignen sich schwarze Oliven und Anchovisfilets, die dem Gericht eine mediterrane Note geben. Lecker schmecken auch Rucola-Blätter, dann kann man das Basilikum weglassen.

vegan

Der Bauerngarten vom Höfenhof

Garten erdet

Die Anfahrt könnte nicht spektakulärer sein: Durch einen dichten Nadelwald, dunkel und mystisch, führt der Weg auf einen sonnigen Hochsattel mit einer grandiosen Fernsicht. Wir sind im Schwarzwälder Garten Eden angekommen. Über uns weitet sich der Sommerhimmel, um uns herum bunte Blumenwiesen und vor uns liegt ein malerisches Hofensemble, bestehend aus einem traditionellen Bauernhof mit Back- und Brennhäusle, einem Libding (kleineres Haus, auf das sich die Altbauern nach der Hofübergabe zurückziehen), einem historischen Fachwerkspeicher, dessen Inschrift die Jahreszahl 1604 verrät, einer Mühle und einem Milchhäusle. Abgerundet wird das Gartenidyll mit einem Bienenhäusle und einem Teich. Augenblicklich spüren wir, dass der Ort eine nostalgische Harmonie verströmt, als wäre die Zeit stehengeblieben, zumindest ein bisschen. Eine erste Erwähnung des Höfenhofs findet sich im Jahr 1189. Doch bereits die Römer dürften den Höhenzug passiert haben, denn der geschichtsträchtige Ort befindet sich auf dem früher gut frequentierten Weg zwischen Straßburg und Rottweil, einer historischen Trasse. Die Familie Schillinger bewirtschaftet den Hof seit 1832. Damals war der Wald wie so oft im Schwarzwald abgeholzt. Der damalige Vorfahre hat in Fleißarbeit kanadische Douglasiensamen eingepflanzt, sodass heute ein alter Baumbestand den Gebäudekomplex umsäumt.

Wendet man sich dem Gartenreich zu, sieht man auf den ersten Blick, dass hier jahrzehntelange Erfahrung, Leidenschaft zum Boden und Liebe zur Heimat vereint sind. Eine Verschmelzung, die eine unglaubliche Fülle an längst verschwunden geglaubten Pflanzenschätzen hervorbringt. Seit über dreißig Jahren bewirtschaftet Walburga Schillinger den Nutzgarten. Wie alt er in Wirklichkeit ist, ist schwer zu sagen. Die Gärtnerin nimmt eine Handvoll Gartenerde und schaut voller Ehrfurcht auf das feine, krümelige Braun. Der fruchtbare, humusreiche Boden ist viel mehr als nur die Grundlage einer gut gefüllten Speisekammer, er verbindet die Generationen. In ihm vereint ist das Vermächtnis ihrer Vorfahren.

Umrundet ist der Nutzgarten durch mehrere Walnuss-, Apfel- und Birnenbäumen. Das getrocknete Obst dient der Herstellung des Hutzelbrots, eine Spezialität des Hauses. Sandsteinsäulen und ein Staketenzaun schützen die Pflanzenschätze vor frechen Eindringlingen wie Laufenten, Hühner und Ziegen. Sie alle gehören zur Familie. Bei den Laufenten macht Walburga eine Ausnahme. Im zeitigen Frühjahr dürfen sie vor der Aussaat im Garten wühlen und nach Herzenslust essen. So hat die erfahrene Bauerngärtnerin keine Schnecken. Aufgeteilt ist der große Selbstversorgergarten in vier Bereiche: Beete für starkzehrendes, mittelzehrendes und schwachzehrendes Gemüse und ein Regenerationsbeet. Doch die Gliederung ist nicht streng reguliert, denn die Pflanzen dürfen sich ihren Standpunkt bis zu einem gewissen Grad auch selbst aussuchen. Für die Gärtnerin ist es wichtig, dass gesunde Pflanzen blühen dürfen und sie eigenes Saatgut gewinnt. So ist nicht nur für Insekten reichlich Nahrung geboten, sondern ihr Gemüse ist auch resistenter gegen Krankheiten. Als Beispiel führt sie ihre Tomaten auf, die draußen, auf 560 Höhenmetern, prächtig gedeihen. Auch in regenreichen Jahren trotzen sie der Krautfäule. Beim Gemüse legt Walburga viel Wert auf Regionalität. So wächst das Kinzigtäler Kehlkraut unweit der Lehengerichter Einerle, einer lokalen Bohnensorte. Alte Sorten bereichern die Speisekammer. Die Karotte Pfälzer Gelb wird von der rotbraun wachsenden Gartenmelde hübsch in Szene gesetzt. Nachdem der Spinat diese alte Gemüsesorte verdrängt hatte, erfährt sie seit einigen Jahren ein Comeback. Mineralstoffreich können ihre Blätter roh oder als Salat gegessen oder wie Spinat zubereitet werden. Das Gemüse wird durch eine Vielzahl

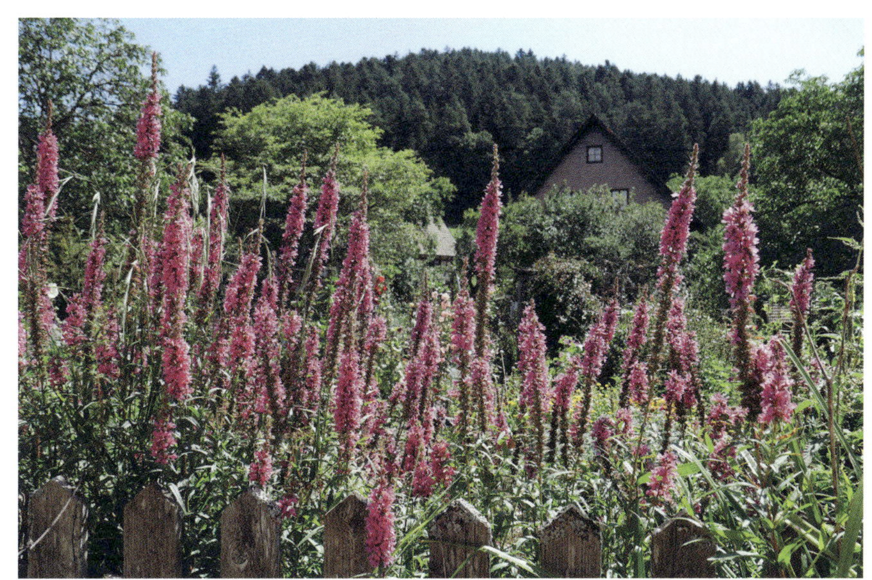

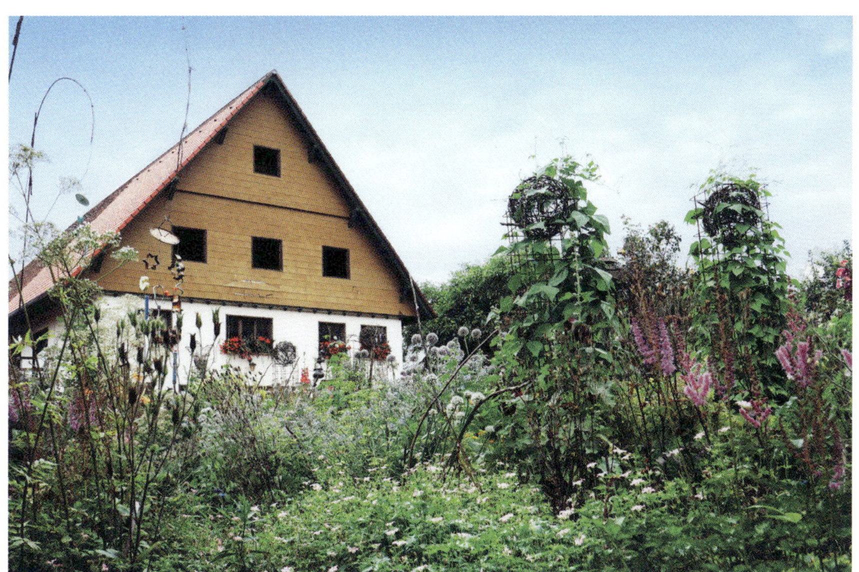

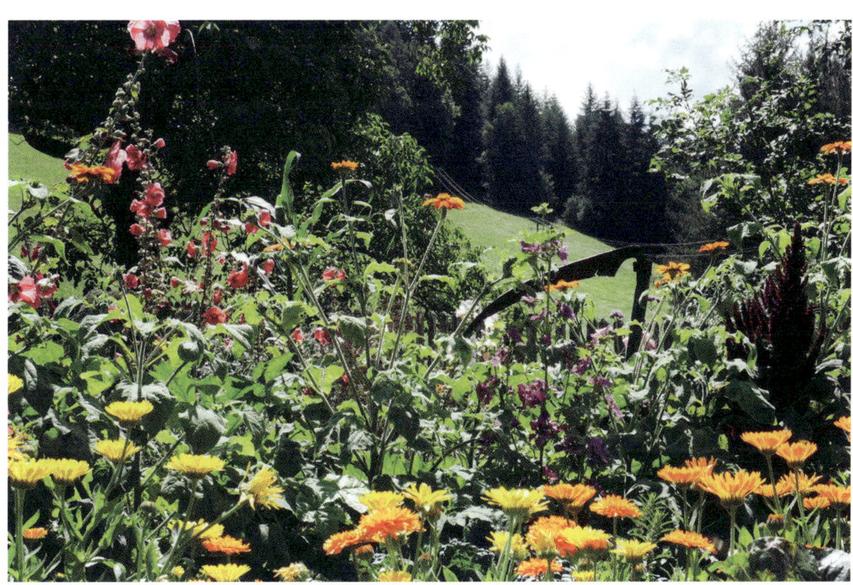

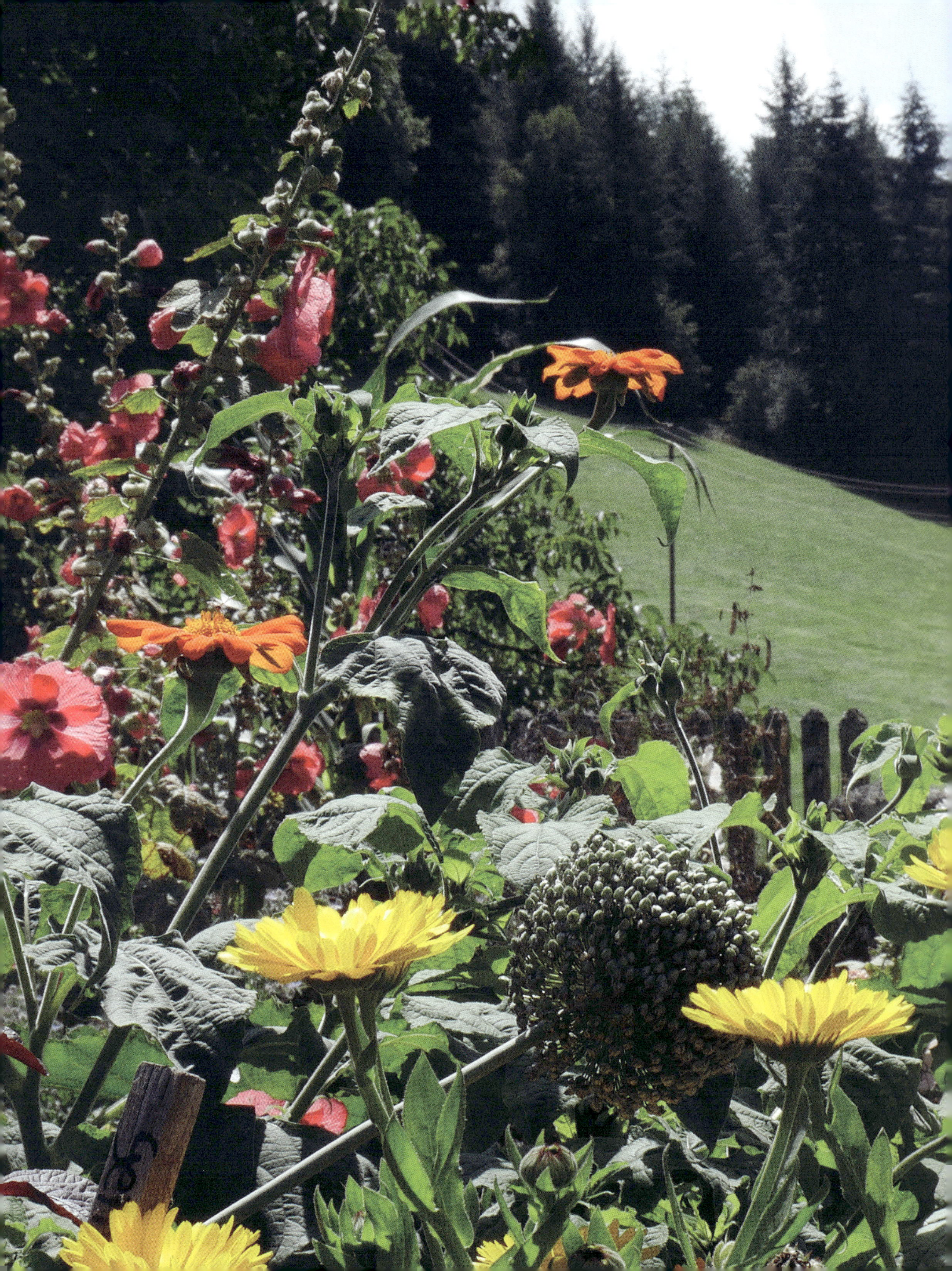

an Kräutern und Heilpflanzen bereichert. Borretsch, Kapuzinerkresse, Fenchel und Königskerze blühen um die Wette und bieten Bienen, Hummeln und Wespen reichlich Nahrung. Besondere Farbakzente setzen die Stockrosen, die hie und da aus den Beeten schießen. In allen erdenklichen Farbtönen öffnen sich ihre Blüten über dem Gemüsereich. Von strahlend weiß bis dunkel violett, die Vielfalt ist erstaunlich.

Wissen zu vertiefen. Gleichzeitig ist der gelernten Hauswirtschafterin der Austausch mit anderen Bauerngärtnerinnen wichtig. Denn auch auf dem Hofenhöf macht sich der Klimawandel bemerkbar. Pflanzen, die seit Jahrzehnten in ihrem Reich wuchsen, gehen ein. Neue Schädlinge breiten sich aus. Die Welt ist im Wandel, auch im Schwarzwald. Die erfahrene Bauerngärtnerin ist dankbar, hier

Wenn die Schwalben hoch am Himmel kreisen,
sie weiter auf schönes Wetter hinweisen;
doch fliegen sie am Boden tief,
dann hängt der Wettersegen schief.

Ein separater Beerengarten versorgt die Familie mit Obst. Johannisbeeren, Stachelbeeren, Himbeeren und Brombeeren tragen ihre Früchte reichhaltig. Abseits steht ein Heilpflanzengarten der Superlative. Das gelb blühende Johanniskraut, der würzige Beifuß, Dost und Beinwell mit ihren lila Blüten, die bittere Schafgarbe, der hochwachsende Fenchel und die Wilde Möhre mit ihrer charakteristischen schwarzen Blüte haben ihr eigenes Reich. An lauen Sommerabenden verströmt der Heilpflanzengarten eine würzige Duftwolke und zieht uns magisch an. Zwischen den Stängeln kann man Feuersalamander erblicken. Kein Wunder, dass es ihnen hier gefällt.

Walburga Schillingers Wissen beruht nicht nur auf ihrer jahrzehntelangen Erfahrung. Von ihrem Opa hat sie gelernt, mit dem Mond zu gärtnern. Der erfahrene Mann hat sogar seine Besen nach Luna gebunden, damit sie länger haltbar waren. Später half ihr ein Mieter und Biologielehrer, ihr botanisches leben zu dürfen. Sie weiß aus eigener Erfahrung, dass ihre Arbeit eine erdende Tätigkeit ist, eine Form Therapie, die die Seele streichelt. Wie im Garten besteht das Leben aus Säen, Ernten und Ruhen. Ihr grünes Reich hütet sie wie einen wertvollen Schatz, um ihn an die nächste Generation weitergeben zu können, die dem Garten ihre eigene Note geben und ihn nach ihrer Vorstellung modellieren wird, mit dem Wissen, für eine begrenzte Zeit ein kostbares Gut in den Händen zu halten.

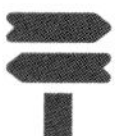

Höfenhof im Lehengericht
Walburga Schillinger
77761 Schiltach
hoefenhof.de

Der Echte Alant

[Inula helenium]

Korbblütengewächse – Asteraceae

Um seinen sonnigen Blütenkopf zu betrachten, sollten wir mitunter trittsicher sein und eine Leiter zur Hand nehmen. Der Echte Alant kann schon mal bis zu 2,5 Meter in die Höhe ragen. Nicht nur sein aufrechter und verzweigter Wuchs zieht die Blicke auf sich, seine vielen gelben Strahlenblüten, die später im Jahr einen Haarkranz tragen, machen ihn zu einem Hingucker. Die alte Heilpflanze ist in Vergessenheit geraten, gelegentlich treffen wir sie in Bauern- und Heilpflanzengärten noch an.

Früher war die vom Herbst bis in das Frühjahr ausgegrabene und gedünstete Wurzel des Alants ein gern gegessenes Gemüse. Aus ihr wurde auch Schnaps gebrannt. Sein alter Name »Kuchenkraut« deutet wahrscheinlich darauf hin, dass seine ausgezupften gelben Blütenblätter den Kuchenteigen zugefügt wurden. Auf jeden Fall sind sie eine hübsche Dekoration auf grünen Salaten. Möchte man die Welt der sekundären Pflanzenstoffe erkunden, reicht es, im Frühling an einem Blatt zu knabbern. Es schmeckt bitter! Die Bitterstoffe sind ein wichtiger Bestandteil dieser Pflanze und regen unsere Verdauung an. Ätherische Öle und ein hoher Gehalt an Inulin zeichnen den Alant ebenfalls aus.

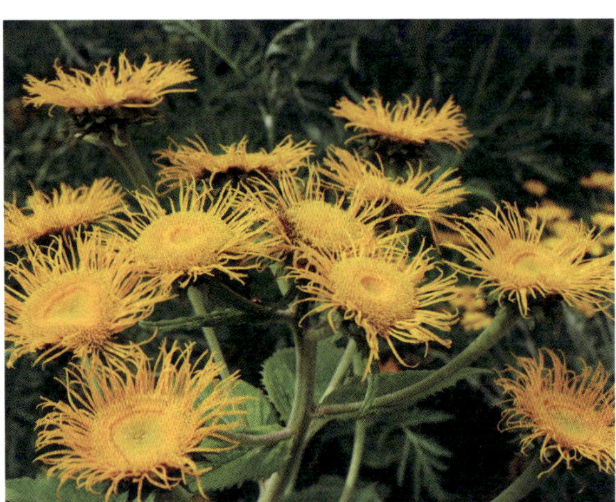

Die vielen Namen der Pflanze zeugen von ihrer Bedeutung in der Volksgeschichte: Odinskopf, Schlangenkraut, Edelwurz, Brustalant sind nur einige der vielen Bezeichnungen. Im Kräuterbuschel, der an Mariä Himmelfahrt gebunden wird, darf der sonnige Alant nicht fehlen.

Steckbrief

Höhe: *bis zu 2,5 m*

Aussehen: *Der Stängel ist behaart und reich verzweigt. Die Blätter sind lanzettlich-oval, bis zu 80 cm lang und unterseits filzig. Auffällig sind die großen gelben Blütenköpfe mit Röhren- und Zungenblüten.*

Blütezeit: *von Juli bis August*

Standort: *Krautfluren und Hecken. Er bevorzugt halbschattige Standorte.*

Inhaltsstoffe: *unter anderem Bitterstoffe, ätherische Öle und Inulin*

Eigenschaften: *unter anderem verdauungsfördernd, schleimlösend, hustenreizmildernd*

Verwendete Pflanzenteile: *Medizinisch meist die Wurzeln; Blätter und Blüten können ebenfalls verwendet werden.*

Die Luftakrobatin

[Die Rauchschwalbe – Hirundo rustica]

Wie kaum ein anderer Vogel verkündet die Rauchschwalbe die Frühlingsbotschaft mit einer solch luftigen Leichtigkeit. Abhängig von den Witterungsverhältnissen schwirrt sie ab Ende März über unsere Köpfe und vollführt beeindruckende Flugmanöver. Dabei kommt ihre hübsche Silhouette voll zur Geltung. Mit einem rot-braunen Kopf, schwarzen Rücken, weißen Bauch und den charakteristischen langen Schwanzspießen ist sie ein Hingucker. Elegant gleitet sie durch die Lüfte, jagt nach Insekten und steuert dank ihrer gespreizten Schwanzfedern ihren schnellen und wendigen Flug. Bei hoher Luftfeuchtigkeit oder Regenwetter fliegt sie tiefer, denn ihre Nahrung hält sich tiefdruckbedingt näher am Boden.

Verbreitet ist die Rauchschwalbe über der gesamten Nordhalbkugel, den Winter verbringt sie allerdings auf der Südhalbkugel, so wie ihre Artgenossin die Mehlschwalbe. Die Winterquartiere unserer europäischen Rauchschwalbe liegen südlich der Sahara und reichen bis nach Südafrika. Eine gewaltige Flugstrecke, die sie schnell meistert, da sie sogar im Flug nach Nahrung jagt. Bereits im August treffen sie sich zu Schwärmen, auf Dächern oder Leitungen sitzend, nehmen ein letztes gemeinsames Sonnenbad und ziehen dann in südliche Gefilde.

Die kurze Zeitspanne, die sie bei uns verbringt, dient zur Fortpflanzung. Ihr Nest baut sie an Hauswänden, unter Dächern oder in Räumen, die offenstehen wie zum Beispiel Ställe. Dafür nimmt sie Grashalme, die sie mit lehmiger Erde aus Schlammlöchern oder Pfützen verwebt. Nach oben sind die Nester meist offen. Für ihr Bauwerk benötigt eine Rauchschwalbe bis zu zwei Wochen. Doch auch in alte Nester zieht sie wieder ein.

Wie bei vielen anderen Vögeln kann man bei ihr einen Populationsrückgang verzeichnen. Moderne Bauweisen mit Putz, die Verstädterung der Landschaft und der Rückgang in der Insektenwelt beschränken den Lebensraum der Rauchschwalbe.

Steckbrief
Größe: *bis 19 cm und bis 25 g schwer*
Aussehen: *Stirn und Kehle rot-braun, Kopf und Oberseite schwarz glänzend, Unterseite creme-weiß. Lange Schwanzspieße beim Männchen stärker ausgeprägt.*
Nahrung: *Fluginsekten*
Brutzeit: *Mai bis August, 3 – 6 Eier*

Der Bauerngarten vom Brunnenhof

Glück rieselt auf unsere Sinne

Ein herzliches Lachen, von ganz innen, das in die Augen hochklettert und von dort wie ein Funken auf uns überspringt. Dass Gärtnern glücklich macht, erleben wir bei Rita Vitt in Prinzbach, einem malerischen Ortsteil von Biberach, wo die in sanften Linien aufsteigende Straße auf gewellten Hochweiden endet. Ein kleines Paradies. Schon ihr ganzes Leben werkelt die Bauerngärtnerin auf dem Brunnenhof, abgesehen von einigen Jahren, die sie in der Ferne verbrachte. Dem alten Hofkomplex sieht man auf den ersten Blick an, dass er mit einer Extraportion Liebe gehegt und gepflegt wird. Bäuerliche Wandmalereien, ausrangierte Gebrauchsgegenstände oder künstlerisch gestaltete Schmiedeelemente, alles ist liebevoll gestaltet. Ein Rankgerüst aus alten Wagenrädern, Weinfässer als Sitzgelegenheit oder Schmalztöpfe in denen kunterbunte Blumen hervorschauen, der Kreativität sind keine Grenzen gesetzt. Rolf Vitt, der Ehemann der Bauerngärtnerin, ist Kunstschmied und setzt mit seiner Handwerkskunst eigene fantasievolle Akzente. Eine Erkundung zum Sattsehen und Inspirieren. Nach dem Besuch schwirren tausend Ideen in unserem Kopf. Wir fühlen uns bereichert.

Ein geschwungenes schmiedeeisernes Geländer führt ein paar Stufen zum Bauerngarten empor. Ein Meer voller Üppigkeit, in dem farbenfrohe Stauden und knackfrisches Gemüse ineinanderfließen. Sofort fallen die riesenhaften Königskerzen auf, die sich im gesamten Nutzgarten ausbreiten. Allein an einer Pflanze öffnen sich Hunderte von Blüten, die sommergelb leuchten und Fröhlichkeit verströmen. Majestätisch ragen sie in die Höhe und scheinen über das Pflanzenparadies zu wachen. Unterstützt werden sie von bunten Stockrosen, die sich ebenfalls verteilen. Kehlkraut, Möhren und Mangold wachsen inmitten von Dahlien, Sonnenblumen und Kosmeen eng aneinander und bilden Pflanzengemeinschaften, die sich gegenseitig ergänzen und unterstützen.

Ein Wegekreuz unterteilt den großen Selbstversorgergarten. In der Mitte thront ein hübscher Sandsteinbrunnen. Eingegrenzt wird das bunte Paradies durch eine Vielzahl an Obstbäumen. Pfirsich, Zwetschge, Apfel, Birne, Holunder reihen sich aneinander, begleitet werden sie von Blumenrabatten aus Anemonen und Glockenblumen, Mädesüß und Phlox, Taglilien und Rudbeckien, Kugeldisteln und Margeriten. Je nach Blühzeitpunkt erhebt sich eine Wolke von Schmetterlingen, die uns umschwirren, sobald man auf den Randwegen schreitet.

In den einzelnen Pflanzenbeeten erlebt man immer wieder Überraschungen. Neben Bekanntem wie Meerrettich, Tomate und Rote Bete entdeckt man den Echten Eibisch (Althaea officinalis). Mit ihren zarten, blassrosa Blüten ist die alte Heilpflanze eine wunderschöne Zierde. Allzu oft trifft man sie leider nicht mehr an. Im nächsten Feld sehen wir Sonnenblumen, Bohnen, Kartoffeln und, die nächste Entdeckung, Yacon. Die aus den Anden stammende Pflanze gehört wie die Topinambur zu der Familie der Korbblütengewächse. Die essbare Wurzelknolle schmeckt süßlich und ist voller gesunder Nährstoffe, insbesondere Inulin. Kohlrabi, Wirsing oder Palmkohl, viele Vertreter der Kohlgewächse gedeihen in den oberen Pflanzenbeeten. Römischer Ampfer, Paprika und bunte Kosmeen gesellen sich zu ihnen. Oberhalb wachsen Brombeeren, Jostabeeren oder Schwarze Johannisbeeren sowie eine adrette Reihe an Kornelkirschen (Cornus mas). Die roten Früchte sind nicht nur eine Leibspeise für viele Vögel, sie lassen sich auch zu Gelee und Liköre verarbeiten. Den oberen Abschluss des großen Selbstversorgergartens bildet ein Gewächshaus, in dem weitere Tomatenpflanzen gedeihen. Das schützende Dach dürfen sie sich mit den Gurkenpflanzen

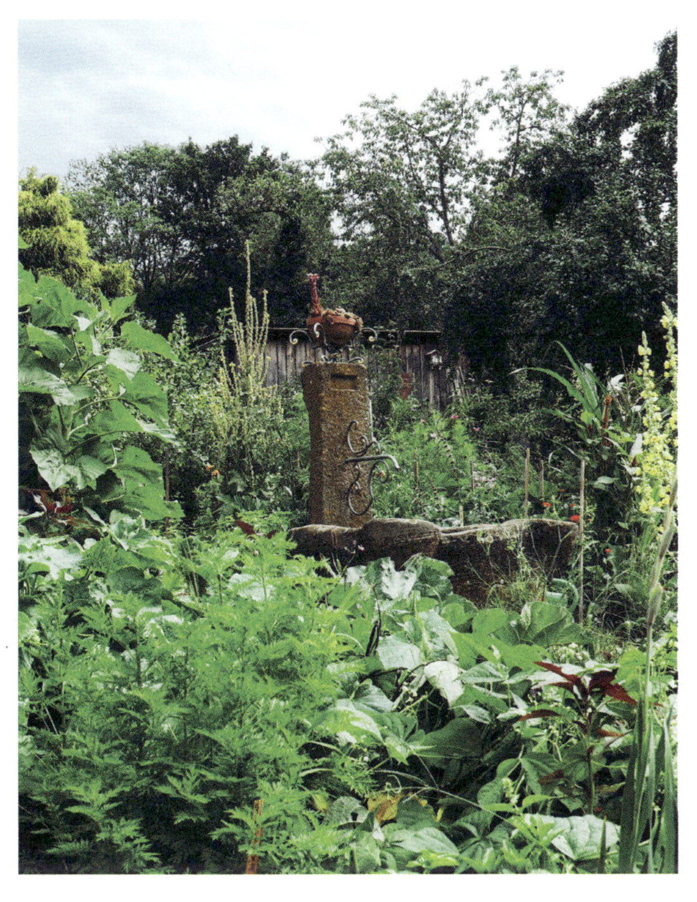

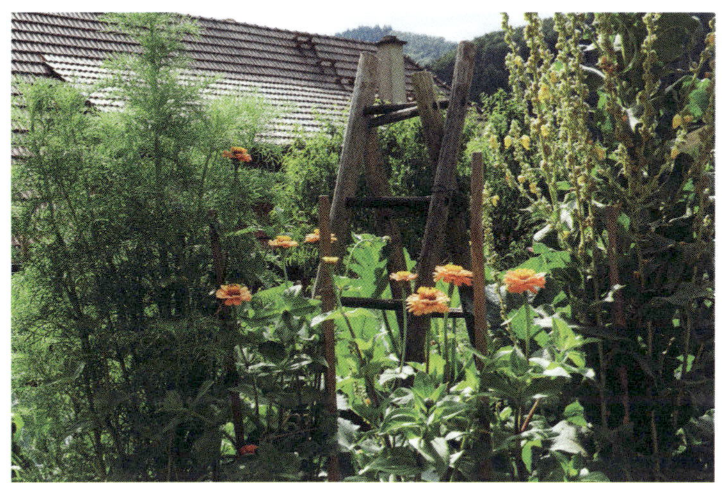

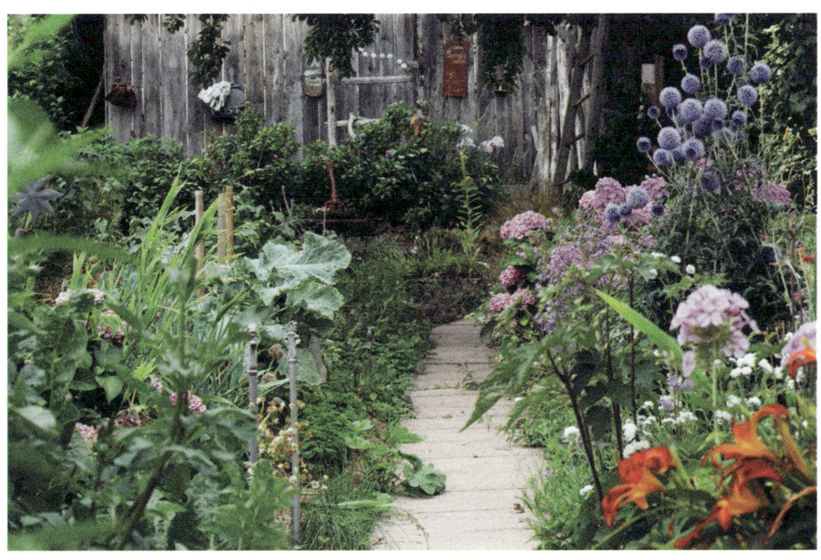

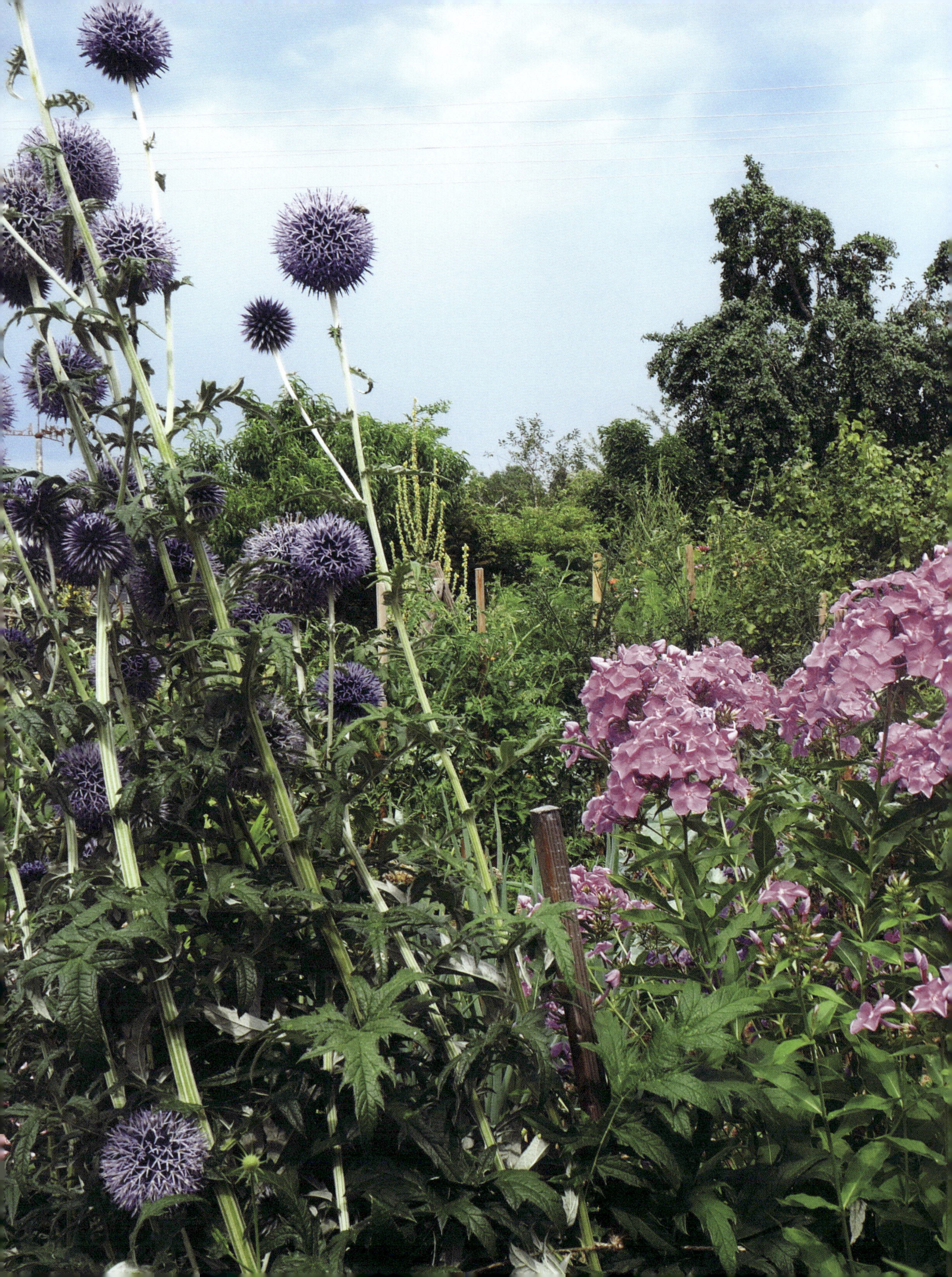

teilen. Auf einer leichten Hanglage angelegt stehen im unteren Bereich des Gartens, dicht an dicht, weitere Beerensträucher. Heidelbeeren, Aroniabeeren, Himbeeren gefolgt von einem Beet aus Duftrosen.

Inmitten des bunten Reichs, umschmiegt von einer geschwungenen Bruchmauer, steht ein großer Tisch. Filigran gearbeitete, schmiedeeiserne Tischbeine halten die schweren Holzschwarten, die genügend Platz für die Großfamilie bieten. Hier sitzt man zwischen gelb blühendem Fenchel, aromatischem Lavendel, intensiv leuchtendem Sonnenhut und der hübschen Fetthenne. Die Bauerngärtnerin verwendet größtenteils ihr eigenes Saatgut. So sieht man immer wieder blühende Salatköpfe aus den einzelnen Rabatten sprießen. Stauden werden nach der Blüte nicht sofort entsorgt. Denn lässt man sie stehen, so spenden sie Schatten und versamen sich auf ganz natürliche Weise. In dem klitzekleinen Samen ist die unglaubliche Kraft der Pflanze konzentriert. Nur wenn er sich an seinem Standort wohlfühlt, kann er sein erstes zaghaftes Grün zeigen und zu einer gesunden Pflanze heranwachsen. Das und noch viel mehr lernt man auf dem Brunnenhof: ein informativer Ausflug in die gelebte Welt der Botanik verbunden mit einer schmackhaften Auszeit. Mit zehn grünen Fingern und dem Herz randvoll mit Blumenliebe werkelt die Bauerngärtnerin wie eine kleine Fee in ihrem Nutzgarten. Unter ihren pflegerischen Händen gedeiht die Pflanzenvielfalt verschwenderisch und appetitlich. Am liebsten möchte man sich wie die kleine Raupe Nimmersatt durch den Gemüsegarten knabbern, bis wir uns kugelrund und sattgegessen zurücklehnen und in den sommerblauen Himmel schauen. Fehlt nur noch ein klares Wässerchen zum Verdauen. Doch das hat Rita Vitt parat, denn die Bauerngärtnerin ist auch mit Leib und Seele Schnapsbrennerin. All ihre Pflanzenköstlichkeiten, von Holunder über Johannisbeeren bis Löwenzahn, landen in dem großen kupfernen Alambik, dem Destillierapparat. Und so können wir den Pflanzenreichtum in all seinen Varietäten kosten, von der Augenweide bis zum Schnapsglas. Der Besuch des Brunnenhofs dauert nur einige Momente, doch schafft er blumige Erinnerungen, die sich fest in unseren Köpfen eingraben.

Blühn die Disteln reich und voll,
ein schöner Herbst dir blühen soll.

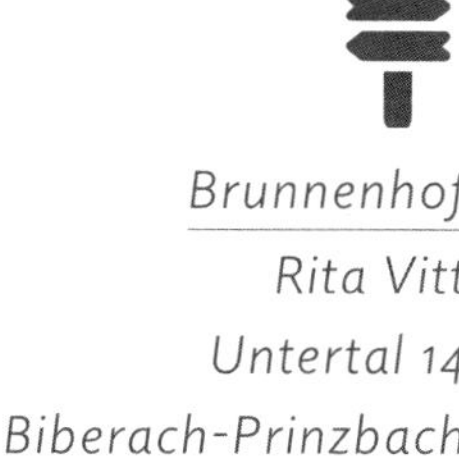

Brunnenhof
Rita Vitt
Untertal 14
77781 Biberach-Prinzbach
brennerei-vitt.de

Der Löwenzahn

[Taraxacum sect. Ruderalia]

Korbblütengewächse – Asteraceae

Eine Pflanze mit Löwenkräften. Jeder kennt ihn, manchen ist er ein Graus und andere wiederum schätzen seine wunderbaren Heilkräfte. Der Löwenzahn ist ein Kraftpaket und ein Geschenk der Natur. Alleine im deutschen Sprachraum sollen ihn über 500 Namen zieren, von Ankeblume und Sonnenwurzel bis Bettseicher. Das zeugt bereits von seiner Besonderheit und der treuen Begleitung durch die Jahrhunderte.

Charakteristisch sind seine schrotsägeförmigen Blätter, quer gehalten sollen sie den Zähnen eines Löwen ähneln. Sein Blütenkörbchen besteht aus zahlreichen gelben Zungenblüten. Später entwickelt sich sein weißer Haarschopf, der aus Hunderten von kleinen Flugschirmen (Pappus) besteht. An jedem einzelnen hängt ein klitzekleiner Samen, der so kilometerweit fliegen kann, bis er einen neuen Standort gefunden hat und sich fest verwurzelt. Bis zu zwei Meter Länge können die starken Pfahlwurzeln des Löwenzahns erreichen. Ein Ausreißen ist fast unmöglich. Und das ist gut so, denn von der Wurzel bis zum Blütenkopf können wir die Pflanze wunderbar verwerten: Rohkostsalate, Gemüsebratlinge, Pesto, Gelee, Sirup oder Kaffee-Ersatz, die Pflanze ist sehr vielseitig.

In der kalten Jahreszeit werden die Wurzeln, im Frühling die Blattrosette und im späten Frühjahr die Knospe und der Blütenkopf verwendet, denn gerade zu diesen Jahreszeiten sind die wertvollen Inhaltsstoffe in den Pflanzenteilen konzentriert. Der alte Spruch »Bitter durch den Mund, und du bleibst gesund« trifft sicherlich für den Löwenzahn zu.

Der Löwenzahn ist nektarreich und eine Futterpflanze für über 40 heimische Falterarten. Die Wurzel nährt eine Vielzahl an Käfern, während Finken, Sperlinge oder Stieglitze die milchigen Samen ihren Jungen verfüttern. »Luftglücklich leicht«, so sieht ihn der Schriftsteller Joachim Ringelnatz.

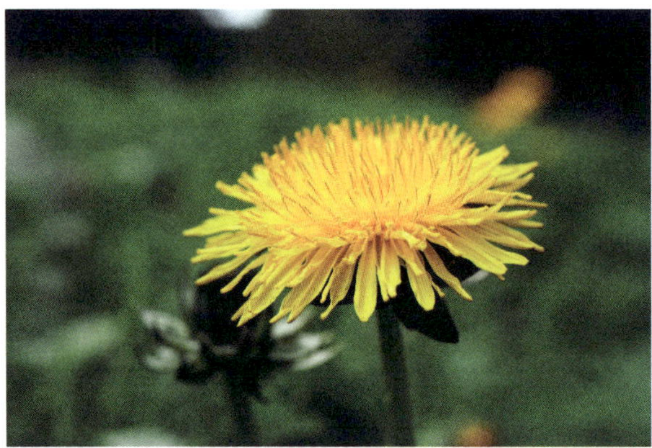

Steckbrief

Höhe: *bis ca. 50 cm*

Aussehen: *Die Blätter wachsen in einer Rosette dicht am Boden. Der Stängel ist blattlos, hohl und enthält weißlichen Milchsaft. Die Blütenkörbchen bestehen aus zahlreichen gelben Zungenblüten. Aus jeder Einzelblüte entwickelt sich eine Frucht mit dem charakteristischen Flugschirm (Pappus).*

Blütezeitpunkt: *von Mitte April bis Mitte Mai*

Standort: *gedüngte Wiesen, Weiden, nährstoffreiche Böden*

Inhaltsstoffe: *unter anderem Bitterstoffe, Flavonoide, Schleimstoffe, Inulin, mineralstoff- und vitaminreich*

Wirkung: *unter anderem harntreibend, verdauungsfördernd und stärkend*

Löwenzahnwurzel-Likör

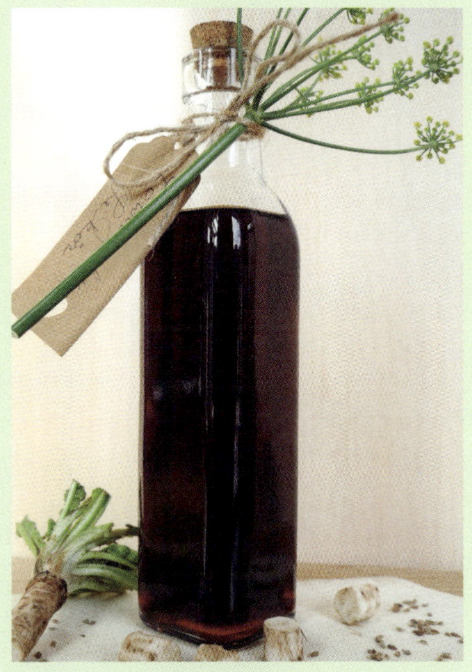

Harntreibend, verdauungsfördernd, reinigend, stärkend: Der Löwenzahn besitzt sehr viele positive Eigenschaften. Wenn im Herbst die Vitalstoffe in der Wurzel schlummern, können wir ein »Verdauerle« der besonderen Art herstellen. Ein willkommenes und außergewöhnliches Geschenk, das an kalten Wintertagen wärmt.

Zutaten

(für 0,5 Liter)

3 Löwenzahnwurzeln

½ TL Anissamen

1 Fencheldolde –

(alternativ ½ TL Fenchelsamen)

100 g brauner Kandiszucker

500 ml Korn

1. Im Herbst mit einem Pflanzenausstecher drei Löwenzahnwurzeln ausgraben. Die Wurzeln sollten fingerdick und mindestens 10 cm lang sein. Die Wurzeln mit einer Wurzelbürste reinigen, waschen und in 1 cm dicke Streifen schneiden.
2. Die Anissamen in einem Mörser zerstoßen.
3. In einem großen Schraubglas die Wurzeln, die Anissamen, die Fencheldolde und den Kandiszucker vermischen. Mit dem Korn übergießen. Das Glas verschließen und gut durchschütteln. An einem dunklen Ort lagern.
4. Vier Wochen lang das Glas regelmäßig durchschütteln. Der Kandiszucker löst sich langsam auf und der Korn verfärbt sich nach und nach.
5. Nach dieser Zeit ein Sieb mit einem Mulltuch bedecken und den Korn in eine Schüssel abgießen. Den Korn in kleine Flaschen umfüllen, selber genießen oder verschenken.

Tipp: Ganz nach Geschmack kann man dem Rezept eine Zimtstange, Kardamom oder Gewürznelken zufügen.

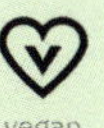

vegan

Der Bauerngarten vom Sesterhof

»Wenn ich nicht weiß, was ich kochen soll, geh' ich durch den Garten und schau', was als Nächstes wegmuss.« (Agnes Sester 1926–2019)

Der Hof und die Nebengebäude bilden eine schmückende Einheit. Am Wohnhaus ranken Rosen empor, die Fensterbänke sind adrett mit roten Geranien bestückt, das Backhäusle schaut hinter prachtvoll blühenden Hortensien hervor und die historische Säge erzählt Schwarzwälder Geschichten aus alter Zeit. Inmitten dieser Szenerie steht der Bauerngarten, der mit seinem bunt gemischten Wirrwarr eine fröhliche Lebendigkeit verströmt. Würde man für einen Drehort den ländlichen Schwarzwald in Szene setzen wollen, wäre man hier richtig.

Oberhalb des malerischen Städtchens Gengenbach, das mit seinem barocken Stadtbild verzückt, liegt eingebettet in einer Schwarzwald-Landschaft aus Wiesen und Wäldern der Sesterhof. »Vogelsang«, der Gewannname, weckt Vorfreude. Kaum sind wir angekommen, grüßen bereits die Störche. Laut klappern sie mit ihrem Schnabel. Sie freuen sich hörbar über die frisch abgemähten Wiesen.

Seit wann dieses Fleckchen Erde bewohnt ist, ist heute nicht mehr nachvollziehbar. Die erste urkundliche Erwähnung stammt aus dem Jahr 1397. Die jetzige Familie bewirtschaftet den Hof seit über 100 Jahren. Maria Harters Großeltern haben das Anwesen 1923 gekauft, in einer Zeit der Hyperinflation, in der man eine Schubkarre Geldscheine benötigte, um ein Brot zu erwerben. Ihre Not muss groß gewesen sein, ansonsten hätten sie nie in die unvorteilhaften Konditionen eingewilligt. Schwerpunkt des Kauf- und Leibgedingvertrages waren die sehr hohen Naturalleistungen. Schlachtschweine, Milch, Butter, Bohnen, Öl, Eier, Most und noch vieles mehr mussten jährlich in rauen Mengen an die Verkäuferfamilie abgegeben werden. Vor diesem Hintergrund wird die Bedeutung des Selbstversorgergartens deutlich, zumal sich der Veräußerer die Bewirtschaftung einer Gartenhälfte vorbehielt. Trotz allem ist es den Großeltern und ihren zehn Kindern irgendwie gelungen, über die Runden zu kommen. Der jüngste Sohn und Vater von Maria Harter hat dann das landwirtschaftliche Anwesen als geschlossenes Gut übernommen. Der Bauerngarten wurde von seiner Frau, Agnes Sester, gehegt und gepflegt. Er war ihr Ein und Alles und begleitete sie durch die Jahrzehnte. Ein Leben an Erfahrung, tief verankert und reich wie die Erde, verknüpft mit der Einzigartigkeit des Standorts. Diesen Wissensschatz hält nun Maria Harter in beiden Händen und trägt ihn in die heutige Zeit. Die Bauerngärtnerin hat den Garten umgestaltet und den aktuellen Ansprüchen angepasst: praktischer, zeitsparender und funktionaler. Die pflegeleichten Staudenbeete wurden vergrößert, eine schattenspendende Laube hat Einzug erhalten und die Tomaten stehen unter einem schützenden Dach.

Ein Blick über den Holzzaun lässt erkennen, dass ein Wegekreuz mit Rosenrondell den Garten unterteilt. Im vorderen Bereich gedeiht ein bunter Teppich an Stauden, der hintere Teil ist für den Nutzgarten reserviert. Die Erkundung des Kleinods startet am Rosenbogen. Sofort wird unser Auge zum Brunnen geleitet. Aus dem Speier fällt das Wasser plätschernd in den Teich, eine Melodie, die die Besichtigung fortan begleitet. Goldfische ziehen tänzelnd ihre Runden, beäugt werden sie von blau schillernden Libellen, die über dem Becken ihre Luftsprünge vollziehen. Augensatte Stauden umrahmen das Wasserspiel: Hortensien, Leinkraut, Rittersporn. Abhängig von der Jahreszeit leuchten die Beete in zartem Pastell oder in kräftigen Tönen, während das violett blühende Eisenkraut grazil in der Luft schwingt. Plötzlich schießt aus dem dichten Gras eine Henne hervor, scharrt den Boden auf und läuft geschäftig weiter. Sie hat zu tun.

Hinter dem Brunnen entdeckt man ein Kräuterhochbeet, daneben einen krumm verbogenen

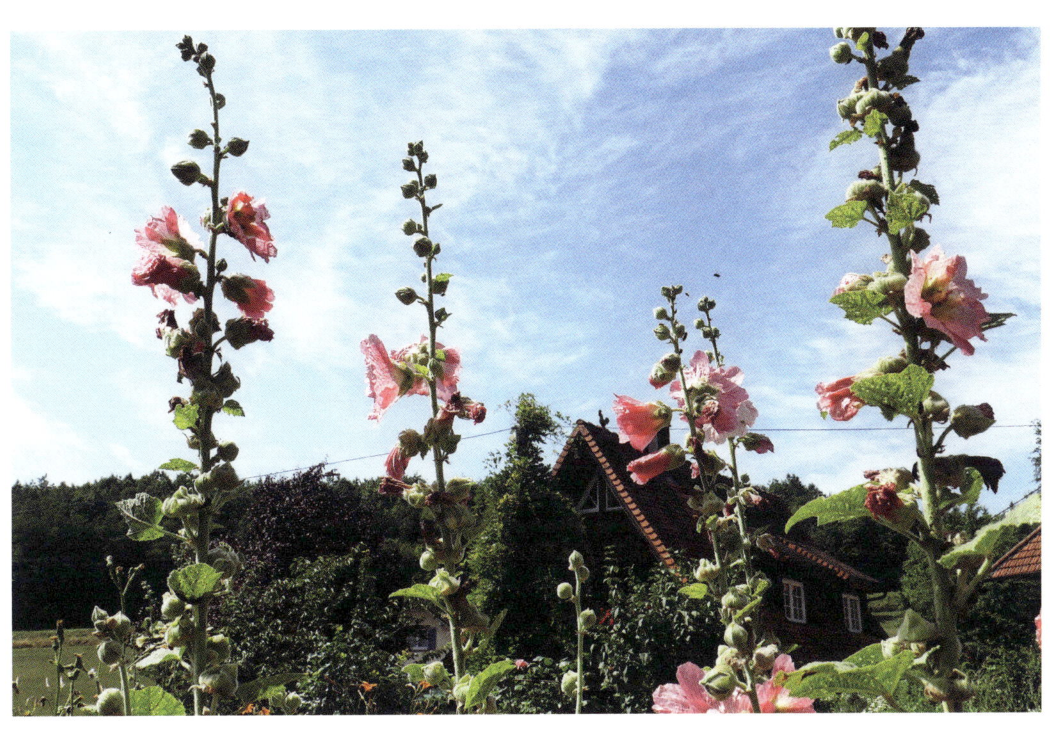

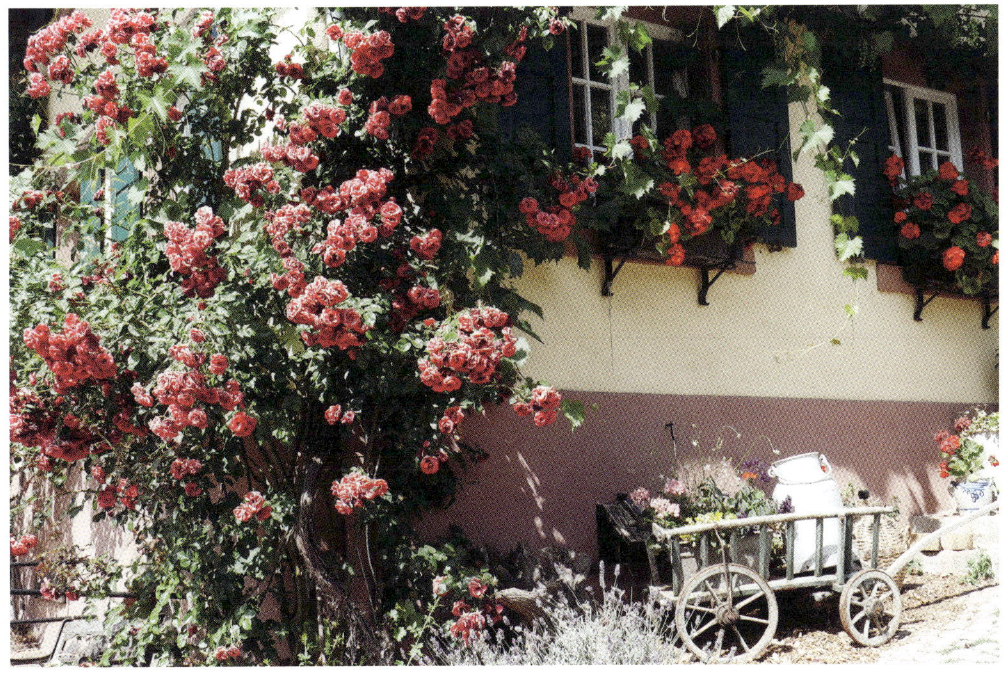

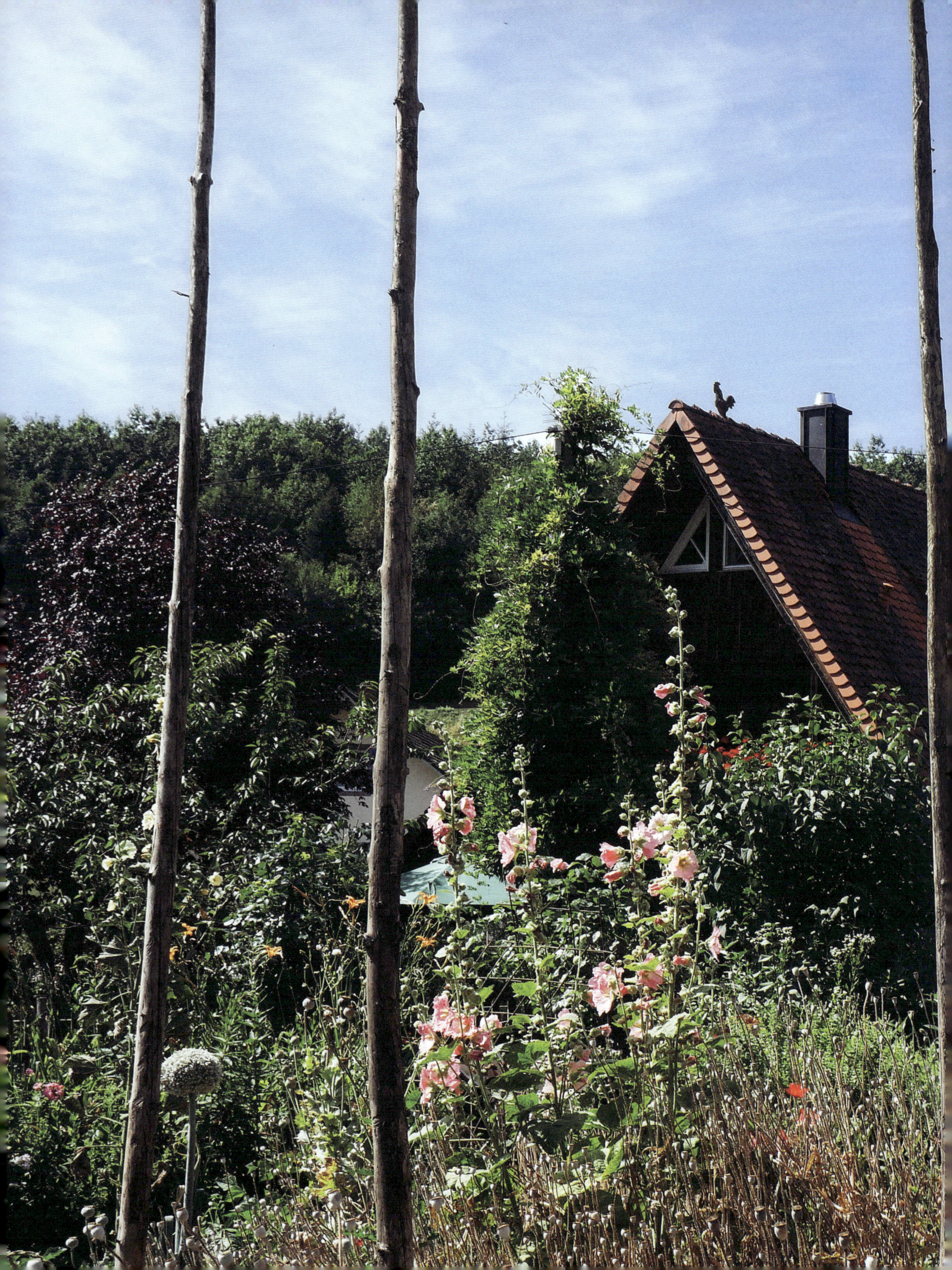

Fächer-Ahorn, der mit seiner Gestalt den Garten auf natürliche Weise modelliert. Stockrosen, die erklärten Lieblinge der Gärtnerin, schauen immer wieder frech hervor. Es gibt sie in sämtlichen Farbschattierungen. In einem Sommer waren es dreizehn unterschiedliche Töne, mehr als ein Farbkasten zu bieten hat. Sie samen sich immer wieder aus und zeigen ihr Köpfchen da, wo es ihnen gefällt. Eine Eigensinnigkeit, die sie in den Augen der Bauerngärtnerin umso charmanter machen. Kein einzige Vierbeiner auf dem Sesterhof. Kühe, Kälber, Schwarzwälder Füchse, Schweine und Hasen, hier leben eine Vielzahl an Tieren, wie einst üblich auf den Schwarzwälder Bauernhöfen – sehr zur Freude von kleinen und großen Gästen. Denn es können sowohl Ferienwohnungen gemietet als auch unvergessliche Kindergeburtstage auf dem Hof gefeiert werden. Landwirtschaft und Gartenarbeit hautnah.

Vom Wegekreuz aus hat man einen guten Blick auf das restliche Gartenreich, in dem sich das Gemüse ausbreiten darf: Erbsen und Bohnen, Mais und Kürbis, Salate und Honigmelonen. Entlang des Gartenzauns gedeihen Himbeeren, während im Gewächshaus die Tomaten adrett in Reihen sprießen. Ganz am Ende des Nutzgartens angekommen entfaltet sich der gesamte Hofkomplex vor unseren Augen, ausgebreitet wie ein Fächer. Ein Ausschnitt wie aus einem Heimatfilm.

Der liebe Gott weiß, wie man fruchtbare Erde erhält,
sein Geheimnis hat er den Regenwürmern anvertraut.

Französische Bauernweisheit

Bevor wir am Rosenrondell ankommen, das die Grenze zum Gemüsegarten markiert, haben die prall gefüllten Dahlien, das hochgewachsene Brandkraut und die blühfreudigen Phlox-Arten ihren großen Auftritt. Von hier bleibt ein Blick auf das alte Backhäuschen nicht aus. Eine Katze streckt sich auf einer Stufe der Außentreppe, leckt ihre rechte Pfote und verfällt alsdann in einen tiefen Schlaf. Sie ist nicht der

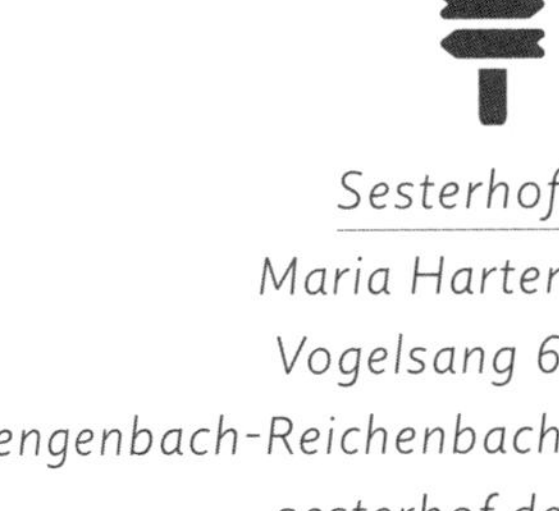

Sesterhof
Maria Harter
Vogelsang 6
77723 Gengenbach-Reichenbach
sesterhof.de

Die Stockrose

[Alceae]

Pflanzenfamilie Malvengewächse – Malvacea

Sie versprüht verschwenderisch den bäuerlichen Charme. Dabei ist die hochgewachsene Blume mit den flattrigen Blüten nur dem Namen nach eine Rose. Sie gehört zu den Malvengewächsen und hat eine wilde Verwandte: die Wilde Malve. Auf ihrem hochgewachsenen Stängel öffnen sich rundherum spektakuläre, wohlgeformte Blüten, die uns in vielen Farbvarianten erfreuen, von Weiß über Gelb und zart Pink bis kräftig Rot und Violett. Ein besonderer Hingucker ist auch die Schwarze Stockrose, die einen Farbhauch Aubergine in sich trägt, eine recht ungewöhnliche Blütenfarbe in der zauberhaften Welt der Blumen. Mittlerweile gibt es eine große Bandbreite an Arten.

Ursprünglich kommt sie aus Asien und dem östlichen Mittelmeergebiet. Von dort gelangte sie im 16. Jahrhundert zu uns, wo sie zunächst als Färberpflanze und zu Heilzwecken angebaut wurde. Ihre kräftige Blütenfarbe schenkte dem Wein eine reiche Farbe. Durch ihre schleimlösende Wirkung wurde sie auch bei Halsentzündungen und gegen hartnäckigen Husten verwendet. Heute wird sie meist als Zierpflanze angebaut, dabei ist die Schöne kapriziös. Die Sonnenanbeterin benötigt einen lichtdurchfluteten und trockenen Standort. Mit Nässe kommt sie nicht zurecht, schnell entwickelt sich dann der Malvenrost, der die Blätter braun werden lässt. Sie ist eine zweijährige Pflanze. Doch hat sie mal Fuß gefasst und sich einen Standort ausgesucht, der ihr bekommt, dann sät sie sich immer wieder aus, sehr zur Freude der Gärtner.

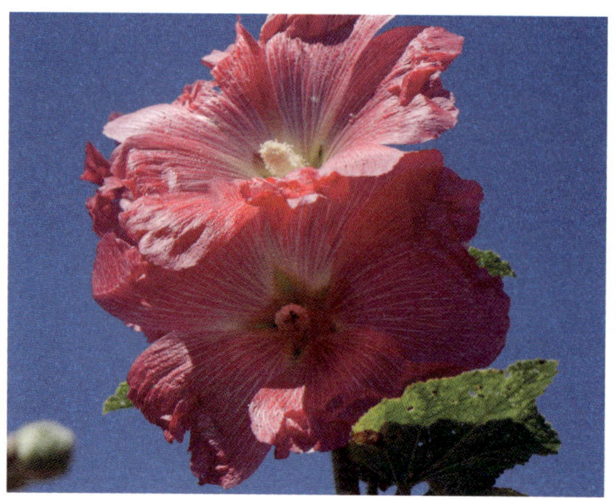

Steckbrief

Höhe: *bis ungefähr 1,8 m*

Aussehen: *Ein aufrechter Wuchs mit breiten, gelappten Blättern. Um den Stängel herum öffnen sich die Blüten mit 5 Kelchblättern.*

Blütezeit: *von Juli bis September*

Standort: *Sonnig und trocken, kann auch auf Schotter gedeihen.*

Glitschig, schleimig, unattraktiv

[Der Gewöhnliche Regenwurm – Lumbricus terrestris]

Der gewöhnliche Regenwurm hat mit vielen Vorurteilen zu kämpfen, dabei ist er ein großes Wunder der Natur.

Unser Boden beherbergt eine unvorstellbare Anzahl an Lebewesen, fein aufeinander abgestimmte Lebensgemeinschaften, die im Verborgenen werkeln. Die meisten davon, wie Bakterien, Pilze und Einzeller, sind mit dem bloßen Auge nicht sichtbar. Andere wiederum, wie Asseln, Tausendfüßler und Regenwürmer, können wir erkennen. Sie alle haben ihre Funktion und tragen zur Fruchtbarkeit unserer Erde bei. Stellvertretend für die geheimnisvollen Helfer soll der Gewöhnliche Regenwurm vorgestellt werden.

Er gehört zu den anözischen Würmern, die in festen Wohnröhren leben. In der Regel sehen wir ihn, wenn wir den Garten umgraben. Er ist dicker und länger als epigäische Würmer, die in der obersten humusreichen Schicht leben und sich bei Regenwetter auf den Straßen tummeln. Wie ein fleißiger Bergwerkarbeiter gräbt er meterlange Gänge. Dabei lockert er den Boden auf. Luft und Wasser gelangen dadurch besser in die Erdschichten. Seine Bohrlöcher sind ideale Wachstumskanäle für Pflanzen. Er baut organische Reste ab, indem er zum Beispiel Blätter in seine Höhle zieht und verspeist. Bei der Verdauung der schwer verdaulichen Kost helfen ihm Milliarden von Bakterien und Pilze, Endosymbionten, die seinen Darm besiedeln und die Nahrung in verwertbare Nährstoffe umwandeln. Sein nährstoffreicher Kot reichert die Gartenerde an. Der Schleim, den er produziert, ist wiederum ein idealer Nährboden für Bakterien. Bei seiner Verdauungstätigkeit bindet er viele Schwermetalle, die über Klärschlamm, Verkehr und Abgase in unsere Erde gelangen. Der Gewöhnliche Regenwurm, er ist viel mehr als ein Kraftpaket aus Ring- und Längsmuskeln.

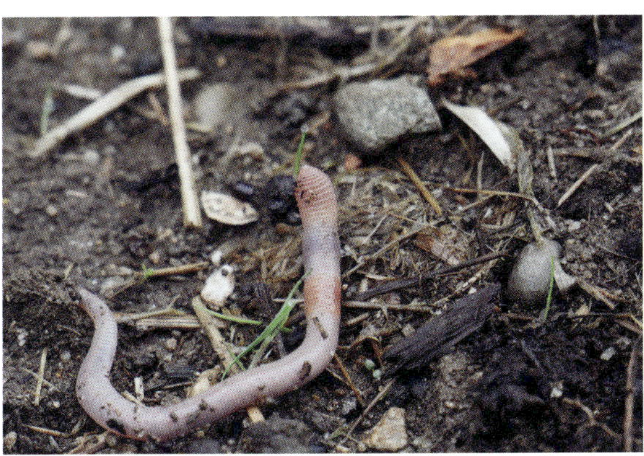

Steckbrief

Länge: *bis zu 30 cm*

Pigmentierung: *Mäßig. Das vordere Ende rötlichbraun, das hintere heller.*

Fortbewegung: *Die Kriechbewegung wird durch Strecken und Zusammenziehen erzeugt. Eine große Anzahl an Borsten gibt ihm Halt.*

Paarung: *Das Clitellum, die helle Schwellung, deutet daraufhin, dass der Wurm ausgewachsen und geschlechtsreif ist. Regenwürmer besitzen männliche und weibliche Geschlechtsorgane. Befruchtete Eier werden über einen Schleimring abgestoßen.*

Der Bauerngarten vom Hummelhof

»Machsch was, häsch was, machsch nix, häsch nix.«

(Manuela Hummels Großmutter)

Auf knapp 1.000 Höhenmetern steht oberhalb der Feriengemeinde Schonach der Hummelhof. Die kühle Brise bläst beständig frisch über den Bergrücken. Wenige Schritte genügen, damit sich die Brise in einen fegenden Wind wandelt, der uns um die Ohren pfeift. Das Gärtnern ist in dieser Region keine Selbstverständlichkeit. Umso mehr überrascht das bunte Farbenspektakel aus Gelb, Rosa, Rot, Orange, Lila und Blau. Der Bauerngarten vom Hummelhof strahlt eine lustige Fröhlichkeit aus. Als hätte die Bauerngärtnerin ihren blumigen Zauberstab geschwungen und ihren Besuchern einen bunten Teppich ausgerollt. Wir sind überwältigt. Wie kann das unter den harschen Wetterkapriolen gelingen? Eindeutig, eine Fachfrau ist hier am Werkeln.

Das Handwerk erlernte Manuela Hummel von ihrer Großmutter. Eine Frau, die beide Weltkriege erlebt hatte und die Bedeutung eines großen Selbstversorgergartens und einer adäquaten Vorratshaltung kannte. In Omas Küche wurde geschnippelt, eingekocht und eingelegt, bis Gläser mit Bohnen, Gurken und Kirschen die Reihen auf den Regalen füllten. Eine tiefe Verbundenheit eint die beiden Frauen heute noch, obwohl die Großmutter längst verstorben ist. Als Manuela Hummel Ende der 90er Jahre auf den Hof ihres Mannes zog, brachte sie die Stauden der Seniorin mit und bot ihnen eine neue Verwurzelung. Dafür wurde eigens ein neuer Garten angelegt, der sich in einer südlichen Lage harmonisch vor der Haustür ausbreitet. Es ist ihr zweites Wohnzimmer, in dem sie ihre Kindheitserinnerungen wahrt und ihre bunten Träume verwirklicht.

Von der Hofeinfahrt führt ein geschwungener Weg hinunter in das farbenfrohe Reich. Rechterhand erwartet uns ein Feuerwerk an Stauden. Die violette Karde, die sonnengelbe Königskerze und der pinke Fingerhut sind die mannshohen Vertreter. Sie schauen auf die Pfingstrosen, den Rittersporn, die Herbstanemonen und die gefüllten Margeriten herab, während der Gilbweiderich und die Malven sich zu ihnen gesellen. Die Bepflanzung ist so dicht, dass sie die Erde verdeckt. Darüber schwebt wie eine Wolke das würzige Aroma des Muskatellersalbeis, der mit seiner Vermehrungsfreudigkeit überall seine Duftmarken hinterlässt. Der Auftritt ist bereits grandios.

Auf der linken Seite unterteilt ein Wegekreuz die Gemüsefelder und das Kräuterbeet.

Die zwei oberen Felder sind leicht erhaben und werden von einer Trockenmauer gestützt, die gleichzeitig die Sonnenbank der Mauereidechsen ist. Farbenfrohe Stauden säumen die einzelnen Felder und verströmen eine bunte Lebendigkeit. Ab und an verlassen die kräftig blühenden Ringelblumen, der Borretsch mit seiner sternförmigen blauen Blüte und das sonnengelbe Johanniskraut ihre Statistenrolle am Rand und mischen sich in die Beete.

Im regelmäßigen Turnus tauschen die Gemüsepflanzen ihre Plätze. Eng an eng tummeln sich Bohnen, Karotten und Mangold oder Lauch, Stangensellerie, Erbsen und Paprika oder Kohlrabi, Salat und Zwiebeln. Zucchini und Kürbis entfalten sich temperaturbedingt zunächst im Frühbeet, bevor sie sich in den Gemüsebeeten ausbreiten dürfen. Die Tomatenpflanzen stehen gar abseits und wachsen in Kübeln entlang der Stallmauer. Ein Beet ist den Kräutern vorbehalten. Da genau in dieser Ecke der Wind mitunter eisig fegt, schützt eine adrett in Rautenform geschnittene Buchsbaumhecke die Heilpflanzen. Pimpinelle, Zitronenmelisse oder Beifuß, unter den pflegerischen Händen der Bauerngärtnerin gedeihen sie prächtig. Viele ihrer Kräuter verwendet Manuela Hummel für ihre Teemischungen. Eine Lieblingspflanze hat sie dabei nicht, eher ein Favorit unter den vielen Günstlingen: Jiaogulan (Gynostemma pentaphyllum), das Kraut der Unsterblichkeit.

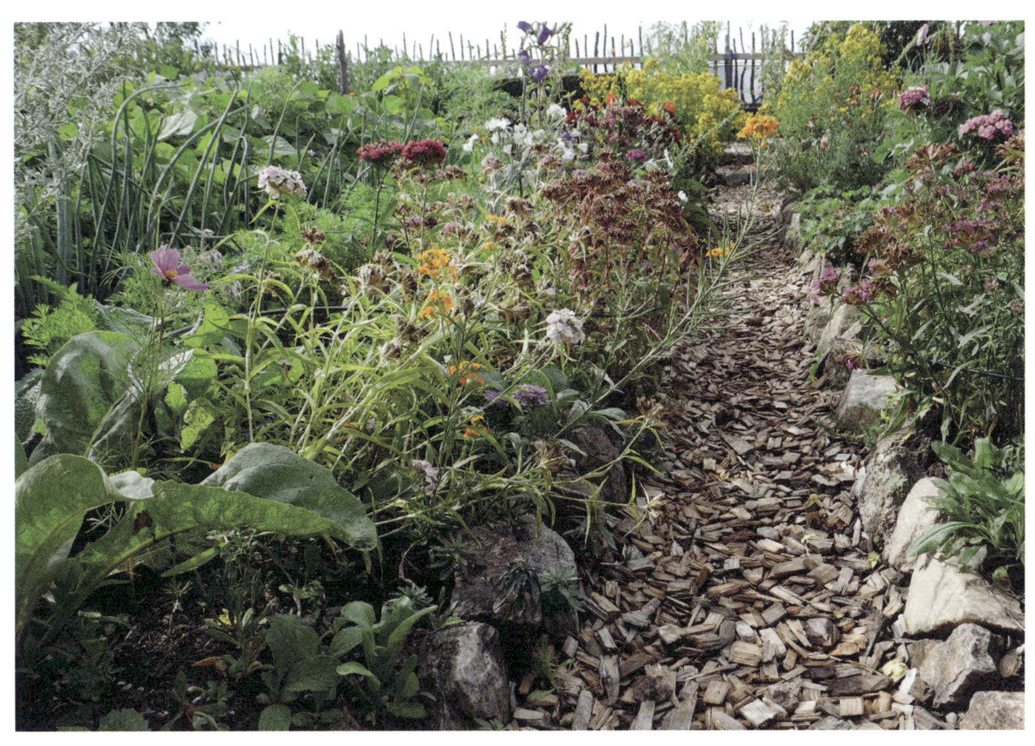

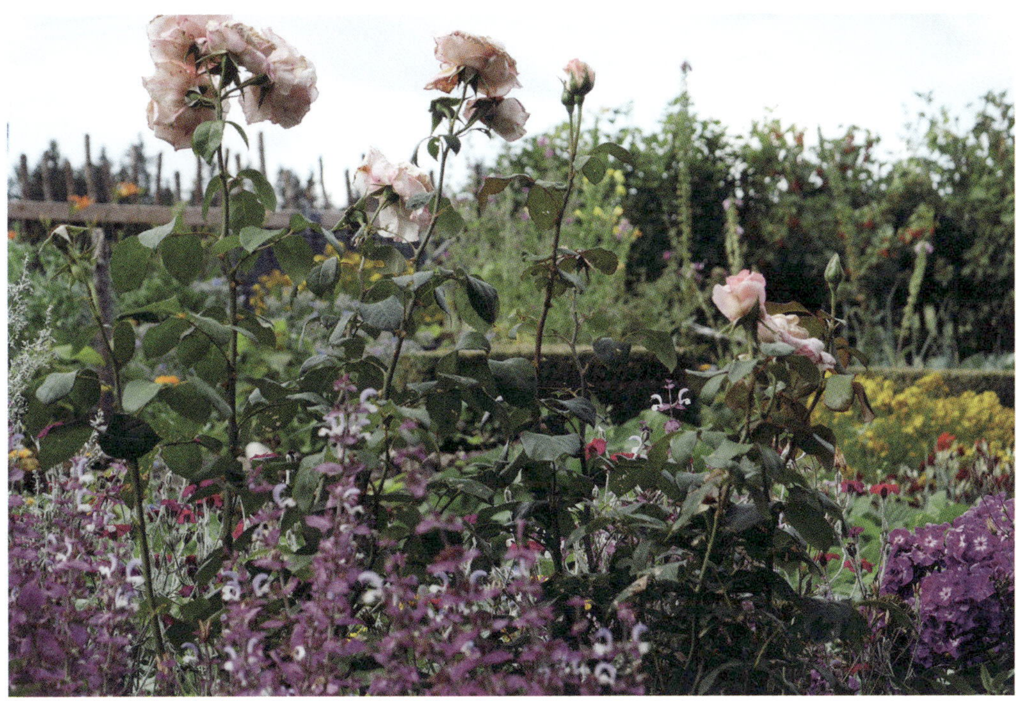

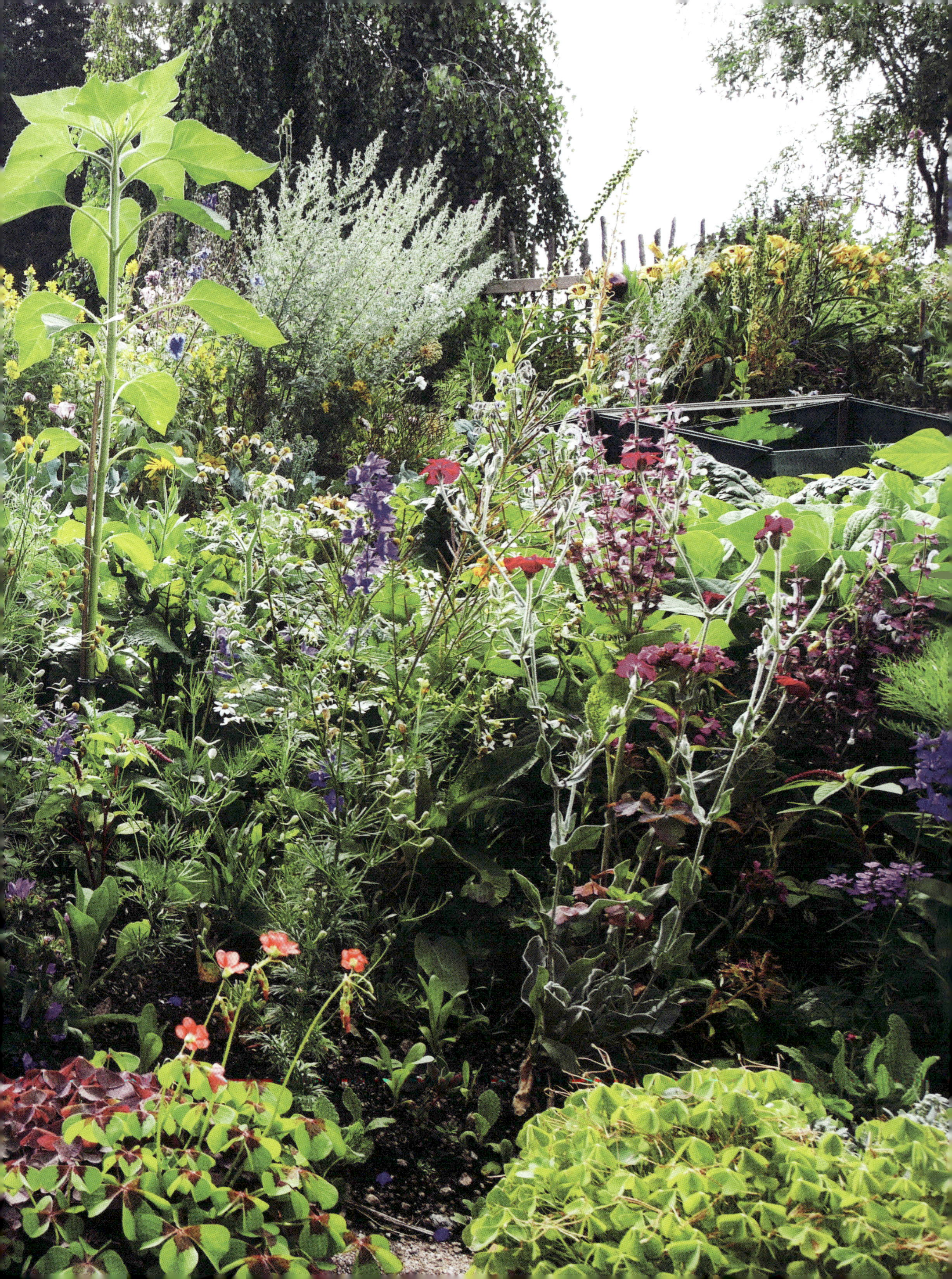

Die Blätter der mehrjährigen Kletterpflanze überraschen mit einer süßen Schärfe, die sich erst nach und nach in unserem Gaumen entfaltet. Das Kraut ist eine Geschmacksoffenbarung. Nach der Traditionellen Chinesischen Medizin soll es unter anderem gegen Stress und Einschlafstörungen wirken.

Neben den bunten Teemischungen stellt die passionierte Gärtnerin viele andere Pflanzenschätze her. Aus den Blüten der Ringelblumen mischt sie eine pflegende Salbe, aus den Johanniskrautblüten gewinnt sie das entzündungshemmende und wundheilungsfördernde Rotöl. Nach wie vor legt die Bauerngärtnerin großen Wert auf die Vorratshaltung, wie sie es einst bei ihrer Großmutter gelernt hat. Die eigenen Johannis- oder Jostabeeren werden zu Marmelade eingekocht. Für die Ernte der Heidelbeeren reichen wenige Schritte in den Wald hinein, in dem sich zur Reifezeit ein blauer Teppich voller Süße ausbreitet. Bohnen und Gurken werden eingelegt, während der Zuckerhut-Salat und die Kohlrabi-Knollen samt Wurzelballen ausgegraben und im Erdkeller in eine Wanne gelagert werden. Dort halten sie sich wochenlang. So profitiert ihre Familie auch in der kalten Jahreszeit von der reichen Ernte. In den Genuss ihrer Kreationen kommen auch ihre Gäste. Denn der ehemalige Kuhstall wurde als Gastraum ausgebaut, in dem ab und an bewirtet wird. Zusätzlich zu den Pflanzenleckereien wird das eigene Rind- und Putenfleisch serviert, aus artgerechter Haltung und eigener Hofschlachtung. Vom artgerechten Leben der Tiere kann man sich selbst überzeugen: Zwei Puter messen ihre Kraft, recken stolz die Brust und prallen aufeinander, bevor sie sich wieder dem saftigen Weidegras zuwenden. Der Machtkampf kann warten. Im Staudenbeet hingegen leben Tiere im Kleinformat. Auf dem Hummelhof gibt es auffällig viele Hummeln. Das ständige Summen der Insekten mischt sich in das Rauschen des Windes. Hier fühlt sich Manuela Hummel nie alleine.

Wenn Schäfchen am Himmel stehen,
kann man ohne Schirm spazieren gehen.

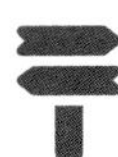

Hummelhof
Manuela Hummel
Holz 1
78136 Schonach im Schwarzwald
hummel-hof.com

Die Großblütige Königskerze

[Verbascum densiflorum]

Braunwurzgewächse - Scrophulariaceae

In einem kräftigen Gelb leuchtet die erhabene Königskerze und überragt viele ihrer Nachbarinnen im Bauerngarten. An ihrem langen Stängel öffnen sich spiralartig die Blüten, wie kleine Sonnen strahlen sie uns entgegen und bringen Freude in die Gärten. In der Schwarzwald-Region wachsen unterschiedliche Arten: Neben der Großblütigen gibt es vor allem die Kleinblütige oder die Schwarze und ebenso die Prachtkönigskerze, insgesamt existieren um die 300 Arten. Sie lieben die Wärme und wachsen gerne an trockenen Standorten.

Angeflogen wird die Großblütige Königskerze von Schwebfliegen, Bienen und Hummeln, obwohl sich ihr Nektarangebot in Grenzen hält. Für andere Insekten hingegen ist sie eine gute Futterquelle. Die Raupen von Eulenfaltern und Wollkrautmönchen knabbern sich durch die großen Blätter der Pflanze. Die Großblütige Königskerze ist auch Wohnstube für die Larven der Laubheuschrecken oder Weichwanzen. Heute kennen wir ihre Inhaltsstoffe und schätzen sie unter anderem für ihre schleimlösenden und entzündungshemmenden Eigenschaften. Doch sie erzählt uns auch Geschichten aus alter Zeit: Viele Volksweisheiten, Rituale und manch Aberglaube sind untrennbar mit ihr verbunden. Vom Kräuterbüschel, der zu Mariä Himmelfahrt gebunden wird, bis zum Blitzfänger und -schutz hat sie stets eine wichtige Rolle im ländlichen Schwarzwald gespielt.

Steckbrief

Höhe: *bis zu 2,5 m*

Aussehen: *Sie besitzt einen aufrechten Wuchs mit einem rundlichen Stängel. Die Blätter sind lang ausgezogen und filzig. Die Blüten stehen in endständigen Ähren und blühen spiralförmig von unten nach oben auf.*

Blütezeit: *von Juni bis September*

Standort: *Die Pflanze ist trockenheitsresistent und bevorzugt sonnige Standorte.*

Inhaltsstoffe: *unter anderem Schleimstoffe, Saponine, Flavonoide, Aucubin und B-Vitamine*

Eigenschaften: *unter anderem schleimlösend, antiviral, antibakteriell, entzündungshemmend*

Verwendete Pflanzenteile: *die Blüten, in geringerem Umfang die Blätter und die Wurzeln*

Herzhafter Zucchini-Cake

Eingepackt als Picknick, gewürfelt zum Aperitif oder als Hauptspeise mit einem Salat, der Zucchini-Cake ist nicht nur schmackhaft, sondern auch wandelbar und eine wunderbare Möglichkeit, die Zucchini-Schwemme im Garten zu verarbeiten. Und das Gute daran: Er lässt sich bereits am Vortag backen. Luftdicht verpackt, schmeckt er am anderen Tag hervorragend. Sollten noch einige Scheiben übrigbleiben, kann man sie sogar einfrieren.

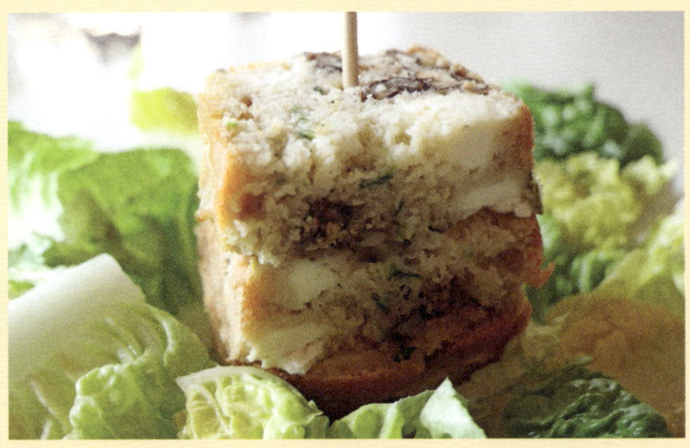

Zutaten

(für eine Backform)

300 g Zucchini

100 ml Olivenöl + 2 EL

200 g Mehl

1 TL Backpulver

1 / 2 TL Salz

3 Eier

100 ml Milch oder pflanzliche Milchalternative

100 g Walnüsse

150 g Fetakäse

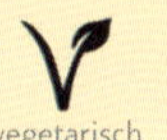

1. Die Zucchini waschen und raspeln. In einer Pfanne ein EL Öl erhitzen und die Zucchinistreifen 3 Minuten scharf anbraten. Das ausgetretene Wasser abgießen.
2. Den Backofen auf 180 °C Ober-/Unterhitze vorheizen und die Backform mit einem EL Öl einfetten.
3. In einer Schüssel das Mehl, das Backpulver und das Salz vermischen. In einer separaten Schüssel die Eier aufschlagen und mit einer Gabel verquirlen. Das restliche Öl und die Milch einrühren. Die Flüssigkeit mit dem Mehlgemisch vermengen.
4. Die Zucchinistreifen und die Walnüsse dem Teig hinzufügen, den Fetakäse in kleine Würfel schneiden und vorsichtig unterheben.
5. Den Teig in die Backform gießen und 45 Minuten backen. Nach dieser Zeit eine Stäbchenprobe durchführen.
6. Erst wenn der Kuchen kalt ist, sollte man ihn aus der Form stürzen.

Tipp: Anstatt Zucchinis kann man auch andere Gemüsearten verwenden, im Herbst eignet sich zum Beispiel ein Hokkaido-Kürbis. Die Walnüsse können dann durch Kürbiskerne ersetzt werden.

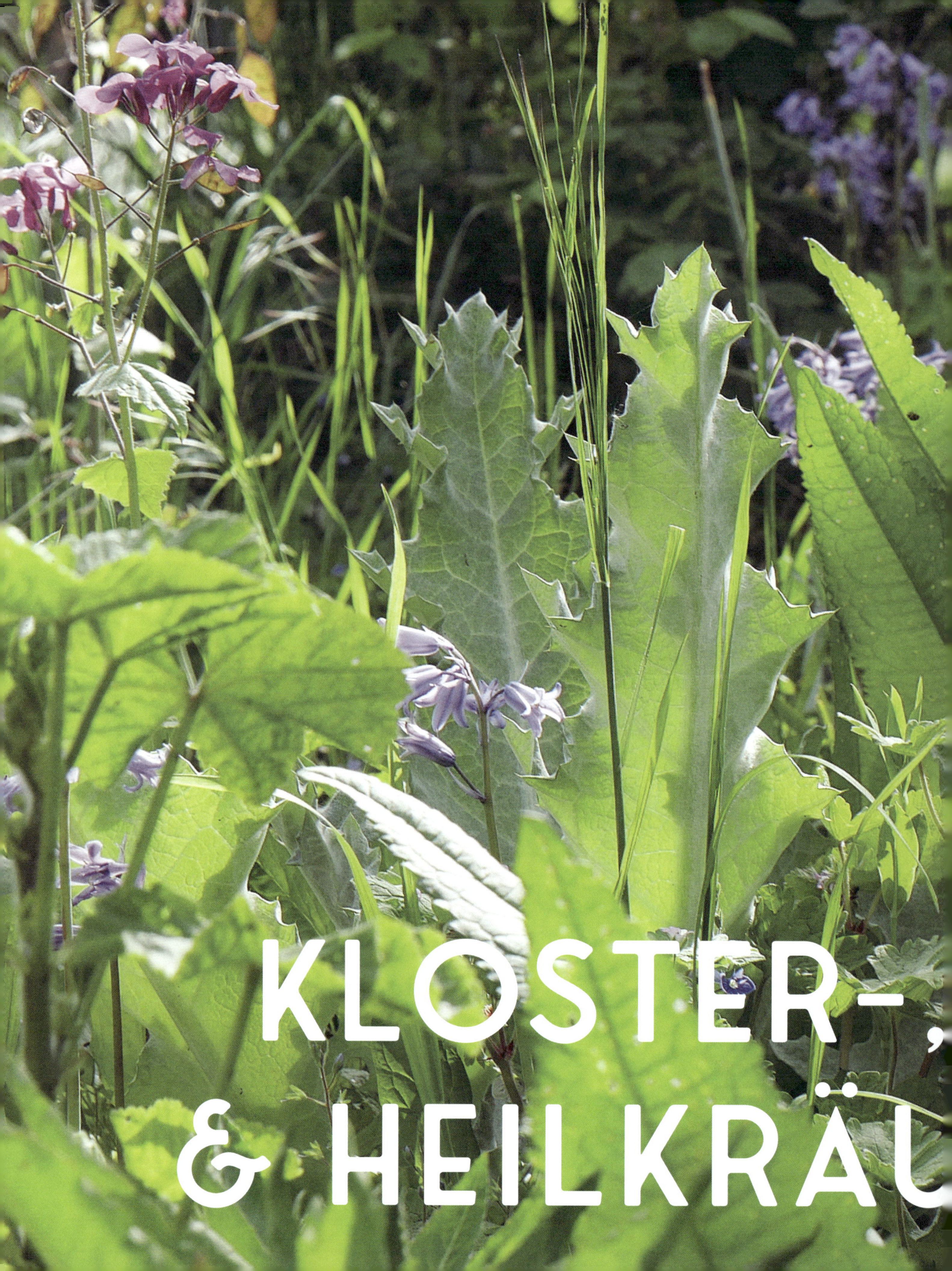

KLOSTER-,
& HEILKRÄU

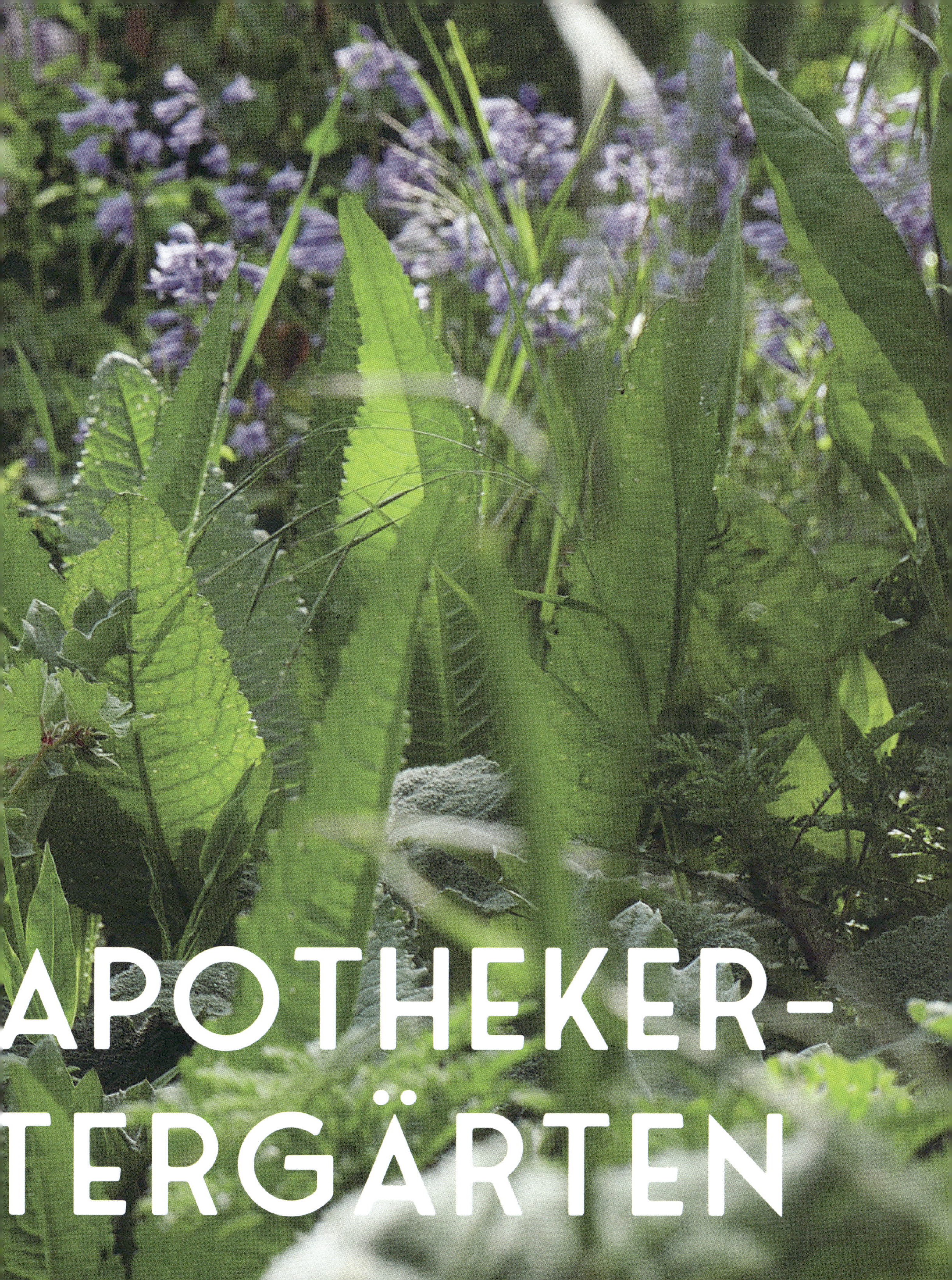
APOTHEKER-
TERGÄRTEN

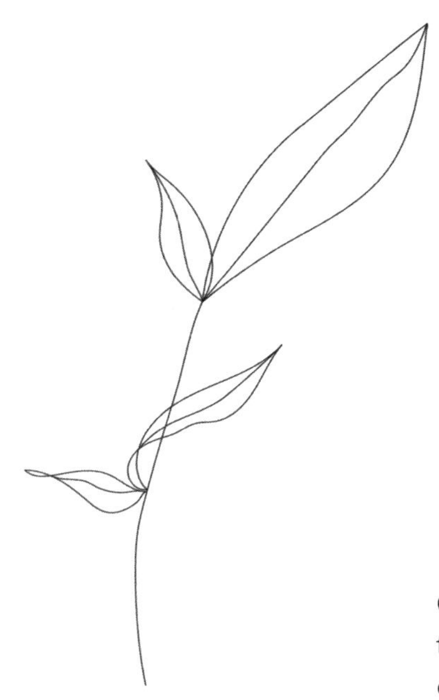

KLOSTER-, APOTHEKER- & HEILKRÄUTERGÄRTEN

»Erwache, Nordwind; Südwind, komm, durchwehe meinen Garten, dass sein Balsam träufle!«

Salomos Hohelied

Ob Tausendgüldenkraut, Mariendistel oder Engelwurz, in Kloster-, Apotheker- und Heilkräutergärten finden wir Pflanzenschätze, die andernorts bereits verschwunden sind. Sie sind die Herbergen unserer Pflanzenweisheiten. In ihrer Gestaltung sind sie sich sehr ähnlich, wobei der Klostergarten als die Urform gilt. Er hat nicht nur jahrhundertelang die christliche Gartenkultur geprägt, sondern seinen Hauch über andere Landschaftsformen geweht und diese maßgeblich gestaltet.

Die frühen Mönche waren Gelehrte, die die antiken Schriften studiert hatten. Ihr Pflanzenwissen basierte auf den bedeutenden Quellen des Altertums: Die Werke von Hippokrates (4./5. Jh. v. Chr.), Theophrast (3. Jh. v. Chr.) oder Dioskurides (1. Jh. n. Chr.), um nur einige der Geistesgrößen zu nennen. Dioskurides zum Beispiel beschreibt in seinen Abhandlungen über 600 Pflanzen. Seine Erkenntnisse wurden jahrhundertelang weitergetragen und spielten in der Heilmittellehre eine bedeutende Rolle. Bei den Römern war Plinius Secundo (23–79 n. Chr.) ein kundiger Pflanzenkenner. In seiner 37 Bücher umfassenden Naturalis Historia behandelt er unter anderem die Arzneipflanzen. All diese antiken Werke bilden die Grundlage des Pflanzenwissens der frühen Mönche. Durch eigene Forschungen und Erfahrungen konnten sie ihre botanischen Kenntnisse vertiefen und sie für andere, beispielsweise rauere, Gegenden anwenden, denn nördlich der Alpen ließen sich die in den Werken aufgeführten Heilpflanzen der Mittelmeer-Flora nur bedingt aufziehen. Zunächst hielten sich die Mönche in den Randgebieten des Schwarzwalds auf. Später drangen sie in die Tiefe des Waldes vor. In unwirtlichen Gegenden, auf morastigen Sümpfen und in dunklen Wäldern gründeten sie Klosterableger, die sich in florierende Glaubensstätten mit blühenden Gärten wandelten. Von dort vagabundierten die Heilpflanzen in unsere Bauerngärten.

Im deutschen Mittelalter haben die Schriften Capitulare de villis, die Karl dem Großen zugeschrieben werden und 812 verfasst wurden, die Geschichte der Heilpflanzen maßgeblich geprägt. Darin werden über 90 Pflanzen aufgeführt, die in einem Hofgarten angepflanzt werden sollten. Das Capitulare bildete die Grundlage für die Anlage vieler

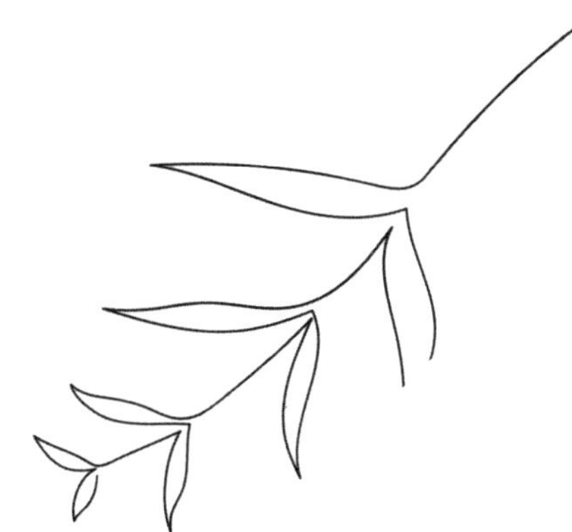

Klostergärten. Das berühmte Lehrgedicht des Mönchs Walahfrid Strabo, der 847 Abt des Klosters Reichenau war, führt 23 Heilpflanzen auf. Einen weiteren Meilenstein in der Geschichte der Klostergärten verdanken wir Hildegard von Bingen (+ 1179), die berühmte Äbtissin auf dem Rupertsberg. Ihr Schaffen beruhte nicht auf dem Verfassen von Kopien antiker Gelehrter, sondern umfasste eigene Forschungen und Erkenntnisse, unter anderem im Bereich der Heilkräuter und Bäume, die sie in ihrer Phycica niederschrieb. Hildegard war eine fortschrittliche Frau, kundige Ärztin und scharfsinnige Naturwissenschaftlerin, selbstständig denkend in einer dunklen Vorzeit. Weitere Gelehrte modellierten die Klostergärten. Zu nennen wären unter anderen Albertus Magnus (+ 1260), Theologe und Naturforscher, der uns sieben Bücher über Pflanzen hinterließ, oder die »Väter der deutschen Botanik« Otto Brunfels, Hieronymus Bock und Leonhart Fuchs.

Wie Bauerngärten dienten Klostergärten der Selbstversorgung. Bereits die Benediktusregel im 6. Jahrhundert führte die monarchische Subsistenzwirtschaft auf. Der Garten war ein fester Bestandteil der Klosteranlage und sollte ein Leben in Autarkie ermöglichen, auch im rauen Klima des Schwarzwalds. Unter dem Schutz einer Einfriedung und in typischer Kreuzform angelegt wuchsen Gemüse und Bibelpflanzen, Beerensträucher und Obstbäume. Die angebauten Heilpflanzen benutzten die Glaubensbrüder und -schwestern für die Krankenpflege. In einer Zeit, in der es keine Ärzte gab oder der Gang zum nächsten Bader kostspielig und mit Risiken behaftet war, profitierte auch die Bevölkerung vom Wissen der Mönche. Die Zierblumen, die die Beete bunt färbten, dienten dem Altarschmuck. Der Klostergarten als irdisches Paradies war ein Ort der Heilung für Körper und Seele, ein Hort der christlichen Symbolik und des naturkundlichen Wissens. Seine Strahlkraft verströmt er bis heute und gewährt uns ein Moment der ruhenden Harmonie. Eine Auszeit für die Seele.

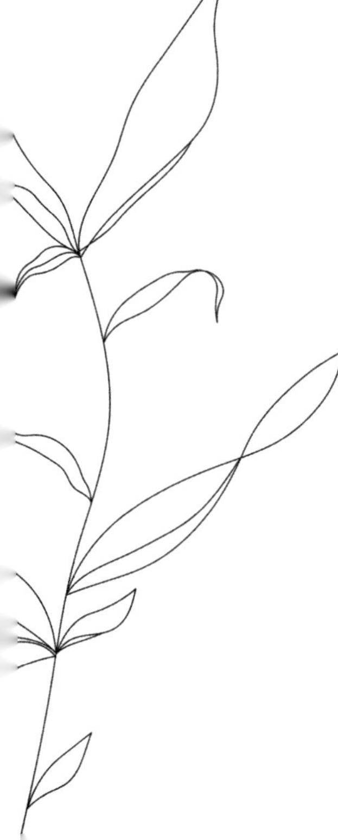

Frank's Salvias

Ein Feuerwerk an Emotionen

Mit einem Lächeln auf den Gesichtern wandeln die Besucher durch den Salbeigarten. Liegt es an der würzigen Duftnote, die wie eine leichte Wolke über dem Gartenreich schwebt und die Sinne beflügelt, oder an der verblüffenden Erkenntnis, dass der Salbei ein Wandlungskünstler ist, der uns mit vielen Gesichtern überrascht, oder an der ansteckenden Leidenschaft des Gärtners, der eine sympathische Authentizität ausstrahlt? Eins ist sicher, Frank's Salvias weckt Emotionen in uns.

Mitten im urbanen Umkirch, auf einer ehemaligen Brachfläche, neben Hochhäusern und der viel befahrenen Bundesstraße, hat Frank Fischer ein würziges, blühendes Paradies erschaffen, das uns gedanklich in ferne Länder reisen lässt. Als Hustensaft oder Hals-Gutsele kennen wir den Salbei und verbinden ihn mit Erkältungskrankheiten. Bestenfalls assoziieren wir ihn mit einem langsam geschmorten Gericht der südländischen Küche. Dabei hat die Gewürzpflanze so viel mehr zu bieten. Hier in Umkirch offenbart sie uns ihr faszinierendes Mysterium. Tiefrot, knallgelb oder leuchtend orange, karg-bescheiden oder prunkvoll-aufrecht, frisch-fruchtig oder herb duftend, sie vereint eine unglaubliche Vielfalt in nur einer Gattung. Weltweit gibt es Hunderte von Arten der Kosmopolitin. Ob in tropisch-feuchten Klimazonen, in sonnig-kargen Gebieten oder in alpiner Höhe, sie hat sich ihren jeweiligen Lebensräumen angepasst und bietet daher eine bunt-duftende Vielfalt, die nur wenige Pflanzen vorweisen können. Und so ist auch Frank's Salvias in unterschiedliche Themenbereiche untergliedert, um die unglaubliche Üppigkeit in ihrer ganzen Pracht zu zeigen.

Nur wenige Schritte von der Gärtnerei entfernt startet der Rundgang. Linkerhand steht ein kleiner Logenplatz. Von seiner erhöhten Position blickt man auf das gesamte blühende Salbeireich und bekommt so einen guten Eindruck über die unterschiedlichen Lebenswelten. Zu unseren Füßen gedeihen üppig wachsende Sorten mit großen Blüten. Mit ihren markanten Unterlippen und den zwei charakteristischen, abstehenden Staubbeuteln sehen sie aus wie bunte Schmetterlinge, die an grünen Stauden hängen. Dahinter erstreckt sich ein Wiesenbereich, der die bunte Vielfalt auflockert. Am Ende des Gartenreichs erhebt sich ein mineralischer Hügel, der seltenen Arten das passende Habitat bietet. Ergänzt wird die Sortenvielfalt durch Salbeipflanzen, die Insekten besonders lieben. Ein großer Erdhügel, der mit Totholz bedeckt ist, bietet ihnen den perfekten Lebensraum, denn die meisten Wildbienen nisten direkt im sandigen oder lehmigen Boden.

Der gesamte Garten ist eine Wohlfühloase für die artenreiche Insektenwelt. In einem trockenen Hochsommer, wenn andernorts viele Pflanzen verdorrt sind, blüht es hier noch in Hülle und Fülle. Der Salbei ist eine trockenheitsresistente Pflanze, die viele Insekten gerne aufsuchen: Blattschneiderbienen, Grabwespen, Schwalbenschwänze, um nur einige Vertreter zu nennen. Ein ständiges Gebrumm begleitet die Duftnuancen im Garten. Auch eine Vielzahl an Schwebfliegen sind gern gesehene Besucherinnen des Salbeigartens. Sie sind wichtige Bestäuber und bisher noch wenig erforscht.

Auf der anderen Seite sind die Rabatten farblich abgestimmt. Blaue und violette Farbtöne oder gelbe und rote Nuancen. Hinter einer Hainbuchenhecke können sich die Arten verstecken, die schattige Plätzchen bevorzugen. Die Farbeinteilung wird nicht akkurat eingehalten, denn die Vermehrungsfreudigkeit des Salbeis wird in dem naturnahen Garten nicht gebremst. Die bunten Vagabunden suchen sich teilweise ihren eigenen Standort aus und wachsen dort, wo es ihnen gefällt. Viele Heilkräuter, kräftig blühender Mohn, farbenfrohe Ake-

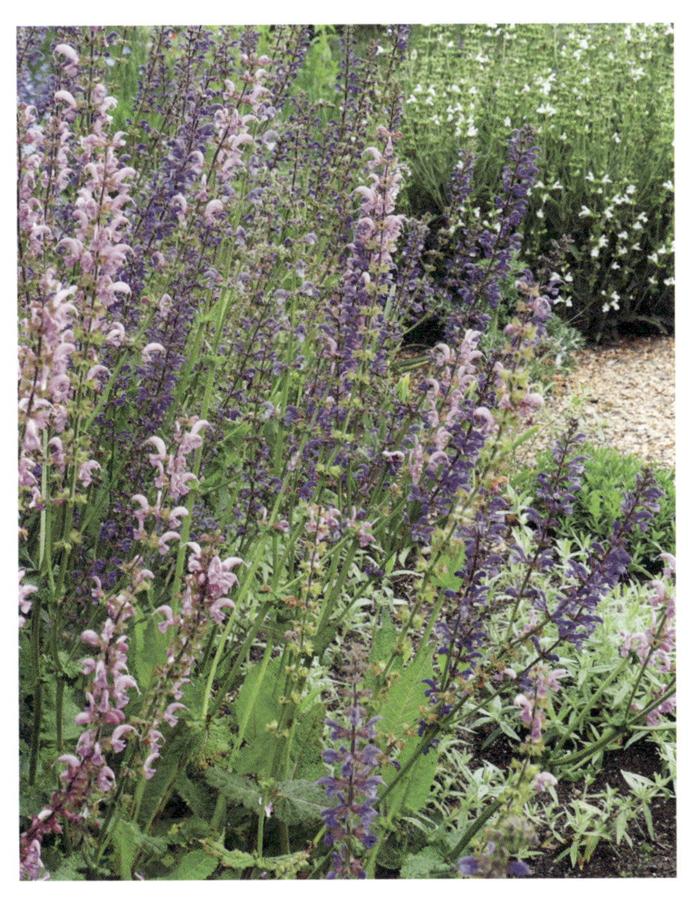

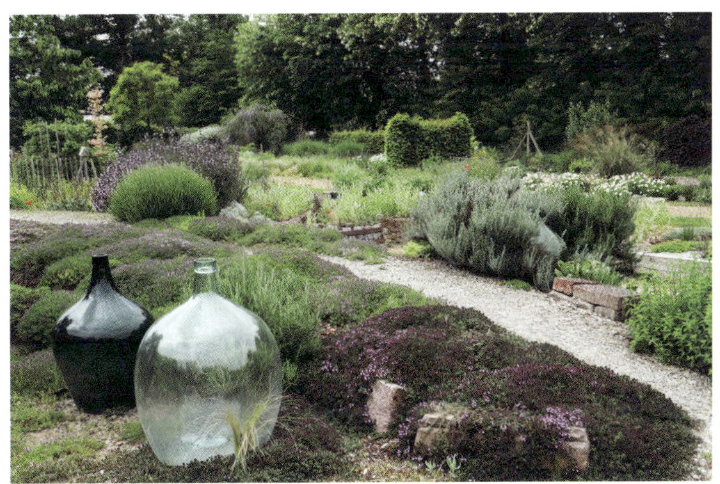

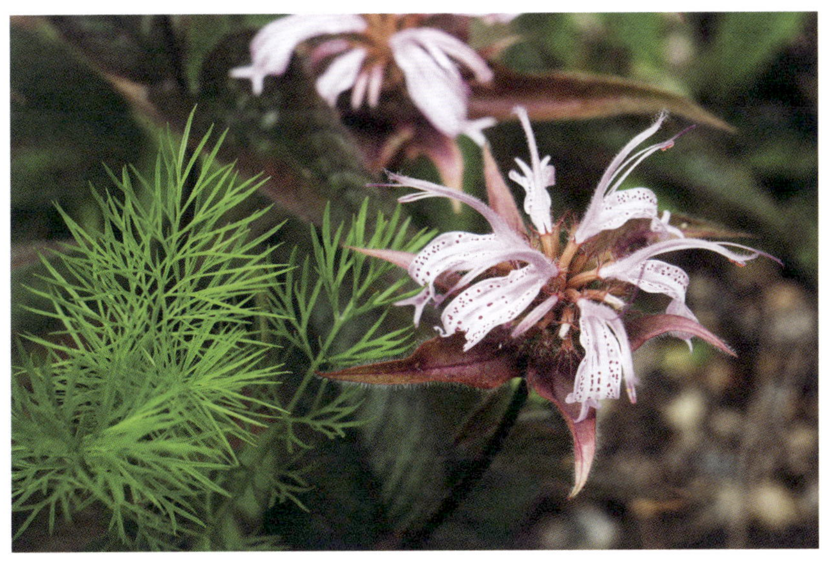

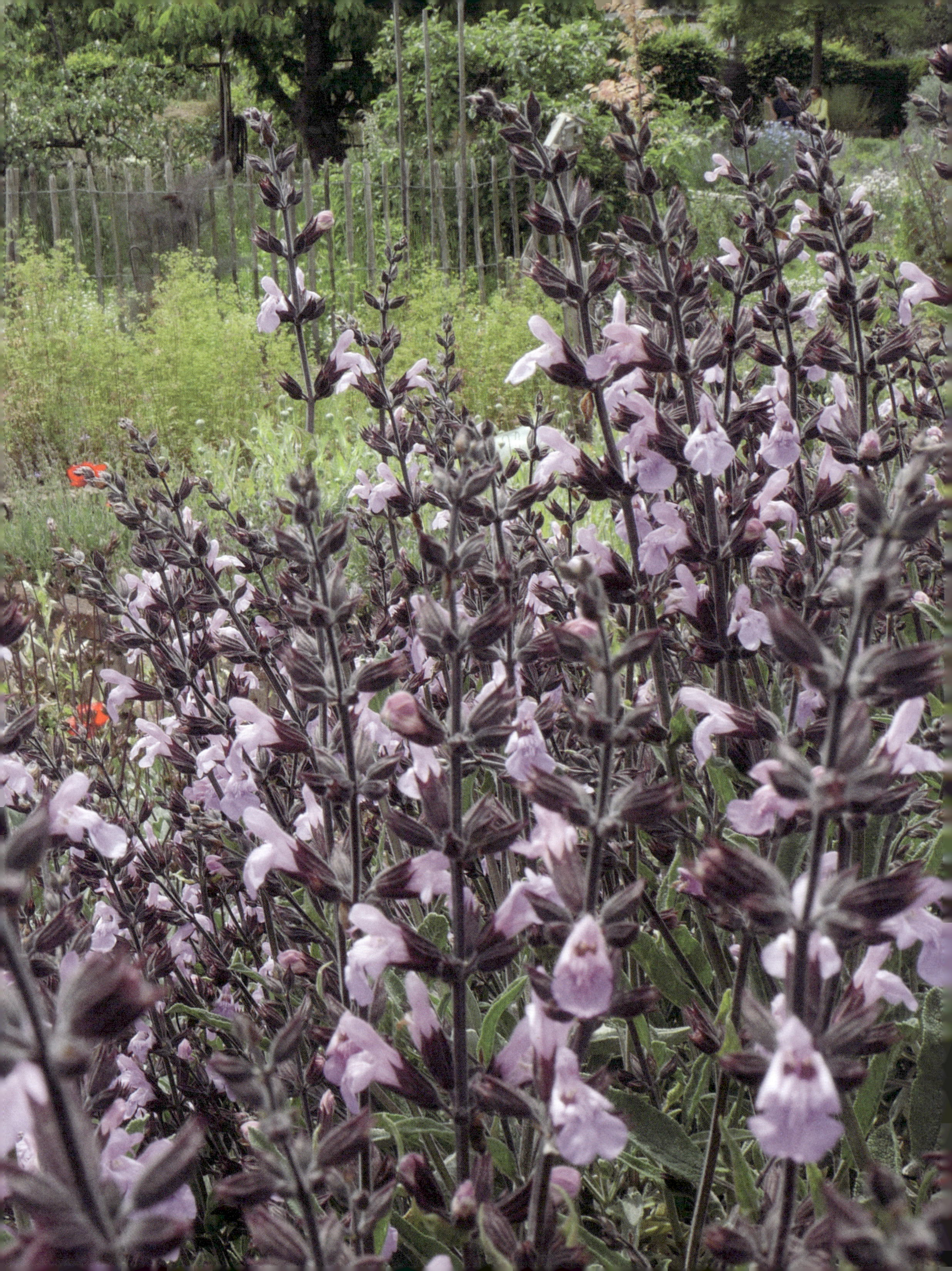

leien und Chilis, die andere Passion des Gärtners, bringen weitere schöne Duft- und Farbnuancen.

Frank's Salvias ist ein dynamischer Garten, der in Bewegung ist und sich unter den pflegenden Händen des Salbeiexperten entfalten darf. Von den vielen Sitzgelegenheiten aus kann man die unterschiedlichen Farben aufsaugen und die subtilen Düfte einatmen. Da stehen zum einen die üppig blühenden Arten »Brüderlein« und »Schwesterlein«. Getauft wurden sie vor Ort, denn der Salbeiliebhaber Frank Fischer ist auch Züchter. Andere Pflanzen überzeugen mit einem unvergleichlich abwechslungsreichen Aroma-Spektrum: Ananas, Pfirsich, Minze, Marzipan, die Aufzählung geht fast bis ins Unendliche. Der Johannisbeer-Salbei (Salvia microphylla), wie er umgangssprachlich genannt wird, verzaubert den Betrachter mit seinen dekorativen, himbeerroten Blüten, die uns bis im Frühherbst entzücken. Zerrieben riechen die Blätter nach schwarzer Johannisbeere. Andere Arten hingegen werden medizinisch verwendet. Beim violett blühenden Rotwurzel-Salbei (Salvia miltiorrhiza) ist die lange Pfahlwurzel Namensgeberin. Traditionell wird sie in der Chinesischen Medizin verwendet, unter anderem für ihre antibakterielle und antioxidative Wirkung. Der Weiße Salbei (Salvia apiana) kommt ursprünglich aus den Wüstenregionen Amerikas und liebt daher sonnige, trockene Standorte. Verwendet wird er seit Tausenden von Jahren von den Naturvölkern Amerikas für traditionelle Räucherrituale. Er wirkt unter anderem desinfizierend. Und so gibt es weltweit rund 900 Arten, im Salbeiparadies in Umkirch gedeiht davon knapp die Hälfte, manche davon sind wahre Raritäten. In der angeschlossenen Gärtnerei kann man viele von ihnen erwerben.

Juli schön und klar,
gibt ein gutes Bauernjahr.

Salvia – die Heilende. Auch wenn wir nur die wenigsten Arten kulinarisch oder medizinisch verwenden, beflügelt der Salbei unsere Sinne. Würdevoll und voller Anmut trägt er seinen lateinischen Namen. Frank's Salvias ist eine Hommage an eine einzigartige Pflanze.

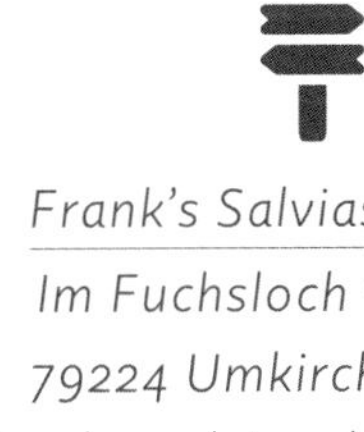

Frank's Salvias
Im Fuchsloch 1
79224 Umkirch
franks-salvias.de

Der Rotwurzel-Salbei

[Salvia miltiorrhiza]

Pflanzenfamilie Lippenblütengewächse – Lamiaceae

Aufregend und alles andere als langweilig. Die Gattung der Salbeipflanzen überzeugt mit einer Bandbreite an Farben und Düften. Während manche Arten kulinarisch verwertet werden, gibt es einige Pflanzen, die in der Medizin Verwendung finden. Der Rotwurzel-Salbei ist eine davon. Eingesetzt wird er insbesondere in der Traditionellen Chinesischen Medizin, kurz TCM genannt.

Er wächst als ausdauernde, krautige Pflanze. In seinem buschigen Wuchs zeigen sich zart-blauviolette Lippenblüten, die eine markante, haubenförmig gewölbte Oberlippe haben. Sie sind so hübsch, dass die Art nicht nur ihrer Heilkräfte wegen eingepflanzt werden sollte. Seiner scharlachroten Pfahlwurzel, die sich tief in die Erde gräbt, verdankt der Rotwurzel-Salbei seinen Namen. Sie ist der Pflanzenteil, der medizinisch verwendet wird, zumeist als Tee, Tinktur oder in Tablettenform. Da er antibakteriell, antioxidativ, krebshemmend, blutdruck- und cholesterinsenkend wirkt, wird er in vielen Bereichen der Therapie eingesetzt. Auch bei Unruhezuständen und Schlafstörungen kann man ihn einsetzen. Die Heilkraft seiner Inhaltsstoffe wurde wissenschaftlich mehrfach untersucht und bestätigt, auch in Deutschland.

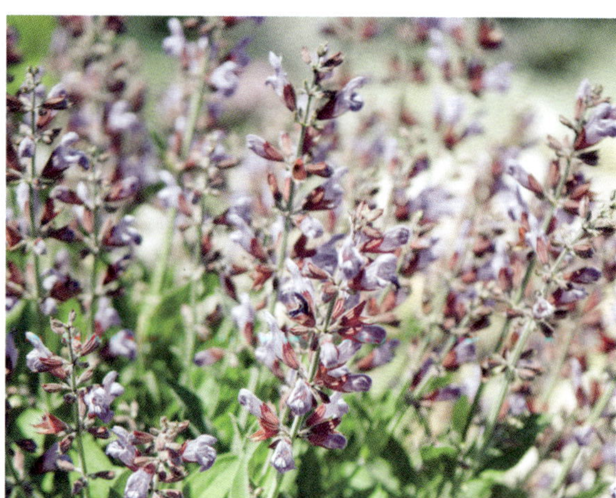

Wild kommt er in seiner Ursprungsregion vor, insbesondere im Osten Chinas und in Japan. Bei uns benötigt er Hilfe für die Überwinterung. Abgedeckt oder gleich im Kübel eingepflanzt sprießt er im nächsten Frühjahr wieder aus voller Kraft, es sei denn, wir haben die Wurzel aufgegraben und verwendet.

Steckbrief
Höhe: *ungefähr 60 cm*
Aussehen: *Ein buschiger Wuchs mit stark verzweigten Stängeln. Seine Blätter sind behaart und der Rand gebuchtet. Er trägt eine zart violette Blüte. Die lange Pfahlwurzel ist scharlachrot.*
Blütezeit: *von Juni bis September*
Standort: *Sonnig bis halbschattig. Zum Überwintern benötigt er Schutz.*
Inhaltsstoffe: *unter anderem Flavonoide, Salvianolsäure, Diterpene*
Eigenschaften: *unter anderem antibakteriell, antioxidativ, beruhigend*

Ein Helikopterflieger mit Pilotenbrille

[Die Hainschwebfliege – Episyrphus balteatus]

Sie ist gelb-schwarz gestreift, als wäre sie eine gefährliche Wespe. Dabei hat die kleine Schwebfliege gar keinen Stachel. Ihre Verkleidung dient lediglich der Abschreckung ihrer möglichen Fressfeinde wie zum Beispiel der Krabbenspinne.

Wie bei allen Zweiflüglern sind lediglich die Vorderflügel entwickelt. Die hinteren Flügel, sogenannte Schwingkölbchen, bewegen sich synchron mit den Vorderflügeln und dienen der Stabilisierung der Fluglage. Dadurch fliegt sie nicht nur schnell, sondern auch sehr wendig: vorwärts, rückwärts, seitwärts. Sie kann sogar im Schwirrflug verharren. So hat sie ausreichend Zeit, die Blütenpflanzen in Ruhe zu begutachten, bevor sie sich niederlässt. Mit ihrem kurzen Rüssel fliegt sie gerne offene Blütenkörbchen an, wie zum Beispiel die der Gänseblümchen und Ringelblumen, oder die Blüten der Doldengewächse. Sie gilt nicht nur als eine eifrige Blütenbesucherin und zuverlässige Garten-Bestäuberin, sondern kann noch ganz andere Trümpfe aus ihren Fliegen-Ärmeln schütteln: Das adulte Tier legt mehrere hundert Eier gezielt an Blattlauskolonien ab. Wenn die Larven dann schlüpfen, krabbeln sie auf einem üppig gedeckten Tisch und fressen sich genüsslich durch die Läuse-Siedlung – sehr zur Freude des Gärtners. Dabei bedienen sich die gefräßigen Larven ihrer dolchförmig gekrümmten Mundhaken, mit denen sie die Läuse anstechen, von der Pflanze losreißen und schließlich aussaugen. Klingt wie ein Krimi. Vollgefressen erfolgt dann die Verpuppung in einer erhärteten Larvenhaut. Nach einer Woche schlüpft die neue Schwebfliegen-Generation. Möchte man den begatteten Weibchen ein Plätzchen zum Überwintern einrichten, kann man im Garten einen Laubhaufen liegenlassen. Im zeitigen Frühjahr kann man sich dann über die natürlichen Schädlingsbekämpfer freuen.

Steckbrief
Körperlänge: *10 bis 12 mm*
Aussehen Fliege: *Große runde Facettenaugen, der Brustabschnitt glänzt kupferfarben, der Hinterleib ist gelb-schwarz gestreift.*
Aussehen Larve: *Dunkelgraue Larve mit weißen Flecken. Der Zapfen am Hinterende ist die Atemöffnung. Eine kleine Kopfkapsel mit gekrümmten Mundhaken.*
Nahrungsquelle: *für das adulte Tier Nektar und Pollen, für die Larven Blattläuse*

Der Apothekergarten in Bad Liebenzell

Spaziergang in der grünen Apotheke

Schlafmützchen und Herzgespann, Eselsdistel und Mäusedorn, Mönchspfeffer und Kardobenediktenkraut. Allein die Namen lassen uns schmunzeln oder wecken unsere Neugierde. Im Apothekergarten in Bad Liebenzell erleben wir hautnah, was bereits der Arzt Theophrastus Bombast von Hohenheim, genannt Paracelsus, im 16. Jahrhundert verkündete: »Gegen jede Krankheit ist ein Kraut gewachsen.« Dass auf diesem Stückchen Erde, zusätzlich zum botanischen Wissen, viel Herzblut und Begeisterung gesät und eingepflanzt wurde, sieht man auf den ersten Blick. Beim Schlendern entlang einer Vielzahl an Indikationsbeeten, die nach Symptomen sortiert sind und uns von Kopf bis Fuß ansprechen, holen wir uns so einiges an Inspiration.

Charakteristisch für einen Apothekergarten ist die Anordnung der Pflanzen nach ihren Anwendungsgebieten: von Unruhe und Schlafstörung über Durchblutung und Infekt bis zu Schmerzen und Krämpfen. Und da bekanntlich nicht nur die Liebe durch den Magen geht, sondern auch die Gesundheit, haben die Gewürzkräuter ihr eigenes Reich erhalten. Von Adonisröschen bis Zaunrübe, über 150 Heilpflanzen gedeihen in zehn Indikationsbeeten. Da die Pflanzen aus einer Vielzahl an komplexen sekundären Pflanzenstoffen bestehen, wirken sie auf mannigfaltigen Ebenen. Daher sind einige von ihnen gleich in mehreren Rabatten zu finden, so wie der Beifuß, eine der ältesten überlieferten Heilpflanzen. Er ist bekannt für seine Bitterstoffe und wächst in den Beeten der Gewürzkräuter, der Homöopathie sowie der Leber und Galle.

Gleich zu Anfang der Besichtigung empfiehlt es sich, die lehrreiche Broschüre, die im Pavillon zu erwerben ist, zur Hand zu nehmen. Sie ist äußerst informativ und ein gutes Nachschlagewerk für zuhause. Zusammen mit den Informationstafeln und der hervorragenden Beschilderung der Pflanzen kann man tief eintauchen in die Welt der natürlichen Heilkunde. Wir erfahren zum Beispiel, welche Teile der Pflanzen für welche Indikationen eingenommen werden sollten. Auch wird auf die Art beziehungsweise den Zeitpunkt der Anwendungen hingewiesen. Doch aufgepasst: Es sind auch einige giftige Vertreter aus der Pflanzenwelt vor Ort wie zum Beispiel der Schierling oder der Fingerhut. Ein roter Punkt weist auf ihre toxische Wirkung hin.

Der Heilpflanzenspaziergang beginnt mit dem Beet »Unruhe und Schlafstörungen«, Leiden, die in unseren hektischen Zeiten viele Menschen belasten. In kräftigem Orange leuchtet uns das lieblich klingende Schlafmützchen (Escholtzia californica) entgegen, ein Vertreter aus der Familie der Mohngewächse. Daneben steht der grazil in die Höhe wachsende Saat-Hafer (Avena sativa), dessen schnabelförmige Spelze in der Luft zittern. Heute kennen wir ihn zerquetscht als Haferflocken. Als stärkendes Mittel soll er unter anderem bei nervöser Unruhe und Schlaflosigkeit helfen.

Im anschließenden Beet der Gewürzkräuter tummeln sich aromatische Pflanzen wie Kerbel, Sellerie oder Liebstöckel. Das Bohnenkraut zum Beispiel lässt uns gedanklich an das Mittelmeer reisen. Fein gehackt und in eine Vinaigrette gemischt erhebt es jeden Salat in Gourmet-Bereiche. Andere Gewürzkräuter regen mit ihren scharfen oder bitteren Stoffen die Magen-, Darm- und Gallenfunktion an und tragen so zu einer besseren Verdauung bei. Deshalb finden wir die Kapuzinerkresse, den Meerrettich und den Kümmel ebenfalls im Beet der Gewürzkräuter.

Im größten Beet gedeihen die Pflanzen der Homöopathie und der anthroposophischen Medizin, die wir meist in Form von kleinen Kügelchen kennen. Die stachlige Eselsdistel, die bei Herz- und Kreislaufstörungen eingesetzt wird, wächst neben dem gelb blühenden Gänsefingerkraut, ein Vertreter aus dem

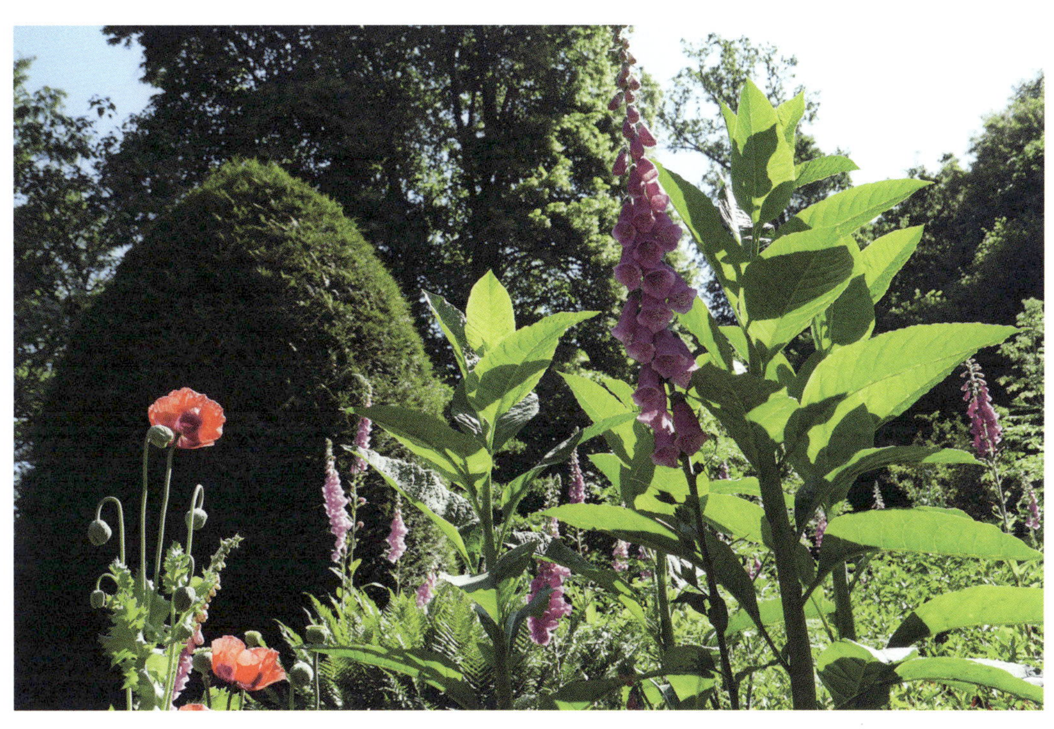

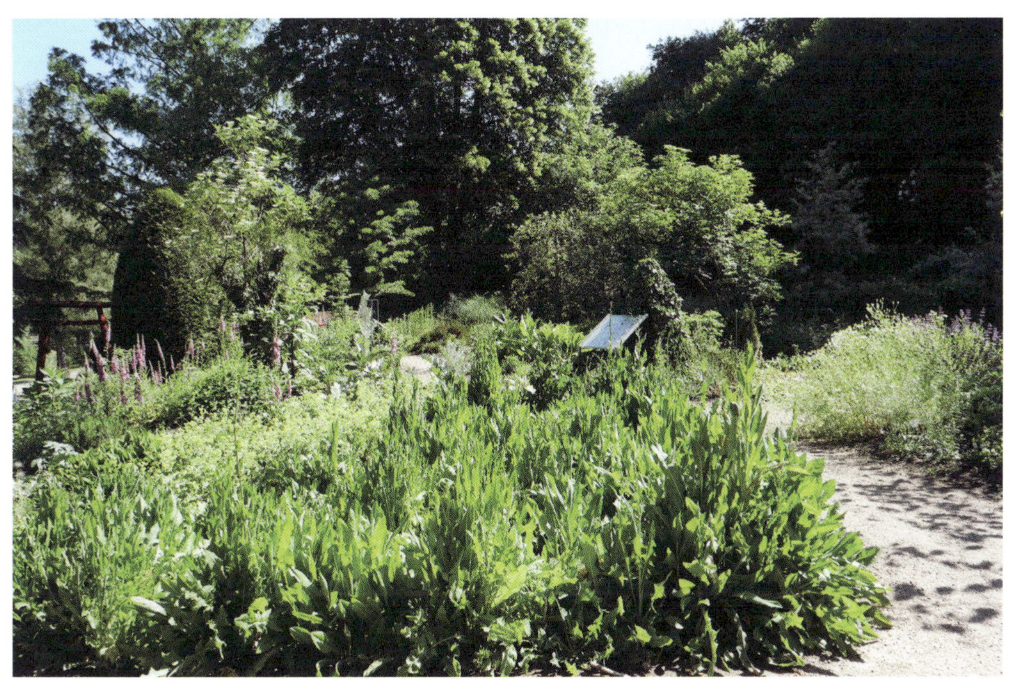

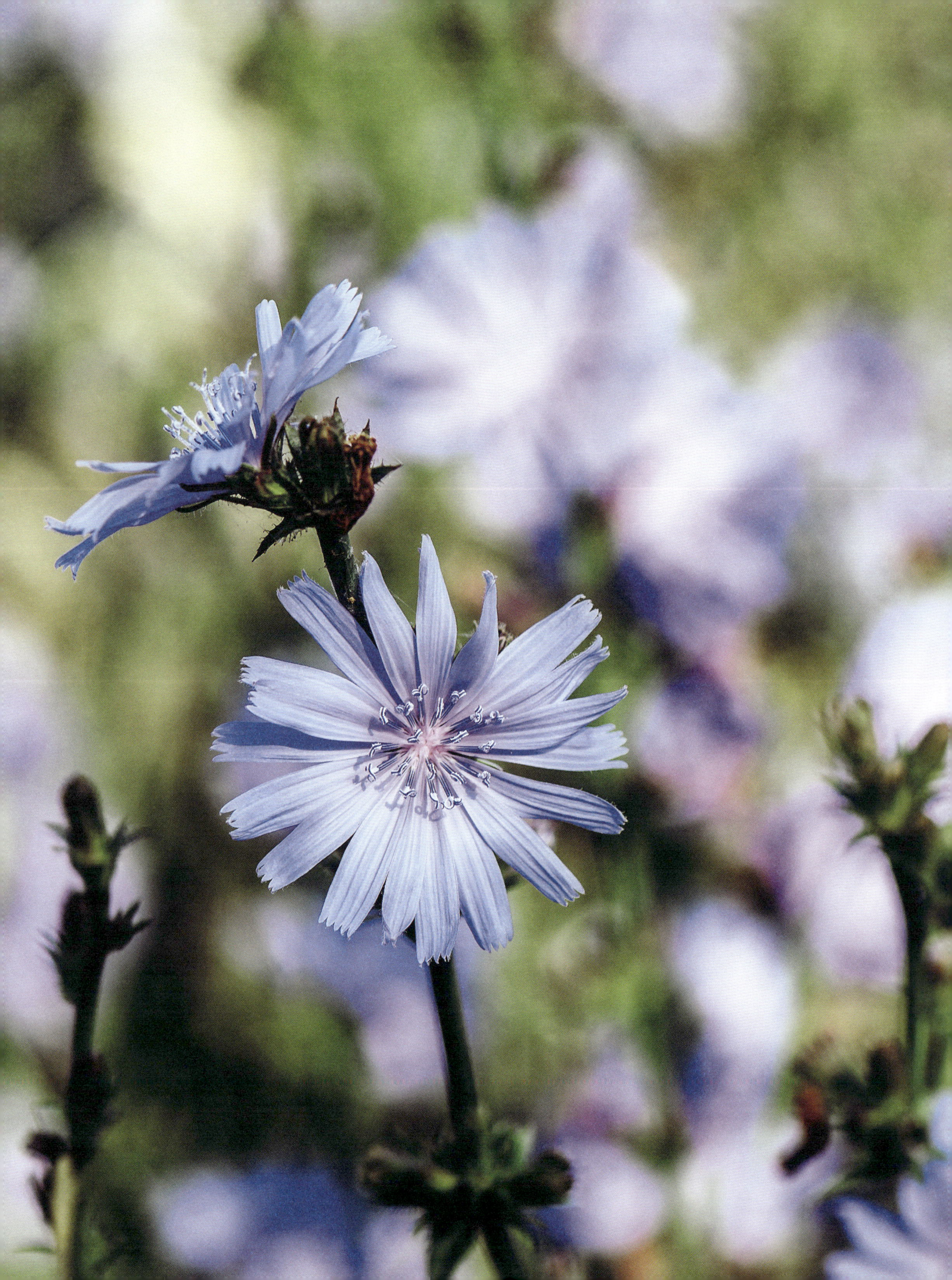

Reich der Rosengewächse, das unter anderem bei Koliken, Gastritis und Regelbeschwerden verwendet wird. Doch auch stark giftige Vertreter wie das Maiglöckchen, der Schierling und die Zaunrübe sind in diesem Beet in Pflanzenform zu finden. Von einer Selbstmedikation sollte man unbedingt absehen!

Im nächsten Beet dreht sich alles um das Herz und die Durchblutung. Neben Klassikern wie Herzgespann und Ginkgo überrascht das Pseudogetreide Buchweizen, dem neue Studien eine Wirksamkeit bei Venenschwäche und Krampfadern bestätigen. Es folgen die Anwendungsgebiete Harnwege und Niere. Wir lernen, dass der Färberkrapp nicht nur als Färberpflanze für sein intensives Blau genutzt wird, sondern dazu beitragen kann, dass sich Nierensteine und Harngrieß auflösen. In diesem Beet entdecken wir wieder eine Schönheit: das Weidenröschen. Spätestens im Spätsommer, wenn sich seine Kapselfrüchte öffnen und die Schirmchen wie Engelshaar locken, verzaubert es uns. Auch in den Indikationsbeeten Erkältung und Infekte, Husten und Bronchitis, Hauterkrankung, Leber und Galle, Schmerzen und Krämpfe wachsen die passenden grünen Helfer in Bad Liebenzell. Wir sehen den Sanddorn, die Malve, die Mariendistel oder das in Vergessenheit geratene Tausendgüldenkraut. Es kam vor langer Zeit zu diesem Namen, da seine Wirkstoffe so wertvoll erachtet wurden wie tausend Gulden. In leuchtendem Pink strahlt es uns entgegen, als wolle es uns wachrütteln, damit wir nicht verlernen, uns den Heilkräften der Natur zuzuwenden. In Bad Liebenzell können wir uns gesund sehen und mit unserem neu erlangten Wissen gestärkt nach Hause gehen.

Hält die Wegwarte ihre Blüten um Johanni (24. Juni) lang offen, darfst du nachts auf den Reigen der Glühwürmchen hoffen.

Apothekergarten
Im Kurpark
Bad Liebenzell
75378 Bad Liebenzell
schwarzwaldverein-bad-liebenzell.de

Der Buchweizen

[Fagopyrum esculentum]

Pflanzenfamilie Knöterichgewächse – Polygonaceae

Zart und beschwingt wächst der Buchweizen in die Höhe. Die einjährige, krautige Pflanze hat dreieckige bis herzförmige Blätter und eine grüne, manchmal rot unterlaufende, Sprossachse. Ihre weißen, mitunter auch rosa Blüten stehen in endständigen Trieben dicht aneinander. Die Früchte ähneln denen der Buche, daher auch sein deutscher Name Buchweizen. Der Lateinische bezieht sich ebenfalls auf »Fagus«, die Buche.

Während Weizen, Gerste, Hafer & Co. zu der Familie der Süßgräser gehören, ist der Buchweizen ein Knöterichgewächs. Zugeordnet ist er den Pseudocerealien wie Quinoa oder Amaranth, also Samenfrüchten, die eine besondere Proteinzusammensetzung haben und glutenfrei sind. Daher eignet sich der Buchweizen als Lebensmittel bei Zöliakie. Sein nussiger Geschmack, die ausgeglichene Aminosäurenzusammensetzung mit einem hohen Nährstoffwert, die vielen Mineralstoffe und Vitamine machen ihn zu einem wertvollen Pseudogetreide.

Der Ursprung des Buchweizens liegt in Ostasien (Provinz Yunnan im Südwesten Chinas), bereits im antiken China wurde er kultiviert. Von dort gelangte er über die Handelswege nach Russland und weiter nach Europa. Bei uns war er im Mittelalter eine häufig angebaute Pflanze, doch wurde er im Laufe der Modernisierung vom ertragreicheren Getreide abgelöst. Weltweit gibt es viele Arten. Fagopyrum esculentum ist die verbreitetste. Größte Anbauländer sind China, Russland und die Ukraine.

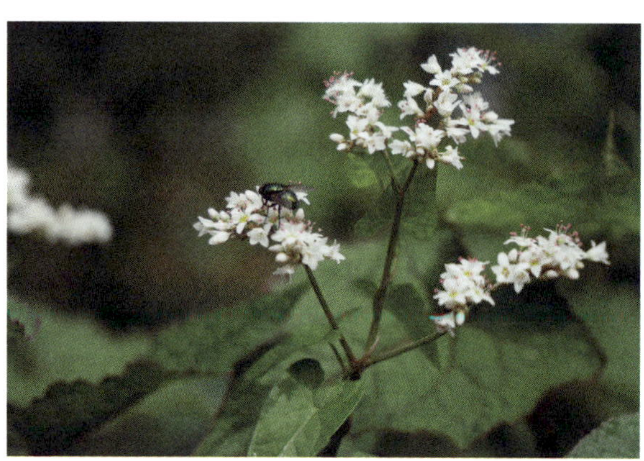

Steckbrief

Höhe: *bis Wuchshöhe von ca. 1,3 m (zum Erntezeitpunkt)*

Aussehen: *Die Blätter sind wechselständig, ganzrandig und in ihrer Form herzförmig bis dreieckig. Die zwittrige Blüte wächst endständig in Trauben, die fünf Kelchblätter sind weiß bis pink. Die Bestäubung erfolgt hauptsächlich durch Bienen. Die Frucht ist eine dreieckige Achäne, anfangs grün, später graubraun.*

Blüte- und Erntezeit: *Die Aussaat erfolgt in der Regel im Mai. Da die Pflanze die Blätter- und Blütenbildung in ihrer Vegetation ununterbrochen fortsetzt, wird geerntet, wenn ungefähr 75 Prozent der Früchte reif sind (10 – 12 Wochen nach Aussaat).*

Standort: *Die Pflanze ist nicht trockenresistent, sie bevorzugt einen feuchten Standort und einen lockeren Mischboden.*

Inhaltsstoffe: *unter anderem Proteine, ungesättigte Fettsäuren, viele Mineralstoffe (vor allem Magnesium) und Vitamine B1, B2, B6, C und E*

Verwendete Pflanzenteile: *die Samen*

Buchweizen-Haselnuss Knusperkeks

Wenig Süße, viele Nährstoffe – ein gesunder Snack für zwischendurch. Der Buchweizen überzeugt mit seinem würzig-nussigen Geschmack, die Haselnüsse intensivieren die nussige Note. Damit das Backen gelingt und die Kekse nicht zu bröselig werden, wird für die Hälfte des Mehls Weizenmehl verwendet.

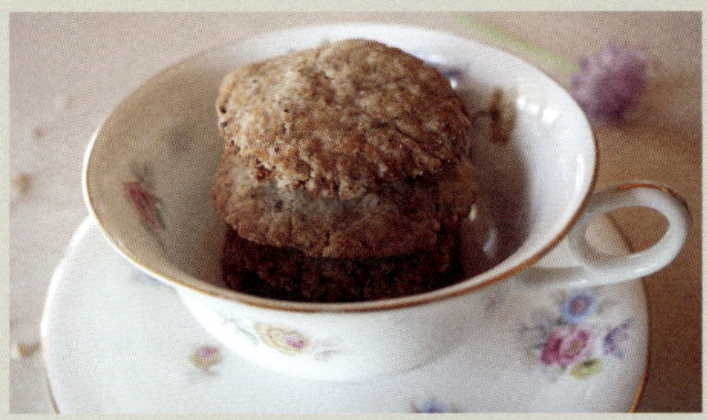

Zutaten

(für 20 kleine Kekse)

100 g Buchweizenmehl

100 g Weizenmehl

100 g gemahlene Haselnüsse

25 g brauner Zucker

1 Prise Salz

1 Messerspitze Backpulver

1 EL Tannenhonig

80 g Haselnussöl

1 Ei

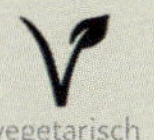

1. Den Backofen auf 180 °C Ober-/Unterhitze vorheizen.
2. In einer Schüssel die beiden Mehlsorten, die gemahlenen Haselnüsse, den Zucker, das Salz und das Backpulver mit einem Löffel vermischen.
3. In einer großen Glas- oder Metallschüssel den Honig über einem Topf im Wasserbad leicht erhitzen. Von der Kochstelle nehmen. Das Öl und das Ei zufügen und kräftig unterrühren. Das Gemisch in die trockenen Zutaten geben und vermengen. Falls der Teig zu bröselig ist, kann man ein EL Wasser zufügen.
4. Mit einem Esslöffel Teig abstechen und mit den Händen kleine Kugeln formen. Auf dem Backpapier flachdrücken und 10–15 Minuten backen. Nach dem Backen die Kekse auf einem Kuchengitter auskühlen lassen.

Tipp: Dunkle Schokolade und nussiger Buchweizen ergänzen sich hervorragend. Dafür wird 25 g dunkle Schokolade mit einem Messer in feine Streifen gehobelt und am Ende dem Teig zugefügt. Für besonders Geduldige: Die gemahlenen Haselnüsse ohne Fettzugabe 5 Minuten in einer heißen Pfanne rösten, dabei regelmäßig umrühren, damit die Nüsse nicht verbrennen, dann so verfahren wie oben beschrieben.

Der Kuchelgarten der Freiburger Kartause

»Item es wird gefunden dreyerley Angelica: Deutscher Nation under welchen die Freuburgische Angelica im Preißgaw die beste geachtet wird.«

Der Wahlspruch der Kartäuser »Stat crux dum volvitur orbis – Das Kreuz steht fest, während die Welt sich dreht« könnte für den Garten der ehemaligen Kartause in Freiburg nicht treffender sein. Seit knapp 700 Jahren wird das bunte Kleinod bewirtschaftet. Vom Orden der Kartäuser über Adelssitz und Seniorenheim zum Internationalen College, vom Klostergarten zum Küchengarten und Lehrgarten für biologisches Gärtnern: Hunderte Jahre Gartenkultur auf dem Boden der Kartause. Es ist ein gewaltiges Erbe, das mit begeisternder Leidenschaft gepflegt und weitergetragen wird.

Gegründet wurde das Kloster 1346, in einer Epoche der großen Unsicherheiten. Zu dieser Zeit brachen in Südbaden regelmäßig Pestepidemien aus. Über 100 Jahre lang kamen sie als wütende und wiederkehrende Wogen, die die Menschen in Atem hielten, über das Land. Zudem verschlimmerten Missernten den Lebensalltag der ohnehin geschwächten Bevölkerung. Starke Preisanstiege waren die Folge. Und als ob dieses Leid nicht ausgereicht hätte, dominierten nicht enden wollende Fehden unter Kleinstherrschern und das Faustrecht das Leben des einfachen Mannes. In diesem historischen Kontext wird die Bedeutung des großen Selbstversorgergartens deutlich. Die zurückgezogen lebenden Mönche des Schweigeordens mussten ernährt und Vorräte für den langen Winter angelegt werden. So stellte die Gartenarbeit ein fest integrierter Bestandteil des Tagesablaufs dar. Zudem hegte jeder Mönch ein kleines umfriedetes Gartenstück, das er sein Eigen nennen durfte. Viele der noch heute kultivierten Gemüsesorten wuchsen vermutlich im Klostergarten: Zwiebeln, Lauch, Kohl, Rote Bete und Rettich. Andere Sorten, die heute in der Kartause gedeihen, waren den Mönchen zu damaligen Zeiten noch unbekannt. Dazu zählen Kartoffeln, Tomaten oder Bohnen, die erst nach der Entdeckung Amerikas nach Europa kamen. Belegt ist im 16. Jahrhundert der Anbau der Engelwurz, die zu diesen Zeiten als Pestkraut galt. Außerdem ist auf alten Zeichnungen der Obstanbau erkennbar. Nach der Aufhebung des Klosters im Jahr 1782 wurde die Kartause lange Zeit als Seniorenheim genutzt. Seit 2014 ist das weitläufige Gelände ein United World College, das Schülern aus knapp 100 Ländern eine neue Heimat gibt. Bildungselemente wie die Nachhaltigkeit und das biologische Gärtnern spielen eine wichtige Rolle und werden in dem ehemaligen Kuchelgarten der Mönche tagtäglich gelebt. Der Kreis schließt sich.

Am liebsten möchte man die Lebensuhr zurückdrehen und nochmal die Schulbank drücken, so wunderschön ist die gesamte zehn Hektar große Anlage, in deren Herzen der Selbstversorgergarten eingebettet ist. In Kreuzform angelegt entspricht das grüne Reich mit seiner vierteiligen Struktur der klösterlichen Gestaltung. In der Mitte thront als zentrales Element ein Teich, auf dem Seerosen schwimmen. Umfriedet ist es von einer hohen Mauer, dahinter stehen verstreut Gebäude aus alter Zeit, die die Geschichte des Klosters erzählen.

Eine außerordentliche Fülle an Obst- und Gemüsesorten, Heilkräutern, Färbe- und Faserpflanzen sowie mittelalterliche Symbolblumen wie Lilien, Iris und Rosen werden hier gepflegt. Die Erkundung startet südlich vom Hauptgebäude. Eine Treppe führt hinunter in das terrassierte Reich. Den Anfang bildet ein großes Gewächshaus, in dem Pflanzen vorgezogen werden vom eigens gewonnenen Saatgut oder von den Samen, die die Schüler aus aller Welt mitbringen. Unter dem großen Folientunnel gedeiht eine Vielzahl an Tomaten wie die hübsch klingende Sorte Sunrise Bumblebee. Bewacht werden sie von einer großen Zahl an Obstbäumen: Feigen, Aprikosen, Holunder, Apfel, Bir-

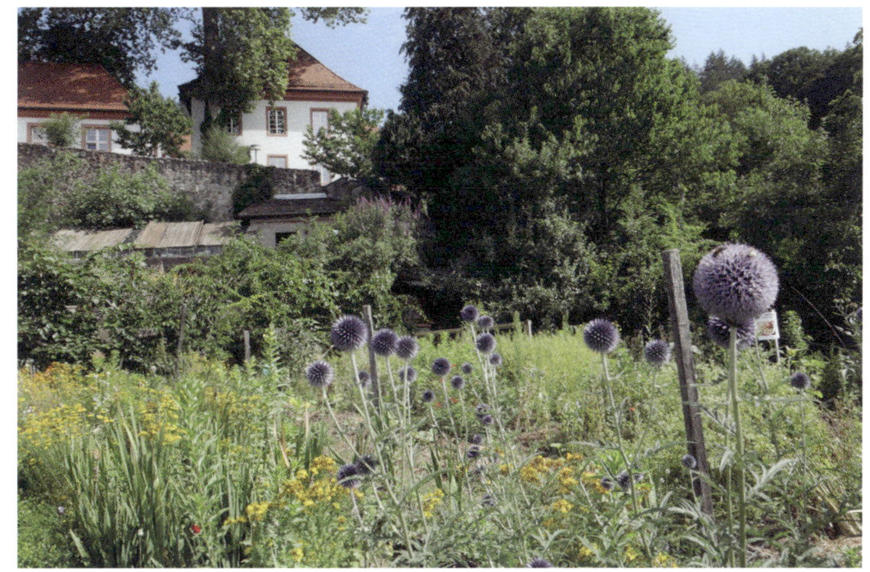

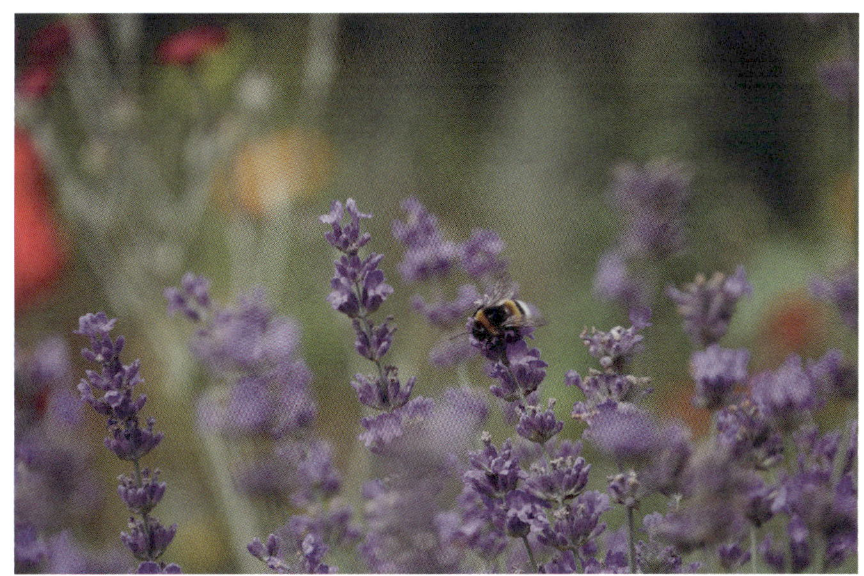

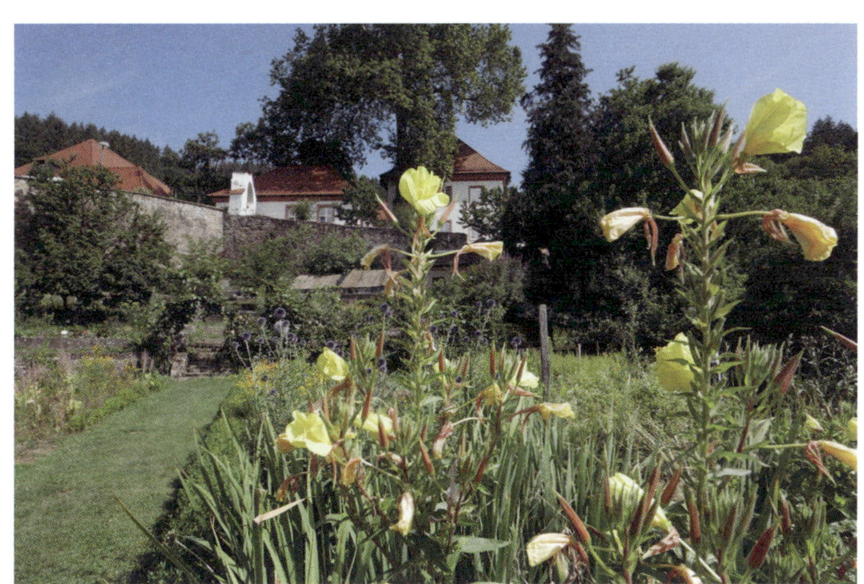

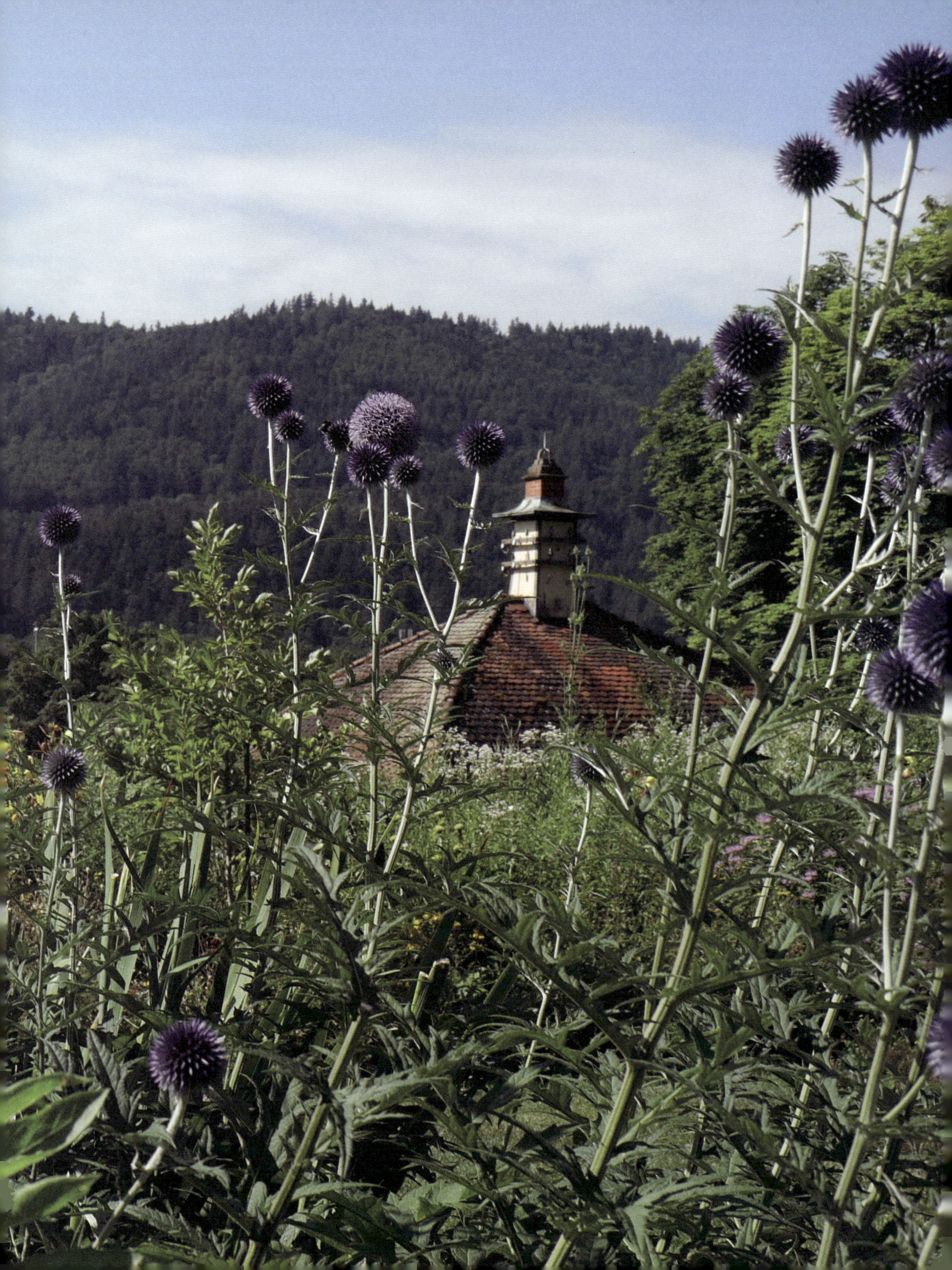

nen oder Mispeln, in Hochbeeten und entlang der Klostermauer reihen sie sich aneinander. Ihr Obst bereichert nicht nur die Küche der Schule, sondern ernährt die Tierwelt der Kartause. Vögel und Insekten ebenso wie Schafe, Alpakas, Hühner, Enten oder Kaninchen haben das Privileg, hier zu leben. Auf den aufgeheizten Steinstufen, die zu den vier großen Gartenfeldern führen, sonnen sich mehrere Mauereidechsen. Eine gähnt genüsslich, bevor sie in der Mauerritze verschwindet. Sie lebt im Paradies.

Im unteren Teil des Selbstversorgergartens wird es bunt. Gemüse, Heilkräuter, Blumen, Beeren, sogar langstrohiger Roggen wachsen in den Beeten. Er wird von Vögeln angeflogen, die reiche Frucht an den Ähren finden und die Halme zum Schwingen bringen. Spargel, Stangenbohnen, Kürbis und Mais wachsen adrett in Reihen, während Wildblumen wie Klatschmohn, Wegwarte und Johanniskraut bunte Kleckse bilden. Die hohe Karde, die gegen Borreliose eingesetzt wird, oder die Stockrose, die den Charme aus vergangenen Tagen versprüht, breiten sich ebenfalls aus. Angeknüpft an die historische Bedeutsamkeit wird im Garten der Kartause die alte Heilpflanze Engelwurz (Angelica) kultiviert. Früher als Allheilmittel, insbesondere gegen die wütende Pest, eingesetzt darf ihr Anbau auch heute nicht fehlen. Das farbenfreudige Reich ist begehbar, denn Backsteine durchkreuzen die großen Gartenfelder. So kann man immer wieder innehalten und auf Tuchfühlung mit der Insektenwelt gehen. Schon rauscht die Große Holzbiene vorbei, so laut, als hätte sie einen Propeller auf ihrem Hinterleib. Im Garten ist sie tonangebend, zusammen mit den vielen anderen Tieren, die hier ihr Habitat haben. Die regelmäßige Gartenarbeit der Schüler und Lehrer, die Unterstützung der vielen Ehrenamtlichen, die Arbeitskreise, die Führungen im Rahmen der Bauerngartenroute und der wöchentlich stattfindende Gartentreff stören sie offensichtlich nicht. Der Kuchelgarten der Kartause, eine lebendige Oase des Miteinanders.

Wie sich an Bartholomäus (24. August) das Wetter verhält,
so ist der ganze Herbst bestellt.

Klostergarten Kartause
UWC Robert Bosch College
Kartäuserstraße 119
79104 Freiburg
uwcrobertboschcollege.de/leben/schulgarten/

Die Echte Engelwurz

[Angelica archangelica]

Pflanzenfamilie Doldengewächse – Apiaceae

Engelgleich schweben die Blüten der Echten Engelwurz über dem Staudenbeet. Auf ihrem eleganten, aufrechten Stängel sitzen kuppelförmige Doldenblüten, die in einem zarten Grün erblühen. Die Echte Engelwurz verströmt dabei einen angenehmen aromatisch-würzigen Duft, den auch viele Vertreter des Tierreichs schätzen. Auf ihren Blüten sehen wir Käfer, Wildbienen, Hummeln, Wespen, Schwebfliegen und Schmetterlinge.

Sie gehört zu den bekanntesten Heilpflanzen unserer nordischen Vorfahren. Aus Schriften aus dem 12. Jahrhundert erfahren wir, dass sie als Kulturpflanze sehr verbreitet war. Erst später ist sie in den Süden gewandert und von dort in unsere Heilpflanzen- und Bauerngärten. In Deutschland wurde die Engelwurz im späten Mittelalter als Pestmittel eingesetzt, um »Gifft auszutreiben, so die Pestilenz regieret«. Ihren Namen erklärt Tabernaemontanus (Arzt, Apotheker und Botaniker, 16. Jahrhundert) mit ihrer Heilkraft, die die lieben Engel dem menschlichen Geschlecht offenbart haben sollen.

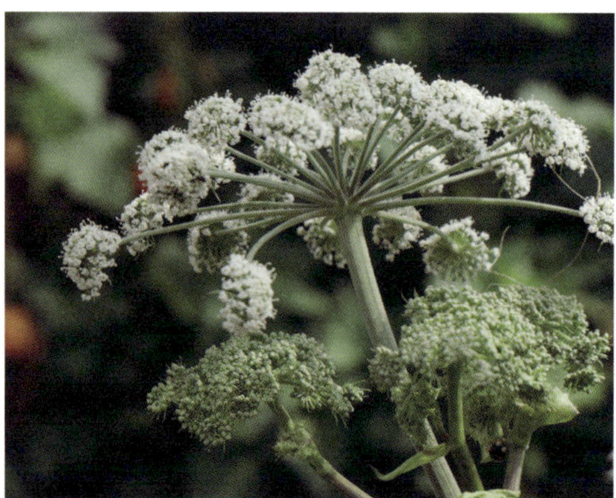

Bekannt ist sie vor allem als verdauungsförderndes Mittel und wird heute in vielen Magentinkturen, Verdauungssäften und -likören verwendet. Ihr alter Name Brustwurz deutet auf ihre Heilwirkung bei Erkrankungen des Atemtraktes hin.

Ihre wilde Schwester, die Wald-Engelwurz (Angelica sylvestris), wächst im Schwarzwald inmitten unserer Wälder. Da eine Verwechslungsgefahr unter anderem mit dem giftigen Schierling besteht, sollte man sich beim Sammeln der Pflanze ganz sicher sein.

Steckbrief

Höhe: *bis zu 2 m*

Aussehen: *Der Stängel ist rund, gerillt und hohl, oft purpurrot unterlaufen, die Blätter entspringen aus bauchigen Scheiden, sind kahl und zwei- bis dreifach gefiedert. Sie trägt große grünlich-weiße Doldenblüten.*

Blütezeit: *von Juli bis August*

Standort: *Tiefgründige und humusreiche Böden, halbschattige Standorte. Sie verträgt keine Trockenheit. Zweijährige Pflanze, die sich selber aussät.*

Inhaltsstoffe: *unter anderem ätherische Öle, Bitterstoffe, Furocumarine und Gerbstoffe*

Eigenschaften: *unter anderem verdauungsfördernd, appetitanregend, darmreinigend, blähtreibend*

Verwendete Pflanzenteile: *Medizinisch meist die Wurzeln; Stängel, Blätter, Blüten und Samen können ebenfalls verwendet werden.*

Sonnenanbeterin und Akrobatikkünstlerin

[Die Mauereidechse – Podarcis muralis]

Eine alte Haut, die aufreißt und abfällt, und ein Schwanz, der bei Gefahr abgebissen wird und nachwächst: Auf den ersten Blick erscheint uns die graubraune Mauereidechse als seltsames Lebewesen. Das Schuppentier ist ein Reptil und benötigt wie die anderen Vertreter seiner Familie die Wärme, da es seine Körpertemperatur nicht regulieren kann. Sobald die Sonne ihr Habitat erwärmt, kriecht die Mauereidechse aus ihrem Winterdomizil und verharrt genüsslich auf einer Trockenmauer. Schaut man genau hin, könnte man fast meinen, dass die kleine Sonnenanbeterin grinst.

Am liebsten hält sie sich auf wärmeaufgetankten Steinhaufen auf. Auch aufgetürmtes Reisig in einer sonnigen Ecke des Gartens bietet ihr ein gutes Domizil. Wichtig ist, dass ihre Lebensräume genügend Spalten und Ritze haben. Denn genauso regungslos wie sie die Sonne genießt, genauso schnell flitzt sie in einer Gefahrensituation in ein sicheres Versteck. Ihre natürlichen Feinde sind unter anderem Hauskatzen, Krähen und Schlingnattern. Doch diese müssen die kleine Akrobatikkünstlerin erstmal zu fassen bekommen, denn sie ist nicht nur flink, sondern unglaublich gelenkig. Mit ihren kräftigen Beinen und langen Zehen kann sie senkrecht klettern, sogar an Baumstämmen krallt sie sich fest und wartet geduldig, bis die Luft wieder rein ist und sie ihr Sonnenbad fortsetzen kann. Der lange Schwanz hilft ihr bei den Balanceakten. Bei Gefahr kann er abgebissen werden und wächst einfach wieder nach.

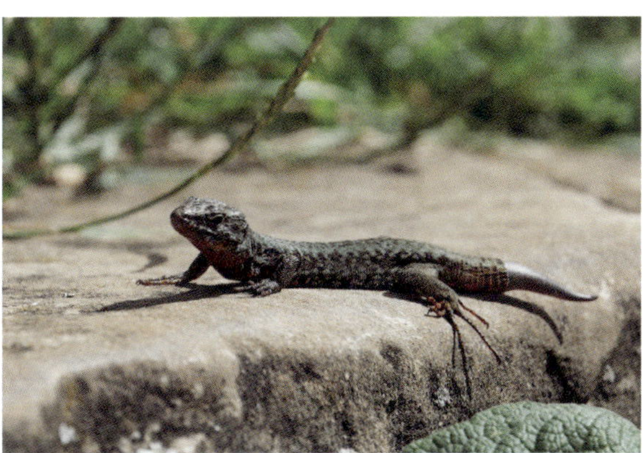

Auf ihrem Speisezettel stehen unter anderem Insekten, Spinnen und die von Gärtnern so unbeliebten Nacktschnecken. Nach der Eiablage im Frühling hat sie noch ausreichend Zeit, ihre Energiereserven für den langen Winter aufzubauen. Ab Oktober taucht sie wieder in ein frostfreies Versteck unter.

Steckbrief
Länge: *bis zu 20 cm Kopf- bis Schwanzlänge*
Alter: *in der Regel 4 – 6 Jahre*
Aussehen: *Graubraune Eidechse mit unregelmäßigen schwarzen Flecken. Die Unterseite kann stark variieren: von cremeweiß über gelblich bis rötlich.*
Verbreitung und Lebensraum: *Die Mauereidechse lebt vorwiegend in Süd- und Mitteleuropa. Ihre Habitate sind unverputzte Mauern, Weinberge und Gleisanlagen. Baden-Württemberg hat eine größere Population, wobei ihre natürlichen Lebensräume schwinden. Sie ist streng geschützt.*

Der Heilpflanzengarten vom Kloster Sankt Lioba

»Gott pflanzte einen Garten in Eden und setzte den Menschen darein.« (Genesis / 1. Mose 2:8)

Am Rande der Schwarzwälder Hauptstadt und seiner Betriebsamkeit treten wir ein in eine völlig andere Welt. Sobald wir über die Schwelle des Klostergeländes schreiten, stellen wir die Hektik, die unser Leben tagtäglich begleitet, an der Pforte ab. Sie kann gerne warten. Alles hier strahlt Freundlichkeit und Wärme aus: das Klostergebäude, die unterschiedlichen Gärten und vor allem die Schwestern. Wir fühlen uns angekommen, angenommen, herzlich willkommen.

Seit 1927 beherbergt die im klassizistischen Stil erbaute Villa in Günterstal die Schwesternschaft der Benediktinerinnen von Sankt Lioba. Das ockerfarbene Gebäude im mediterranen Flair könnte in der Toskana stehen. Es hebt sich markant vom dunklen Waldrand ab. An seine Hanglage schmiegen sich liebevoll gepflegte Gärten, die uns in bunten Farben entgegenstrahlen. Gegründet wurde die Schwesternschaft 1920, in einer vom Ersten Weltkrieg gezeichneten Welt. Von Anfang an widmeten sich die benediktinischen Schwestern außer dem Gebet auch vielfältigen pastoralen und sozial-caritativen Aufgaben; insbesondere die Pflege und die Stärkung der Familie sind ihnen eine Herzensangelegenheit. Und genau diese Liebe zu den Mitmenschen und die Zuneigung zu allen Lebewesen müssen die Pflanzen deutlich spüren, so üppig gedeihen sie an der sonnigen Hanglage.

Das Ensemble besteht aus einem Heilpflanzengarten, einem Bibelgarten, einem Gemüsegarten samt Gewächshaus, einer Streuobstwiese und einem Ziergarten im oberen Teil der Anlage. Im Heilkräuter- und Bibelkräutergarten werden die Pflanzungen in Hochbeeten gehegt, um deren Pflege zu erleichtern und allen Besuchern, unabhängig von ihrer Mobilität, ein Erkunden zu ermöglichen. Hier darf angefasst, geschnuppert und geschmeckt werden.

Nach Indikationsgebieten angeordnet umfasst der Heilpflanzengarten acht Bereiche: von Duft- und Verdauungskräutern über Nerven- und Beruhigungspflanzen bis zu Kräutern für Frauenleiden und Infekte. Gegen jede Krankheit ist hier ein grünes Helferlein gewachsen. Im Duftbeet lassen uns Orangen-Salbei, Schoko-Minze und Duftveilchen an das Süße im Leben denken. Während wir mit der Nase genüsslich schnuppern, fangen unsere Gedanken zu flattern an. Das würzig riechende Currykraut hingegen lässt uns in ferne Länder reisen und von scharfen Reisgerichten träumen. Im Indikationsbeet »Verstopfung und Durchfall« blüht uns der blau blühende Lein, auch Flachs genannt, entgegen. Zart wachsend wiegt er sein Köpfchen im Wind und vermittelt eine verträumte Leichtigkeit. Vergangen sind die Zeiten, als er im Schwarzwald noch große Ackerflächen mit seiner Himmelsfarbe bedeckte. Heute treffen wir ihn allenfalls in Blumenwiesen-Mischungen an. Mit großen Laubblättern, die rötlich unterlaufen sind, und einem außergewöhnlichen Blütenstand könnte der Rizinus als eine auffallende Zierpflanze durchgehen. Das aus seinen Samen gewonnene Öl ist ein bewährtes Abführmittel. Doch Achtung ist geboten: Die Pflanze ist hochgiftig. Der im Schwarzwald an nassen Standorten wild wachsende Blutweiderich wirkt unter anderem adstringierend und hilft bei Durchfall. Mit seinen dunkelrosa leuchtenden Blüten zieht er die Blicke magisch an und stiehlt ganz nebenbei manchem Prachtgewächs die Schau. Neben Klassikern wie Borretsch, Oregano und Thymian, die im Küchenbeet auf ihren Einsatz warten, treffen wir im Bereich der Frauenleiden, der Herzschwäche und der Blutdruckunregelmäßigkeiten auf die Weinraute oder das hübsch klingende Gottesgnadenkraut, das heutzutage homöopathisch eingesetzt wird. Hopfen, Baldrian oder Lavendel gedeihen im Beet der

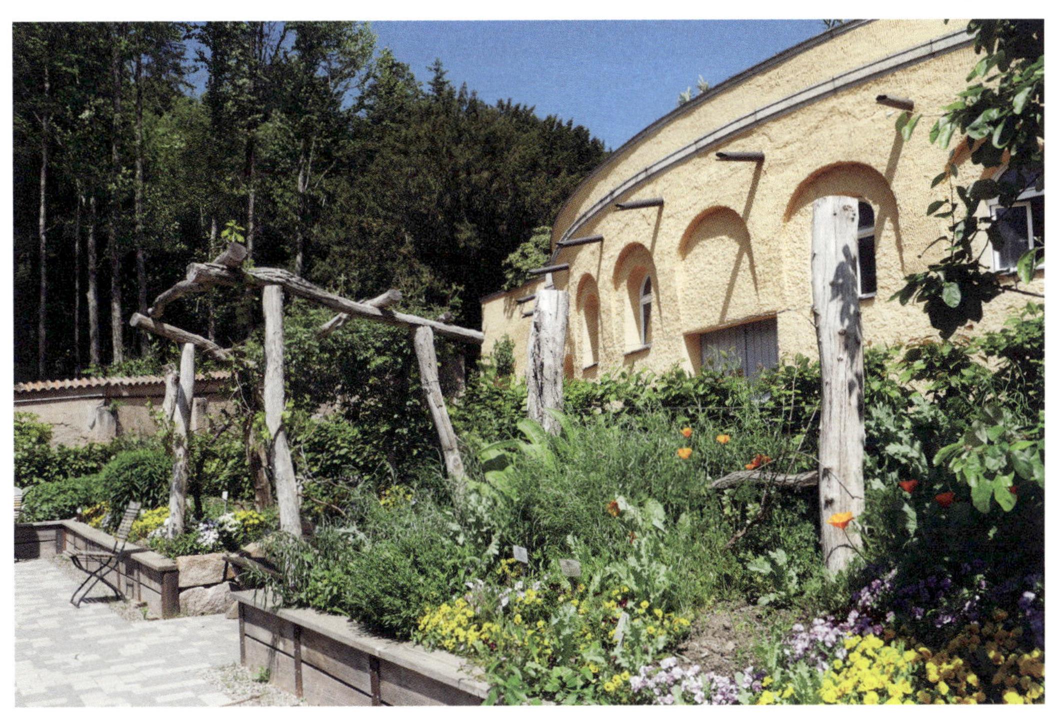

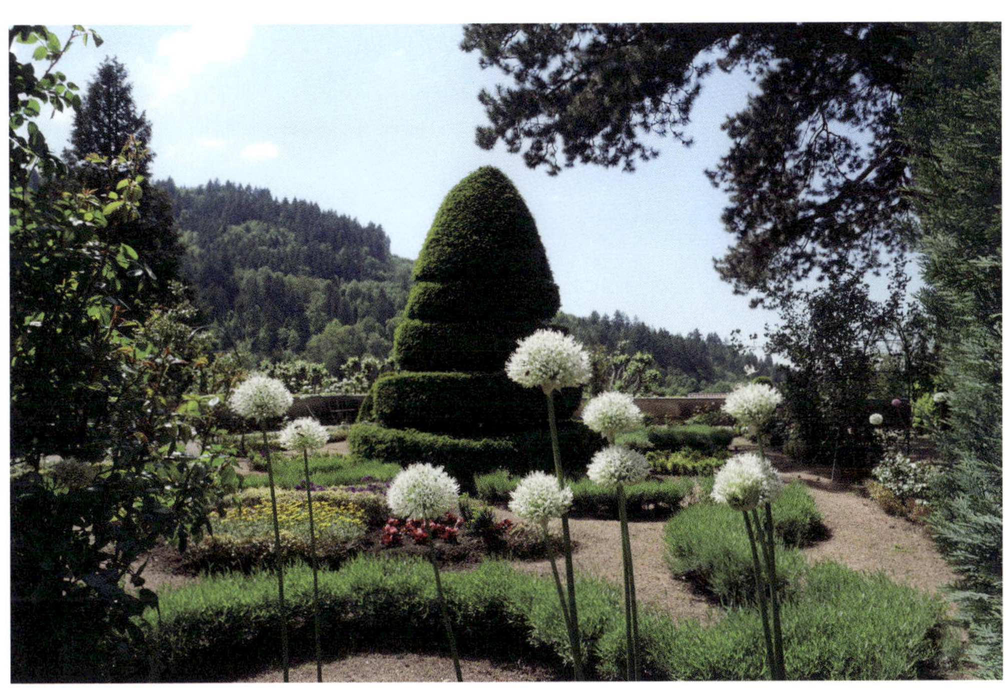

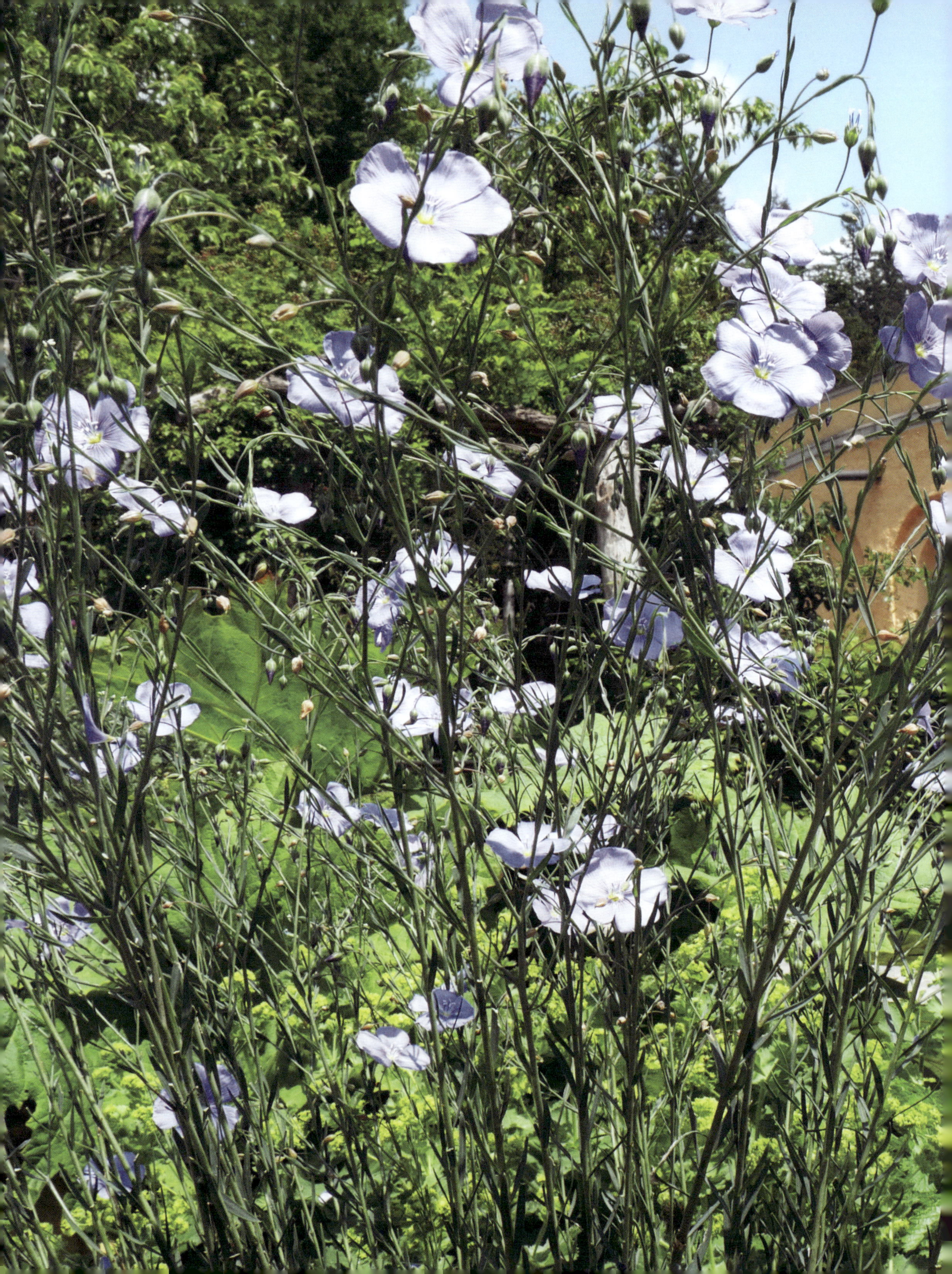

Nervosität und der Entspannung, da sie für ihre beruhigende Wirkung bekannt sind. Die Passionsblume soll ebenfalls positiv auf unsere Psyche wirken. Wem sie nicht hilft, der kann sich an ihrer unglaublichen Blütenpracht erfreuen: blaue Kronblätter, ein lila Strahlenkranz und gelbe Staubbeutel, die Pflanze ist ein ästhetischer Genuss. Wir führen unseren Spaziergang fort und erkunden die Indikationsbeete der entzündlichen Erkrankungen und Infekte. Die mannshoch wachsende Wilde Karde nimmt mit ihrem violett blühenden Blütenkopf, der mit Stacheln besetzt ist, eine majestätische Erscheinung an. Wir erfahren, dass die Pflanze gegen die Borreliose eingesetzt wird. Der Rote Sonnenhut und die zu Unrecht als Unkraut verschriene Brennnessel haben ebenfalls ein Plätzchen gefunden, während uns die Zistrose mit ihrem zerknitterten Blütenkleid entzückt.

Hinter dem Heilpflanzengarten eröffnet sich der Bibelgarten, der uns einlädt die Pflanzen zu erkunden, die auf ihre Weise Geschichten aus dem Alten und dem Neuen Testament erzählen. Wir treffen auf den würzig duftenden Wacholder, der für die Treue Gottes steht, oder Getreide und Weinstöcke, die an das letzte Abendmahl erinnern. Feige, Ysop oder Linsen, sie alle haben eine biblische Bedeutung, die man auf kleinen Pflanzenschildern lesen kann. An der Mariengrotte gedeihen die Kräuter, die der Gottesmutter gewidmet sind. Vom gegenüberliegenden Quellstein plätschert das Wasser in den großen Teich, eine sanfte Melodie, die uns innehalten lässt. Gemächlich ziehen Fische ihre Runden, während Libellen über den Seerosen schwirren. Viele Bänke laden uns ein, den Frieden, den der Bibelgarten ausstrahlt, in uns zu spüren, bevor wir gestärkt aus der Pforte schreiten. Die Hektik, die wir dort abgestellt haben, nehmen wir nicht mit. Die kann noch länger auf uns warten.

Bestellst du dein Leinfeld am Christianstag (3. April), wird riesengroß der Flachsertrag.

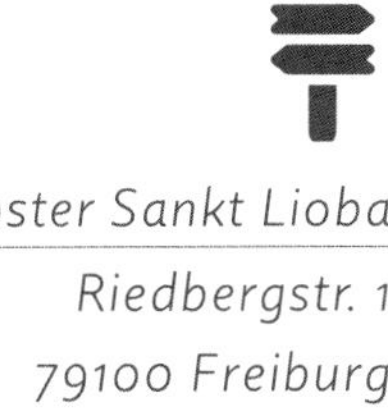

Kloster Sankt Lioba

Riedbergstr. 1
79100 Freiburg
kloster-st-lioba.de

Der Gemeine Lein

[Linum usitatissimum]

Pflanzenfamilie Leingewächse – Linaceae

Nahrungsmittel, Heilpflanze, Faserstoff, Werkstoff, der Lein begleitet uns Menschen, seitdem wir sesshaft geworden sind. Nachdem er ursprünglich als ein Getreidewildkraut galt, findet man ihn heute angebaut als Kulturpflanze. Seine himmelblaue Farbe lässt uns von der Unendlichkeit träumen. Zierlich wächst er empor und wiegt sein Blütenkleid im Wind. Seine Blätter stehen wechselständig und sind lanzettlich. An den Endtrieben entwickelt sich eine fünfzählige Blüte, die uns in der Regel himmelblau entgegenstrahlt. Das Farbspektrum reicht aber auch von Weiß über Rosa bis Violett. Nach der Befruchtung entsteht eine rundliche Kapsel, die die glänzenden Leinsamen enthält.

Die wichtigsten Bestandteile der Frucht sind die Schleimstoffe und die günstigen Fettsäuren. In der Volksheilkunde werden die Schleimstoffe bei Atemwegsinfektionen und bei entzündlichen Prozessen im Magen- und Darmtrakt eingesetzt. Das Quellvermögen der Samen fördert die Peristaltik und wirkt daher als mildes Abführmittel. Das Leinöl ist ein bewährtes Mittel bei trockener und schuppiger Haut. Gequetscht über ein Müsli gestreut, in einem Brotteig verarbeitet oder als Öl zu Pellkartoffeln mit Quark gereicht, Leinsamen mit ihrem nussigen Geschmack sind eine Bereicherung der Mahlzeiten und ihre Einsatzmöglichkeiten vielfältig.

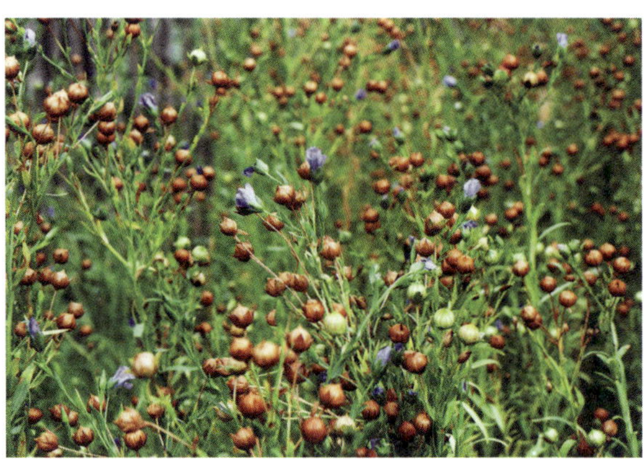

Steckbrief
Höhe: *Der Öllein bis ungefähr 50 cm, Faserlein wächst höher.*
Aussehen: *Der Gemeine Lein ist eine einjährige Pflanze. Die Blätter sind wechselständig und lanzettlich. Nur im oberen Teil verzweigt sich der Stängel. An den Endtrieben stehen fünfzählige, himmelblaue Blüten. Die Kapselfrucht trägt bis zu 10 Samen.*
Blüte- und Erntezeit: *von Juni bis August*
Standort: *Die Pflanze bevorzugt halbschattige Standorte und lehmig-sandige, nährstoffarme Böden.*
Inhaltsstoffe: *unter anderem sehr ölhaltig mit einem hohen Gehalt an ungesättigten Fettsäuren (Linolensäure), Proteine und Schleimstoffe*
Verwendete Pflanzenteile: *die Samen*

Kräuterverarbeitung – die Grundlagen

Mit unseren Gartenkräutern lassen sich wunderbare Gewürze zaubern, die unsere Küche bereichern oder als Mitbringsel eine besondere Freude bereiten. Da sie auf Vorrat gut vorzubereiten und lange haltbar sind, kann man sich im Winter über die Sommerdüfte freuen. Die Rezepte sollen als Anregung dienen und können mit vielen aromatischen Kräutern und Gewürzen hergestellt werden.

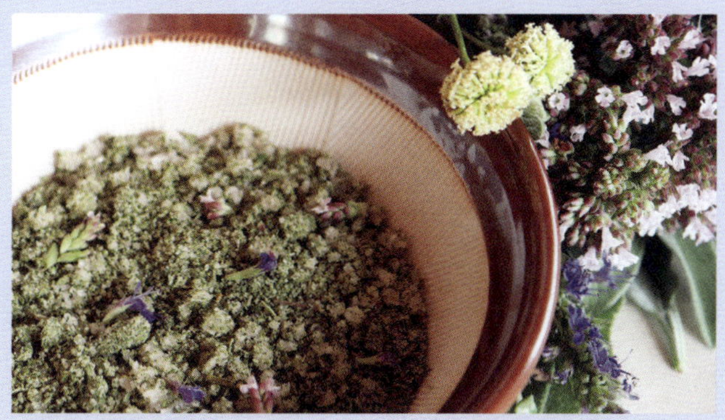

Kräuteröl

1 Handvoll Gartenkräuter, zum Beispiel Oregano, Thymian, Salbei, Rosmarin und Bohnenkraut

3 Knoblauchzehen

500 ml Olivenöl oder Rapsöl

1. Die Kräuter an einem warmen Sommertag pflücken. Mit einem Küchentuch säubern.
2. Die Knoblauchzehen abziehen und grob hacken.
3. Die Kräuter und die Knoblauchstücke in ein Schraubglas legen. Mit dem Öl aufgießen, dabei ist es wichtig, dass die Zutaten von der Flüssigkeit komplett bedeckt sind, da sie ansonsten leicht schimmeln. Das Glas verschließen und an einem dunklen Ort aufbewahren.
4. Nach vier Wochen kann das Öl über einem Sieb abgegossen werden. In einem hübschen Gläschen abgefüllt, schön beschriftet und mit ein paar Zweigen dekoriert, eignet es sich als willkommenes Mitbringsel.

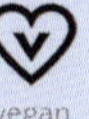
vegan

Kräutersalz

1 Handvoll Gartenkräuter, zum Beispiel Oregano, Thymian, Salbei, Rosmarin und Bohnenkraut

1 Knoblauchzehe

50 g grobes Meersalz

1. Die Kräuter an einem warmen Sommertag pflücken. Auf einem Küchentuch ausbreiten und einige Tage trocknen lassen.
2. Die Kräuter von den Stielen befreien und zwischen den Fingern grob zerreiben.
3. Die Knoblauchzehe abziehen und grob hacken.
4. In einem Mörser die Kräuter, die Knoblauchzehe und das Salz vermischen. Mit dem Stößel fein reiben, bis sich die Kräuter, der Knoblauch und das Salz vermischt haben. Das kann einige Minuten dauern. Die Mischung in ein Schraubglas füllen.

Tipp: Für eine feurige Note kann man eine getrocknete Chilischote und 3–5 Pfefferkörner der Mischung hinzufügen und gemeinsam mit den Kräutern mörsern.

Der Heilpflanzengarten der Kapelle Maria-Hilf

Inmitten von Vogelgezwitscher

Allein die Anfahrt zur Kapelle ist pure Augenlust. Entlang der Straße in Ohlsbach reihen sich adrette Fachwerkhäuser aneinander, bunt bepflanzte Blumenkübel schmücken die Fensterbänke und der kleine Ohlsbach plätschert gemütlich entlang. Eine Postkartenidylle aus der sonnigen Ortenau. Der Weg schlängelt sich immer höher, bis Hinterohlsbach erreicht ist. Dort angekommen thront die Kapelle auf einer Anhöhe inmitten eines blumigen Kräutermeers, im Hintergrund stehen die dunklen Nadelbäume des Schwarzwalds. Fast könnte man meinen, eine Reise in vergangene Zeiten unternommen zu haben. Fern der Hektik, strahlt der Ort eine wohltuende Ruhe aus. Kein Lärm ist zu hören, bis auf die Vögel, die die Oase schon längst entdeckt haben. Vom Waldrand ertönt das energische Hämmern eines Spechts, während die Singvögel aus dem Blumenteppich und den Sträuchern herauszwitschern. Es ist ein Segen, dass es solche Paradiese gibt.

Mannshoher Dill, zart-pink blühender Baldrian oder aromatische Zitronenmelisse: Eine große Vielfalt an Heil- und Küchenkräuter gedeiht auf dem angelegten Hanggarten. Umrahmt sind sie von blühenden Stauden, als hätte ein Maler mit einem dicken Farbpinsel über das Kleinod gestrichen.

Doch wenden wir uns zunächst der Geschichte dieses Fleckchens Erde zu. Belegt ist die Nennung Ohlsbachs im 13. Jahrhundert, danach folgte die Besiedlung von Hinterohlsbach. Einst standen an dieser Stelle einige stattliche Bauernhöfe. Um 1850, dem Baujahr der Kapelle, säumte noch ein Hofkomplex das kleine Gotteshaus. Nach dem Ersten Weltkrieg gerät das Areal zunehmend in Vergessenheit und versinkt in einen Dornröschenschlaf.

Wachgeküsst wird die Kapelle ab 1990 von ehrenamtlichen Bürgern der Gemeinde, die mit viel Zuwendung dem Gotteshaus zu einem frischen Anstrich verhelfen. Zur gleichen Zeit wird unter der Regie von Schwester Agnes Lohmüller, Kneippschwester und Kräuterfachfrau, ein Kräutergarten mit über 200 Pflanzen angelegt. Zunächst war er in Krankheitsbilder eingeteilt. Doch als die Schwester aus gesundheitlichen Gründen ausschied und anschließend verstarb, verwilderte der Kräutergarten. Rettung kam von Maria und Helmut Stehle, die mit viel Liebe und pflegerischer Zuwendung die Gartenarbeit federführend übernahmen.

Heute gedeihen über 120 Heilpflanzen auf der sonnigen Anhöhe um die Kapelle herum. Von A wie Akelei bis Z wie Zitronenmelisse ist eine große Vielfalt geboten. Dort wachsen Klassiker wie die Gewürzkräuter Thymian, Salbei und Liebstöckel, die wir in vielen Gärten antreffen, neben unbekannteren Arten wie die Schwarzwurzel (Scorzonera hispanica), auch als Winterspargel bekannt, und das geschützte Tausendgüldenkraut (Centaurium erythraea), das zu den Enziangewächsen gehört. Wild wächst es auf lichten Waldungen und feuchten Wiesen. Im unteren Bereich des Hanggartens angepflanzt, wetteifern beide um die Gunst der Sonne und strahlen uns ihr leuchtendes Gelb und kräftiges Pink entgegen, wobei der ebenfalls gelb blühende Gilbweiderich die Schwarzwurzelblüte zu unterstützen scheint.

Wie in Aufzeichnungen früherer Klostergärten sind auch hier der echte Wermut, der großblättrige Meerrettich, der zart rosa blühende Baldrian und die anmutige Königskerze anzutreffen. Wiesenkräutern, die in unseren Gefilden auf ungedüngten Magerwiesen und an schattigen Plätzchen gedeihen, wurde ebenfalls ein Plätzchen eingeräumt. So dürfen sich der Beinwell (Symphytum officinale) und der Giersch (Aegopodium podagraria) frei entfalten. Während an der Glockenblüte der ersten Pflanze besonders Hummeln gut zu beobachten sind, wird der Giersch von vielen Insekten

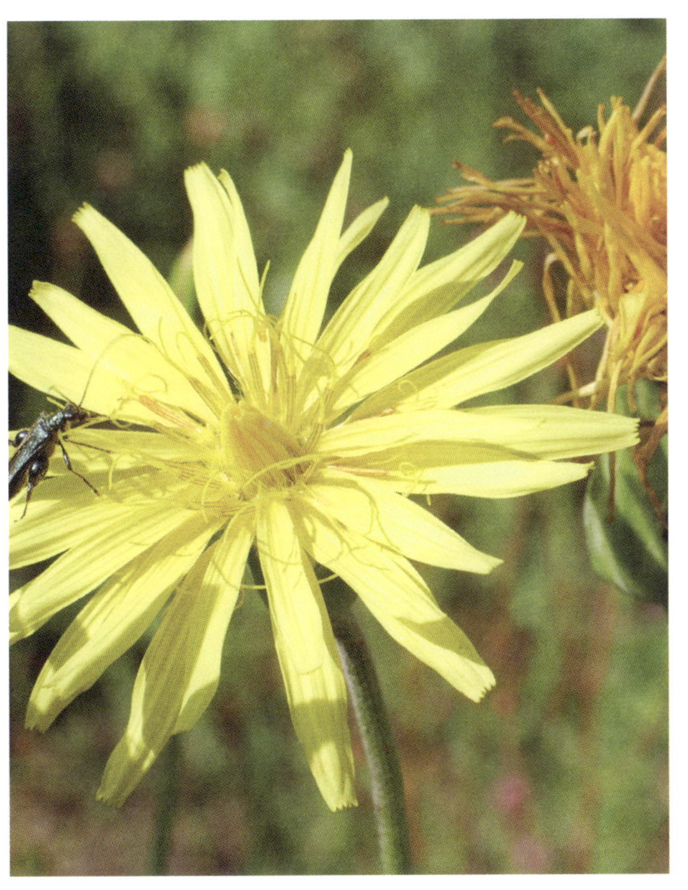

Gewöhnliche Garten-Schwarzwurzel

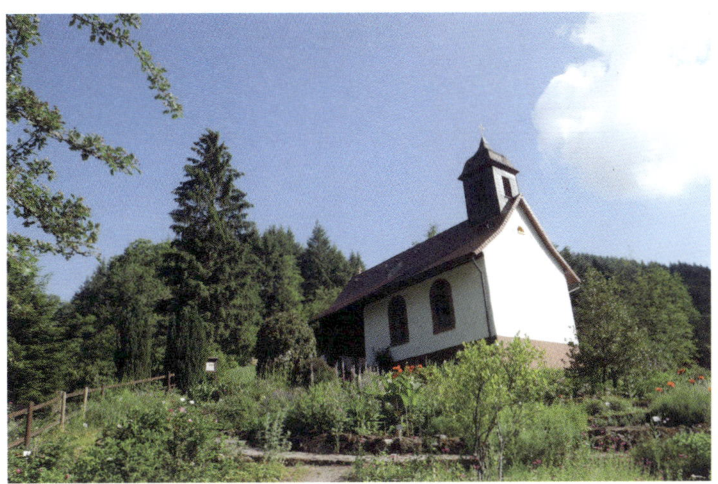

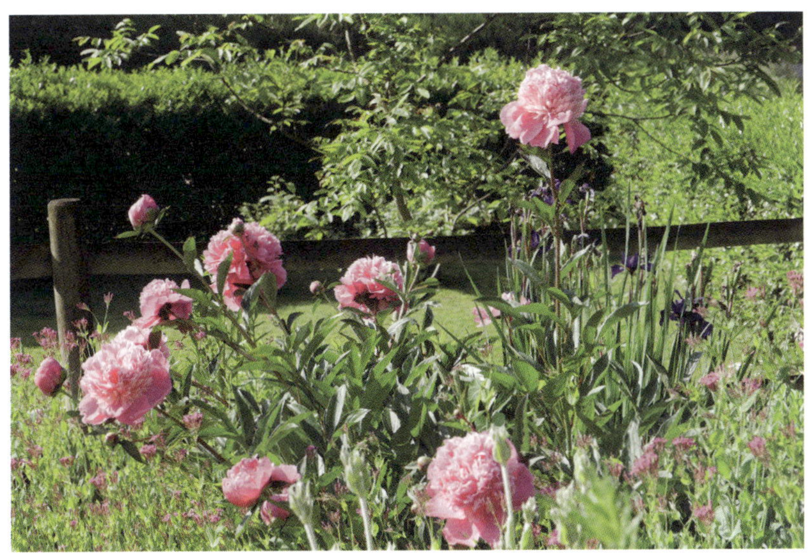

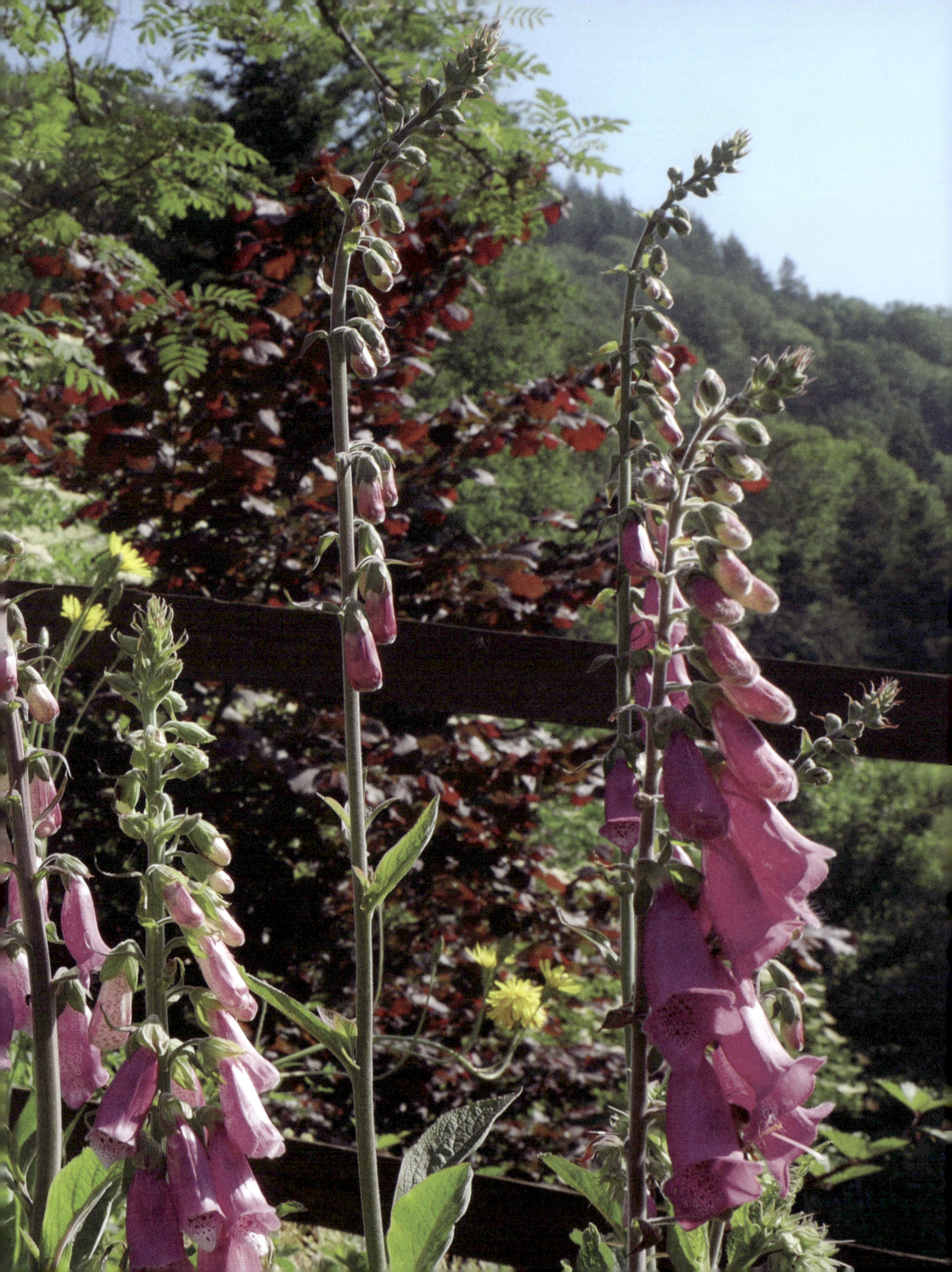

angeflogen: Falter, Wildbienen und Schwebfliegen lieben die zu Unrecht als Unkraut verschriene Pflanze. Auch Käfer krabbeln auf dem Giersch wie die rot-schwarze Streifenwanze. Erhaben reckt sich der giftige Fingerhut aus dem Heilkräutergarten. Er ist eine der stärksten Giftpflanzen in unserer heimischen Pflanzenwelt, dessen herzwirksamen Glykoside zu Arzneimittel aufbereitet werden. Die genaue Betrachtung der glockenförmigen Blüte lohnt sich: Weiß umrundete braun-dunkle Flecken schmücken das kräftige Lila der Blüte kunstvoller als jede Punktmalerei. Zu erwähnen ist schließlich eine besondere Schönheit, die Mariendistel (Silybum marianum). Ihre Volksnamen wie Christi Krone, Frauen-, Heilands- oder Fieberdistel weisen auf ihre große Bedeutung in unserer Geschichte hin. Gut erkennbar ist sie an ihren weiß marmorierten Blättern, die dornig gezähnt sind, und an ihrem handgroßen purpurnen Blütenkopf, der aus Hunderten von filigranen Röhrenblüten besteht. Stachlige Blätter, zarte Einzelblüten, erst bei genauerer Betrachtung eröffnet sich der Kontrast unserem Auge. Ihre schwarzen Früchte werden als leberschützendes Mittel eingesetzt. Hier an der Maria-Hilf-Kapelle hat sie ihren Platz gefunden.

Hinter der Kapelle befinden sich drei Ginkgobäume und zwei Mispelbäume. Während die erste Art bereits vor Millionen Jahren existierte und ein lebendes Fossil ist, zählt die zweite Art zu den vergessenen Wildfruchtbäumen. Gesammelt werden die Früchte nach dem ersten Frost. Als Mus verarbeitet sind sie eine Köstlichkeit.

Möchte man seinen Besuch ausweiten, kann man hinter dem kleinen Gotteshaus, am Waldrand, noch eine andere Pflanze bewundern. Dafür muss man allerdings den Kopf kräftig in den Nacken legen: eine über 55 Meter hohe Fichte. Eine beachtliche Höhe für diesen Nadelbaum.

Wie das Wetter am Maria Himmelfahrtstag (15. August), so der ganze Herbst sein mag.

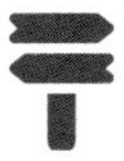

Der Heilpflanzengarten der Kapelle Maria-Hilf
Hinterohlsbach
77797 Ohlsbach

Die Mariendistel

[Silybum marianum]

Pflanzenfamilie Korbblütengewächse – Asteraceae

Frauendistel, Marienkörner, Heilandsdistel oder Christi Krone sind nur einige ihrer Bezeichnungen. Die vielen Pflanzennamen zeugen von ihrer großen Bedeutung für uns Menschen. Bereits im Altertum wurde die aus Südeuropa stammende Pflanze zu Heilzwecken verwendet.

Mit ihren großen marmorierten Blättern, die am Rand dornig gezähnt sind, und ihren gefüllten violetten Blütenkörbchen, die aus Hunderten von Einzelblüten bestehen, ist die Mariendistel leicht zu erkennen und gleichzeitig eine der schönsten Vertreterinnen aus der Distelfamilie. Die grünen Hüllblätter, die die purpurfarbene Pracht ummanteln, stehen seitlich ab und sehen wie eine stachlige Krone aus. Nach der Befruchtung entwickeln sich die hartschaligen Samen, die sich zunächst unter einem milchig weißen Haarschopf verbergen. Nachdem die Pflanze ihre Fadenpracht abgeworfen hat, erkennt man die schwarzen Samen, es sei denn, der Wind hat sie fortgetragen. Getrocknet und aufbereitet werden sie zu medizinischen Zwecken eingesetzt und haben eine leberschützende und -regenerative Wirkung.

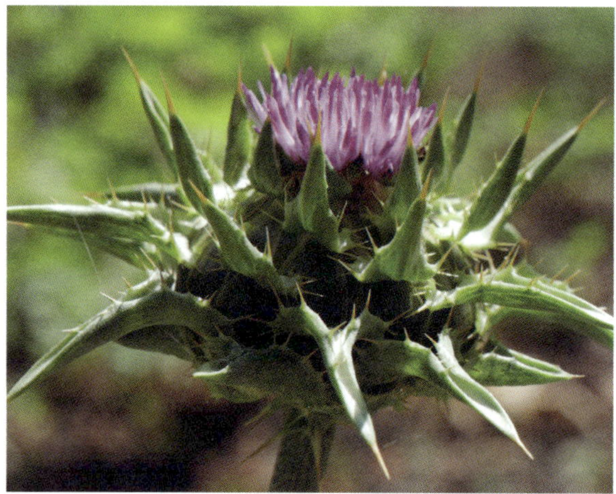

Die Mariendisteln eignen sich gut zur Tierbeobachtung. Mit etwas Geduld kann man Bienen, Hummeln und Schmetterlinge beim Nektar-Tanken zuschauen. Die Samen sind eine gern verspeiste Delikatesse für Stieglitze und Meisen, während die Raupen des Distelfalters die Blätter bevorzugen. Lässt man die Natur ihr Wunderwerk vollbringen, samt sich die zweijährige Pflanze immer wieder aus.

Steckbrief

Höhe: *bis 1,5 m, ausladende Pflanze*
Aussehen: *Grün-weiß marmorierte, stachlige Blätter, aus denen kahle Stängel herausragen. Sie tragen violette Blütenköpfe. Nach der Befruchtung erscheinen die milchig weißen Achänen. Die Samen sind grau-schwarz.*
Standort: *In Heilpflanzengärten ist die Mariendistel an warmen und sonnigen Plätzen anzutreffen. Von dort ist sie zum Teil verwildert. Man kann sie auf Ödland oder entlang der Bahndämme antreffen.*
Blütezeitpunkt: *von Juni bis August*
Inhaltsstoffe: *unter anderem Silymarin, Bitterstoffe und Fettsäuren*
Eigenschaften: *Wird unter anderem bei Leberschädigungen eingesetzt.*

Ein fliegender Farbkasten

[Der Stieglitz – Carduelis carduelis]

Als wäre er vom tropischen Regenwald direkt in den Schwarzwald geflogen. Mit seinem braunen, roten, schwarzen, gelben, cremefarbenen und weißen Federkleid bringt der kleine Stieglitz bunte Farben in unsere Gärten. Vor allem wenn wir unser grünes Reich nicht abräumen und sauberputzen, sondern verblühte Karden und Disteln, seine Lieblingsnahrung, stehen lassen. Er kommt dann nicht allein. Als geselliger Vogel bringt er gleich einen Trupp an Artgenossen mit, die sich an den langen Stängeln der Stauden hängen und mit den Pflanzen im Wind wippen. Das Schwanken nutzen sie geschickt: Steht der Blütenkopf horizontal, zieht der Finkenvogel mit seinem spitzen, pinzettenähnlichen Schnabel die fettreichen Samen aus den Pflanzen. Dabei hat er sich auf Disteln, wie sein weiterer Name Distelfink verrät, und Karden spezialisiert. Doch es steht noch mehr auf seinem Speiseplan: die Früchte anderer Korbblütler wie die des Löwenzahns, der Flockenblumen oder der Sonnenblumen. Und wenn sie nicht reichen, bedient er sich an den Baumsamen der Birke oder der Kiefer. Insgesamt wurden über 150 unterschiedliche Pflanzensamen als Nahrungsquelle gezählt. Im Winter besucht er dann das Futterhäuschen, es sei denn, er ist als Teilzieher nach Südeuropa ausgeflogen.

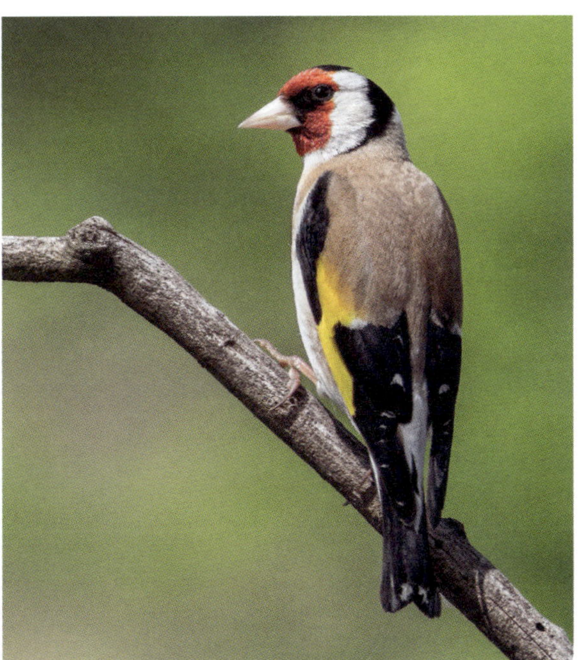

Der farbenfrohe Stieglitz mag offene Landschaften und unaufgeräumte Felder. Verbreitet ist er in ganz Europa, der Süden Skandinaviens ist sein nördlichstes Gebiet. Um zu brüten geht er hoch hinaus. Sein Nest befindet sich meist im oberen Kronenbereich der Bäume.

Sein Gesang ist eher unscheinbar. Doch hört man genau hin, können wir ihn vernehmen: »Stiglit«, ruft es aus den Feldern.

Steckbrief
Größe: *bis 13 cm, bis 18 g*
Aussehen: *Markanter roter Kopf mit schwarzer Augenbinde. Ein kräftiger, kegelförmiger heller Schnabel. Brauner Rücken, cremefarbene Brust mit schwarzen Flügeln und gelber Binde.*
Nahrung: *hauptsächlich Samen von Karden, unterschiedlichen Disteln und anderen Pflanzen*
Brutzeit: *von April bis August, 4 – 6 Eier*

Der Garten des Bildungshauses Kloster Sankt Ulrich

Eine Auszeit für die Seele

Die Straße verliert sich zwischen Wald und Himmel. Wir fahren bis zum Ende. Dort angekommen werden wir von dem Geläut der Kirchenglocken und den neugierig meckernden Ziegen empfangen. Wir haben das Kloster Sankt Ulrich erreicht, unsere Auszeit kann beginnen.

Das Fleckchen Erde, irgendwo zwischen Bollschweil und dem Schauinsland gelegen, kann auf eine über tausend Jahre alte Geschichte zurückblicken. Im Jahr 1087 beschließt der Prior Ulrich, auf einem bestehenden Vorgängerbau aus dem 9. Jahrhundert ein neues Kloster zu errichten, das sich der cluniazensischen Reformbewegung anschließt. Mehrere Jahrhunderte später, im Dreißigjährigen Krieg, fällt die Glaubensstätte den Flammen zum Opfer. Nach einem Neubau im 18. Jahrhundert erfolgt 1806 die Aufhebung des Klosters. Die Ortschaft fällt in einen Dornröschenschlaf, bevor sie 1949, nach den Wirren des Zweiten Weltkrieges, eine neue Bestimmung erhält. Die Stätte wird zu einer Landvolkshochschule, die jungen Landwirten eine ganzheitliche Bildung anbietet. Heute fungiert das Kloster Sankt Ulrich als Bildungshaus mit einem breiten Spektrum an lebensstärkenden, spirituellen und kreativen Kursen. Relativ neueren Datums ist die Gestaltung des Innen-Gartens, in dem seit einigen Jahren unter anderem die Kräuterkurse stattfinden.

Entlang der Klostermauer wächst dicht an dicht in unterschiedlichen Beeten eine Fülle an heimischen Wild- und Gartenkräutern, bunten Blumen, Beerensträuchern und Obstbäumen. Ein kleines Pflanzenparadies, das auf der anderen Seite von einer Kornelkirschenhecke eingegrenzt ist. Das wilde Reich, das von vielen Lavendelsträuchern umsäumt ist, kann man auf einem gewundenen Pfad entdecken.

Gleich zu Anfang locken die Küchenkräuter. Die Klassiker der südländischen Küche wie Rosmarin, Thymian, Bergbohnenkraut, Ysop und Salbei sind ebenso zu finden wie der nach Gurke schmeckende Borretsch, von dem man auch die violettblauen Blüten verspeisen kann. Als Dekoration auf Salaten ziehen sie alle Blicke auf sich. Es folgt eine bunte Vielfalt an Blumen. Margeriten breiten sich aus, während Kosmeen farbenfroh in die Höhe schießen. Umgangssprachlich Schmuckkörbchen genannt beglücken uns die filigran wachsenden Blumen mit herrlichen Farben: Dunkelrot, Lila, Pink, Gelb, die Kosmee bietet eine große Variation. Lässt man sie nach der Blüte stehen, kann man die Samen ernten und sich alljährlich über sie freuen. Die bunte Pracht wird vom Team der Hauswirtschaft zu Dekorationszwecken und für die Küche verwendet, denn in Sankt Ulrich kann man vorzüglich speisen.

Es folgen die Beete der heimischen Wildkräuter, die nicht minder bunt sind. Durch Echten Alant, Wiesen-Schafgarbe und große Klette blüht es in den Rabatten in kräftigem Gelb, Weiß und Violett. Der Kleine Wiesenknopf, auch unter dem Namen Pimpinelle bekannt, schaut frech hervor, während das Echte Johanniskraut gelbe Farbtupfer in die Rabatten streut. Umschwebt wird das Reich von einer Vielzahl an Insekten. Ein Tummelplatz, der von Wildbienen, Hummeln, Schwebfliegen oder Schmetterlingen besucht wird. Den Schachbrettfaltern, die an ihrer schwarz-weißen Marmorierung gut zu erkennen sind, scheint es im Kräutergarten des Klosters ebenso hervorragend zu gefallen.

Hinter den heimischen Wildpflanzen steht eine große Vielfalt an Beerensträuchern. Johannisbeere, Himbeere, Heidelbeere, man kommt nicht umhin, an einen saftigen Kuchen oder an eine frisch gekochte Marmelade zu denken. Mehrere Aroniasträucher komplettieren das Beeren-Angebot. Die Früchte der Apfelbeere sind Vitalstoffbomben. Roh genascht schmecken sie aufgrund ihrer Gerbstoffe unangenehm herb, gekocht sind sie jedoch eine Delikatesse.

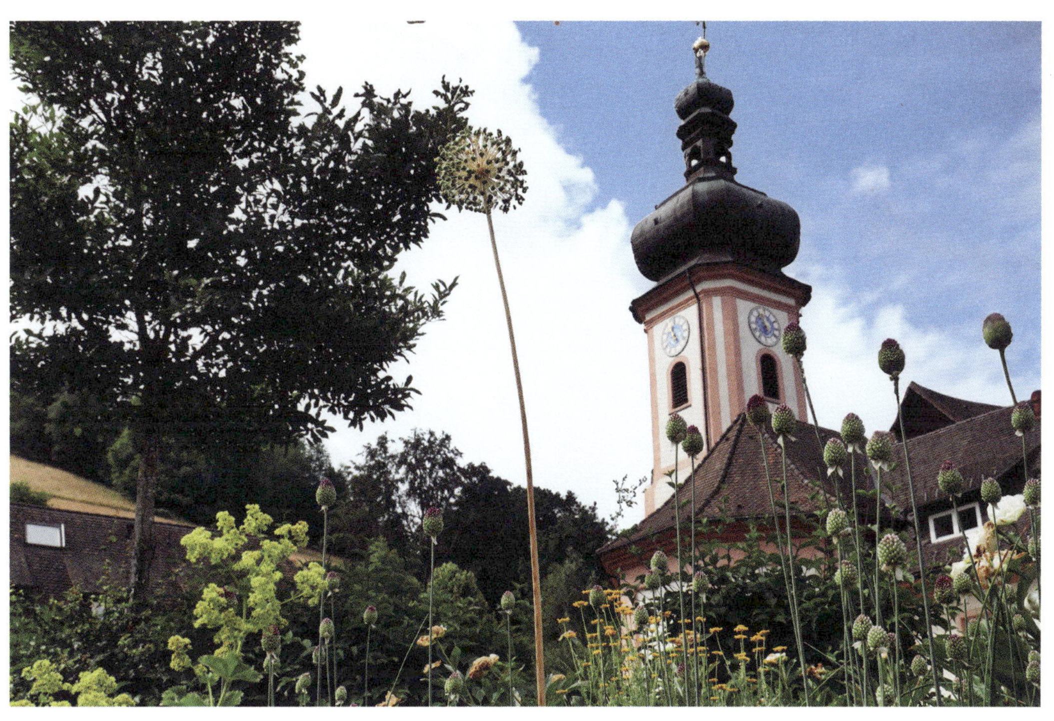

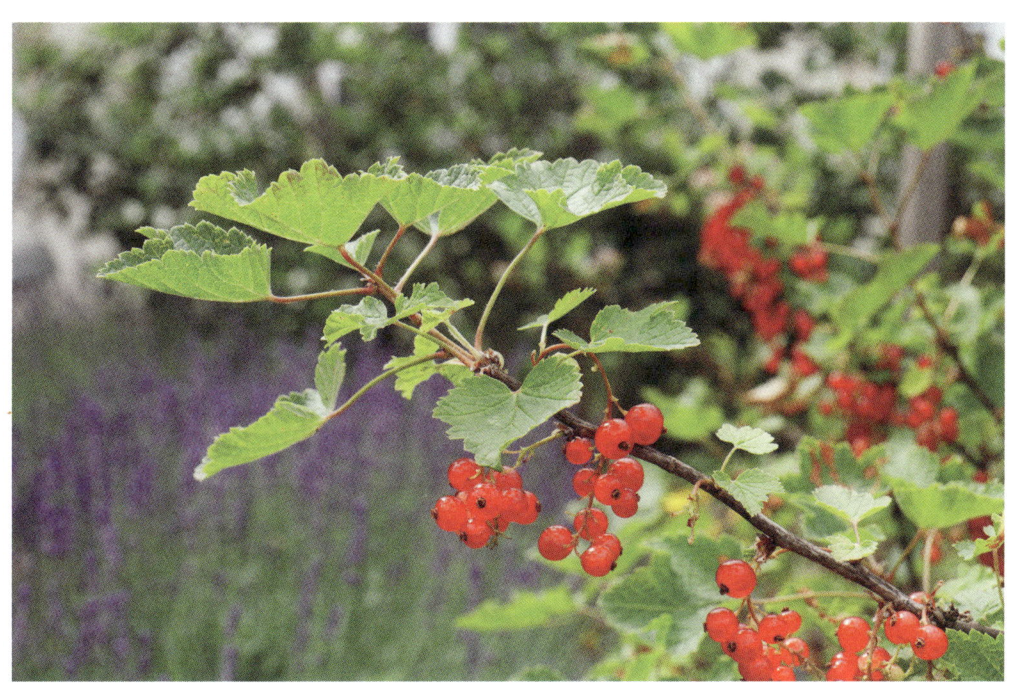

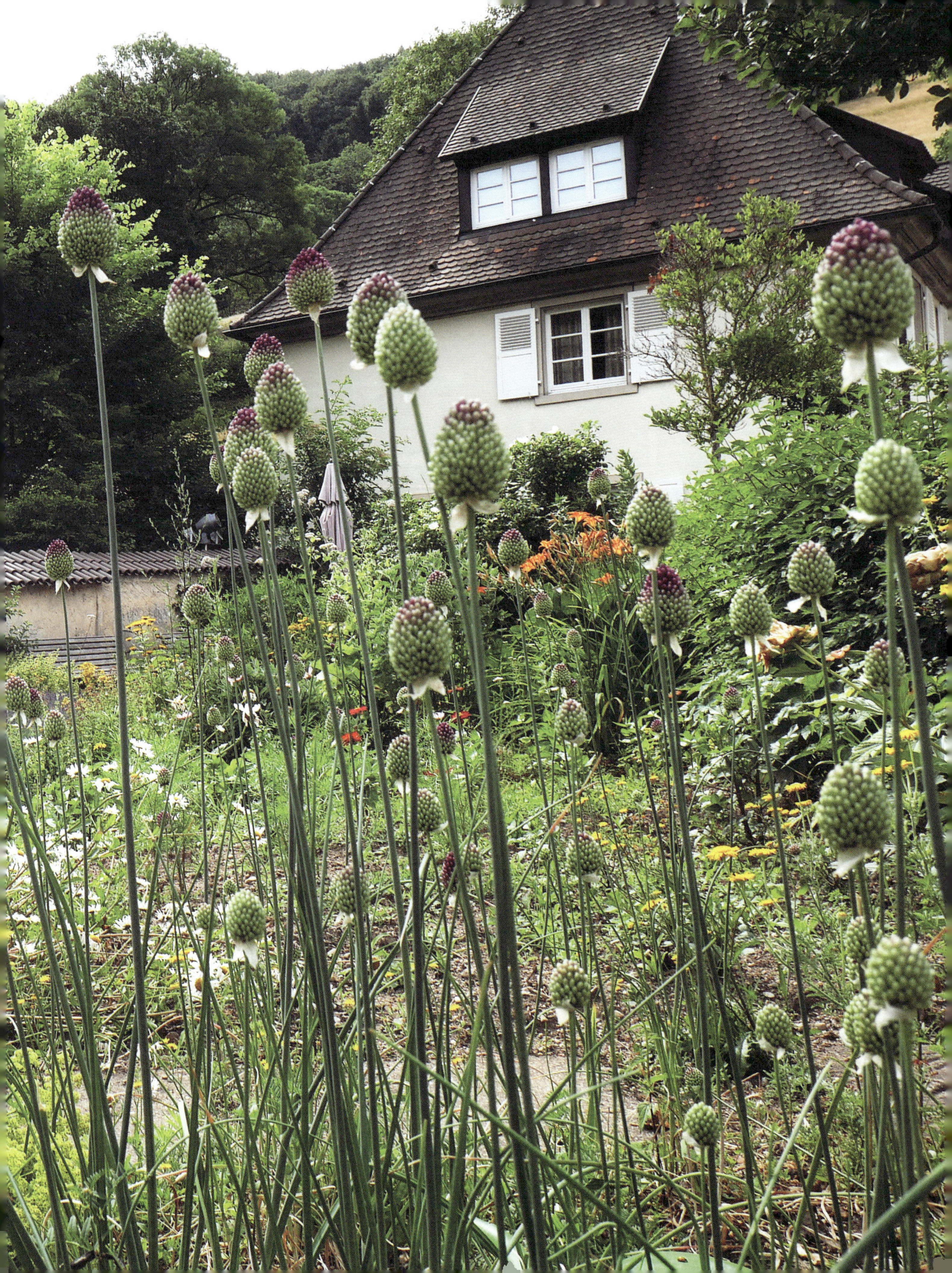

Auf der anderen Seite des Pfads, entlang der Klostermauer, breiten sich mehrere Muskatellersalbeipflanzen aus. Mit ihrem hohen Wuchs und ihrer atemberaubenden Blütenpracht ziehen sie alle Blicke auf sich und stehlen den dahinter wachsenden Äpfel- und Birnenbäumen die Schau. Den Abschluss des kleinen Gartenparadieses markiert ein Holunderbaum. Doch die Pflanzen-Erkundung ist bei Weitem noch nicht abgeschlossen. Nur wenige Schritte entfernt, an der Außenwand freuen. Das Angebot komplettiert ein Gemüsegarten außerhalb der Klostermauer, in dem die Teilnehmer des Gartenkurses werkeln. Unterteilt ist er in stark-, mittel- und schwachzehrende Pflanzen. Kunterbunt wachsen Rotkohl, Kürbis, Bratpaprika, Fenchel, Rote Bete, Nackthafer, Knoblauch und Zuckererbsen um die Wette, während sich die Ranken der Blauhilde um die Stangenbohnen winden. Im hinteren Teil wird es noch farbenfroher: Eine bunte Wiesenmischung wartet darauf, als

Fällt Regen am Ulrichtag (4. Juli) nach Sonnenglut,
tun meist Maden den Birnen nicht gut.

der Kirche, steht das Tomatenprojekt. In Kübeln angepflanzt und unter göttlichem Schutz stehend, gedeihen lustig klingende Arten: Green Zebra, Ananastomate oder doch lieber Zuckertraube? Über die reiche Ausbeute an gelben, grünen, orangenen, dunkelroten und schwarzen Früchten dürfen sich die Küche und die Teilnehmer der Kurse Düngung untergeharkt zu werden. Strauch- und Baumschneidekurse oder Biodiversitätskurs, im Bildungshaus Kloster Sankt Ulrich gibt es das passende Angebot. Hat man noch ein bisschen Energie übrig, laden die vielen Wanderwege zum Erkunden ein. Für ganz Tapfere ruft der Schauinsland.

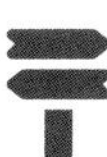

Bildungshaus Kloster Sankt Ulrich
St. Ulrich 10
79283 Bollschweil
bildungshaus-kloster-st-ulrich.de

Die Apfelbeere

[Aronia melanocarpa]

Pflanzenfamilie Rosengewächse – Rosaceae

Der aus Nordamerika stammende Strauch der Apfelbeere ist mit seinen zartweißen Blüten, grünen Blättern, schwarzen Früchten, der tiefroten Herbstbelaubung und den roten Winterknospen eine Augenweide für den Beerengarten – und das zu jeder Jahreszeit. Frosthart und anspruchslos trägt er zudem eine reiche Ernte, falls die Vögel sich nicht zuvor bedient haben. Es kann schon mal verkommen, dass man die Früchte seiner Aroniapflanze am Morgen noch bestaunt und sich am Abend wundert, wer den Strauch leergepflückt hat. Die buschige Beerenpflanze eignet sich auch als Nistgehölz. Im Frühling, zu seiner Blütezeit, ist sie ein gut besuchter Treffpunkt für eine Vielzahl an Insekten.

Die Früchte der Apfelbeere wird man roh nicht naschen. Aufgrund des hohen Gehalts an Gerbstoffen schmecken sie adstringierend. Im Mund zieht sich alles zusammen, und man kann sich kaum vorstellen, dass man aus den Beeren eine leckere Marmelade kochen kann. Mit Äpfeln oder Birnen eingekocht färben sie nicht nur die Süßspeisen dunkelrot, sondern verfeinern mit ihrem Geschmack, der einen Hauch von Heidelbeere in sich trägt, jeden Nachtisch. Auch als Saft oder Likör verarbeitet eignen sich die gesunden Beeren. Durch das Anthocyanen, den blauen Farbstoff, soll die Pflanze eine antioxidative Wirkung haben. Zudem überzeugt ihr hoher Gehalt an Mineralstoffen und Vitaminen. Legt man die Früchte einige Tage in das Gefrierfach verliert sich der herb-zusammenziehende Geschmack.

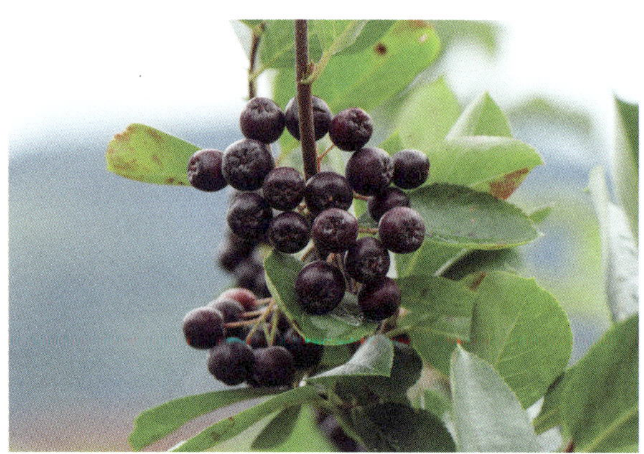

Steckbrief

Höhe: *ungefähr bis 2 m*

Aussehen: *Ein sommergrüner Strauch mit rotbraunem Gehölz. Die fünfzähligen weißen Kronblüten werden von rötlichen Staubbeuteln überlagert. Die Pflanze ist zwittrig und befruchtet sich selbst. Die runden, schwarzen Früchte sind so groß wie Heidelbeeren und haben ein Kerngehäuse. Im Herbst färben sich die Blätter tiefrot, die Knospen sind ebenfalls rot.*

Blütezeit: *in der Regel im Mai*

Standort: *Die Pflanze ist anspruchslos. Sie bevorzugt sonnige und feuchtere Standorte, kommt jedoch auch im Halbschatten und mit kargen Böden zurecht.*

Inhaltsstoffe: *unter anderem Gerbstoffe, Anthocyane, Vitamine A, B, C und E, Kalium und Magnesium*

Verwendete Pflanzenteile: *die Früchte*

Aronia-Süppchen mit Vanilleeis

Aroniabeeren schmecken frisch vom Strauch bitter-herb. Erst nach dem ersten Frost werden die Beeren süßer, vorausgesetzt die Vögel haben einige Früchte stehengelassen. Um in den Genuss der Beeren zu kommen, kann man einen Teil ernten und für zwei Tage einfrieren, so verlieren sie auch ihre herb schmeckenden Gerbstoffe.

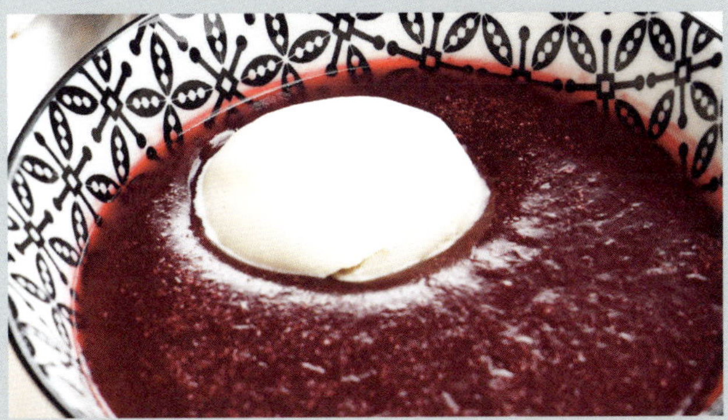

Zutaten

(für 4 Personen)

1 große Handvoll Aroniabeeren

250 g Brombeeren

500 ml naturtrüber Apfelsaft

1 EL Maisstärke

25 g brauner Zucker

Vanilleeis – vegetarisch oder vegan

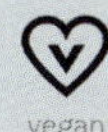
vegan

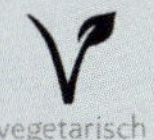
vegetarisch

1. Die Aroniabeeren für 2 Tage einfrieren.
2. Nach dieser Zeit in einem großen Topf die Aroniabeeren gemeinsam mit den Brombeeren und dem Apfelsaft eine Minute sprudelnd aufkochen. Den Topf vom Herd nehmen und die Beeren 30 Minuten ziehen lassen.
3. Den Aroniasaft über einem Sieb abgießen und in einem großen Topf auffangen, dabei die Beeren mit einem Löffelrücken gut ausdrücken.
4. In einer kleinen Rührschüssel die Maisstärke mit wenig kaltem Wasser verrühren.
5. Den Beerensaft aufkochen, den Zucker einrieseln lassen und verrühren. Danach die Maisstärke einrühren und 5 Minuten bei geringer Temperatur leicht köcheln lassen, bis die Suppe eindickt, dabei ständig rühren. Die Beerensuppe in vier Schüsseln verteilen und kalt stellen.
6. Zum Servieren die Suppe mit dem Vanilleeis garnieren.

Tipp: Die Suppe kann auch mit anderen Beeren hergestellt werden: Holunderbeeren, Heidelbeeren, schwarze Johannisbeeren oder gleich aus einem Mix an Früchten. Wer weiße Schokolade liebt, kann auf das Vanilleeis verzichten und die Suppe mit weißen Schokoraspeln garnieren.

Der Biogarten der Ökostation

Ein Biotop in der Schwarzwälder Hauptstadt

Nur 2.500 m² groß ist der Biogarten der Ökostation auf dem weitläufigen Gelände des Seeparks, auf dem es doch unendlich viel zu entdecken gibt. Öffnet man das Gartentor, empfängt uns eine artenreiche Vielfalt inmitten eines ansonsten urbanen Umfelds. Längst vergessene Heilkräuter, alte Gemüsesorten und knorrige Obstbäume laden zum Erkunden, Schnuppern und Probieren ein.

Doch zunächst ist die Sicht versperrt. Eine mannshohe Hecke umfriedet das Gartenreich, so als wolle man die Pflanzenschätze am Auswandern hindern. Die natürliche Umzäunung aus Feldahorn bietet ein wertvolles Habitat für eine Vielzahl an Vögeln und Kleinsäugetieren. Beim Eintreten in das Kleinod schweift der Blick sogleich nach links zum großen Heilpflanzengarten. Über 150 Arten sind in ihm vertreten. Bühnenreif führen sie uns durch die Welt der heilenden Kräfte. Nach dem Vorbild mittelalterlicher Klostergärten sind seine 20 Beete nach Anwendungsgebieten angeordnet. Ihre natürliche Einfriedung übernehmen Lavendel oder Bohnenkraut, manchmal sind es auch einfach nur Steine, die aneinandergereiht die wilden Pflanzen einfassen.

Gegen Erkältungen stehen gleich drei Beete zur Verfügung: Neben den bekannten Vertretern wie Salbei oder Zitronenmelisse gedeihen auch Raritäten wie der gelb blühende Alant und der Eibisch. Erstere Pflanze wächst mannshoch und erfreut uns mit handgroßen Blütenköpfen. Voller sekundärer Pflanzenstoffe wie ätherisches Öl, Bitterstoffe und Inulin hat der Alant unter anderem eine schleimlösende, hustendämpfende und krampflindernde Wirkung. Mit seinen cremeweißen Blüten und den purpurfarbenen Staubbeuteln ist der Eibisch nicht nur hübsch anzusehen, sondern wirkt hustenlösend, reizmindernd und entzündungshemmend. Sowohl die Wurzeln als auch die Blätter und Blüten können verwendet werden.

Im Beet der Färberpflanzen schreiten wir in die Handwerkskunst längst vergessener Zeiten. Der Färberwaid wurde zum Blaufärben von Leinen verwendet, während man mit dem Blütenfarbstoff der Färberkamille ein kräftiges Gelb und mit der Krappwurzel einen satten gelbroten Farbstoff gewinnt. Die Natur bietet uns leuchtende Farben, ganz ohne chemisches Zutun. Auch die Beete für Leber & Galle, Herz & Kreislauf, Niere & Blase, Magen & Darm sowie Haut & Knochen haben ihre pflanzlichen Vertreter: Die mannshohe Artischocke mit ihrer handgroßen lila Blüte wächst neben dem zierlich wirkenden Löwenzahn, das wenig bekannte Herzgespann gedeiht neben dem filigran wachsenden Knoblauch, der Lavendel und der Liebstöckel teilen sich ein Beet, daneben wächst Beinwell und Ringelblumen, die unter anderem wundheilend wirken. Im Reich der Frauengesundheit findet man die Wiesenschafgarbe neben dem Mönchspfeffer und dem fächerigen Frauenmantel.

Zur Stärkung der Nerven gedeihen unter anderem Hopfen, Arzneibaldrian und Echtes Johanniskraut. Während die erste Pflanze mit einer ungehörigen Wuchskraft sich schlingend rankt, wächst der Baldrian mit seinen zartlila Blüten schlank in die Höhe und strahlt das Johanniskraut mit seinen gelben Blüten wie kleine Sonnen. Heute noch sind die Nervenpflanzen Bestandteil vieler Heilanwendungen.

Spaziert man durch die Pfefferminzstraße und an den Beeten der Tee-, Duft- und Küchenkräuter entlang, hat man sogleich eine wunderbare Inspiration für eine wohltuende Teemischung und ein würziges Kräutersalz. Eine Kräuterspirale, die aus Natursteinen gebaut ist, überragt die Rabatten. In ihrer schneckenhausförmig angelegten Form können vier Klimazonen erzeugt werden: eine Wasserzone nahe dem Wasserloch, danach die Feuchtzone, gefolgt von der Normal- und der

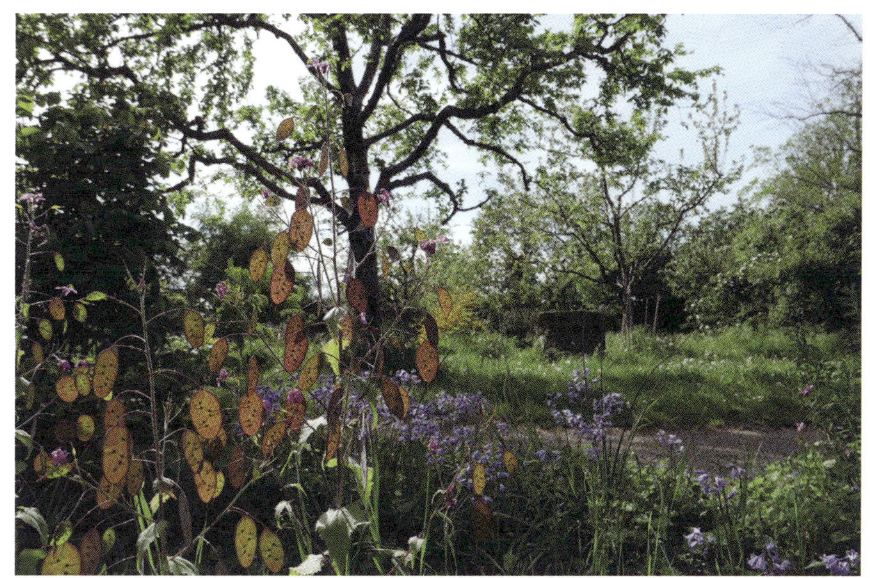

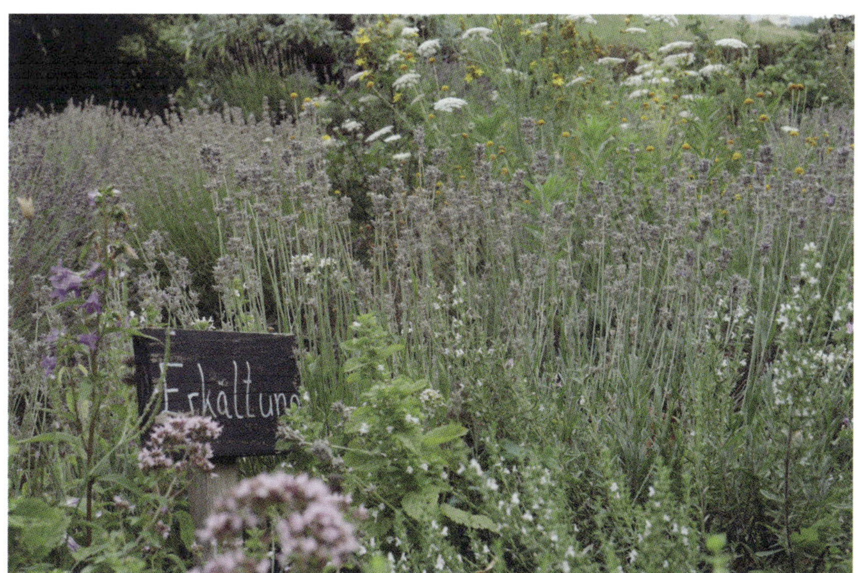
Erkältun

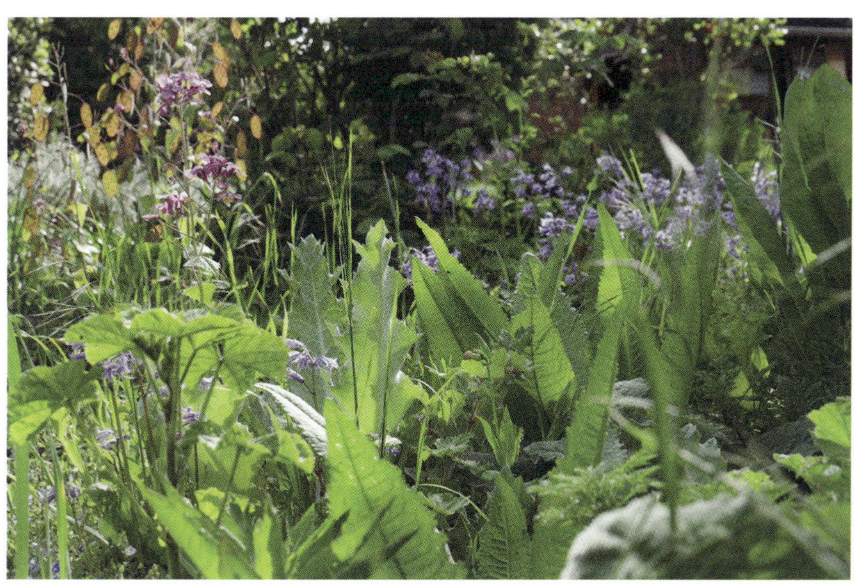

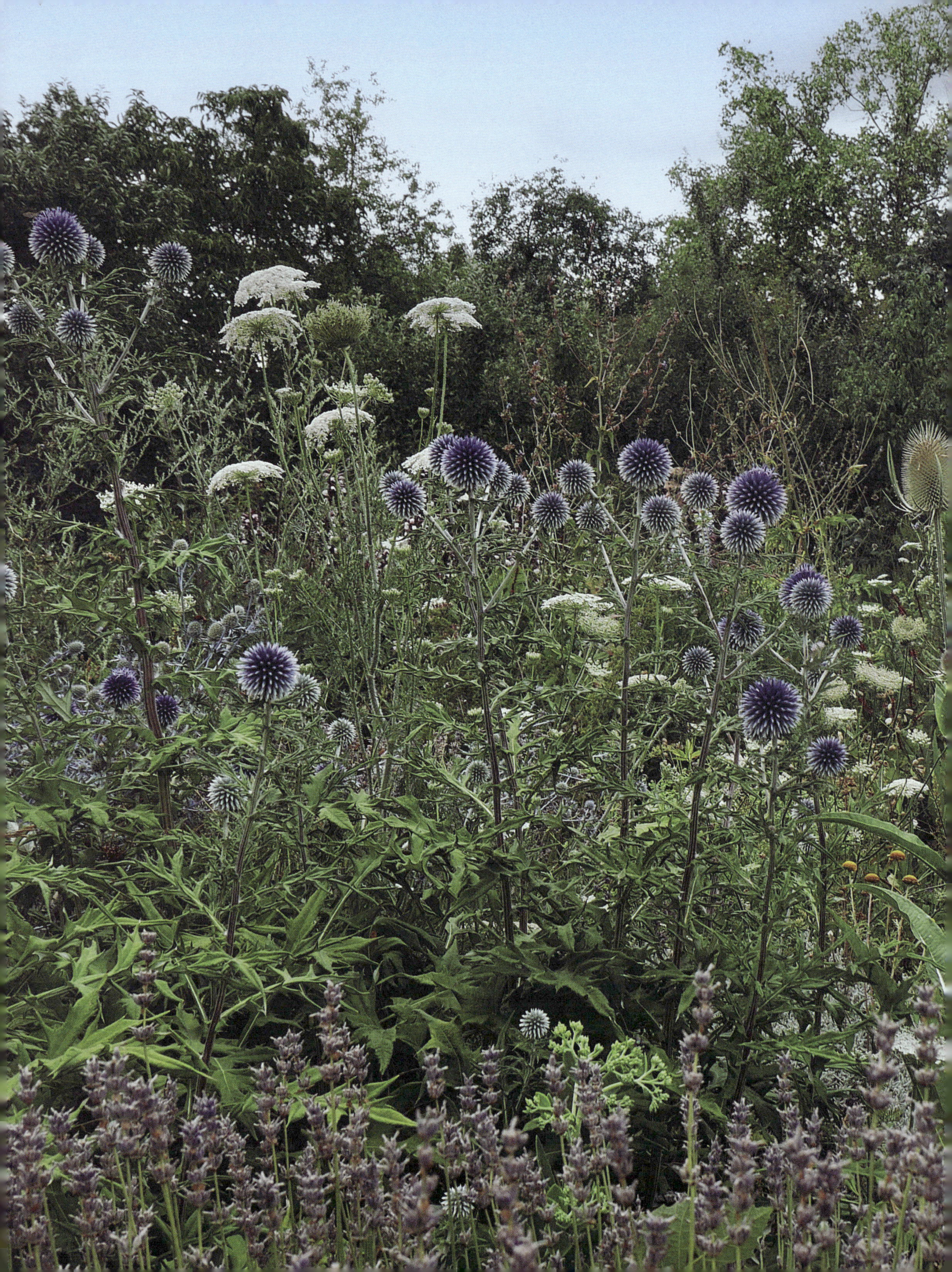

Trockenzone. Bis zu 50 heimische und mediterrane Pflanzen gedeihen damit auf engstem Raum in einem angepassten Habitat. Im Hochsommer leuchten die Beete wie kleine Farbinseln um die Wette. Übertroffen wird die Augenweide durch den heilenden Duft, der durch den Garten schwebt.

Auf der anderen Seite des Kleinods vervollständigen einige Gemüsebeete, Beerensträucher und viele Blumen das Naturidyll. Sie stehen unter knorrigen Obstbäumen mit poetischen Namen. Belle de Nancy oder Sternrenette ist auf kleinen Schiefertafeln zu lesen. Eine in Vergessenheit geratene Obstbaumsorte steht abseits. Direkt neben dem Haus der Ökostation, unweit des Biogartens und von den Blicken im Dickicht der Hecke versteckt wächst eine Mispel. Der naturnahe Teich, in dem Frösche lauthals den Frühling verkünden, während Libellen schwebend zuhören, ergänzt das Gartenreich. Die Insekten sind nicht die einzigen Bewohner des Biodomizils. Die vielseitigen Lebensräume auf engstem Platz ermöglichen eine artenreiche Fauna: Vögel, Schmetterlinge, Wildbienen sowie Igel sind nur einige der regelmäßigen Besucher. In den Hecken und Trockenmauern, in den bunten Staudenbeeten, den knorrigen Bäumen und in der Insektennistwand fühlen sie sich sichtlich wohl.

Zentral steht ein großes Gartenhaus. Kinder hämmern und basteln. Ein Vogelhäuschen ist am Entstehen, während die Mitglieder der Gartengruppe das Unkraut auf den Kieswegen jäten. Das bunte Reich in Freiburg ist ein lebendiger Garten für Jung und Alt, der eine heitere Atmosphäre ausstrahlt. Viele Kurse vervollständigen das Angebot und lassen Menschen aufeinandertreffen, die sich sonst nicht kennengelernt hätten: Senioren und Kindergruppen, Ehrenamtliche und Gartenfachkundige. Was sie verbindet, ist die Freude an der Schönheit und Vielseitigkeit der Natur sowie der Wunsch nach einem respektvollen Umgang mit unserer Umwelt.

Verlässt der Frosch seinen Teich,
wird das Wetter regenreich.

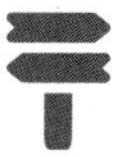

Ökostation Freiburg
Falkenbergstraße 21
79110 Freiburg
oekostation.de

Die Echte Mispel

[Mespilus germanica]

Pflanzenfamilie Rosengewächse – Rosaceae

Die Echte Mispel ist eine vergessene Wildfrucht. Im Zeitalter der perfekt geformten Äpfel und Birnen, die schön aufgestapelt in unseren Supermarktregalen im Rampenlicht stehen, fristet die Mispel ein Schattendasein. Allenfalls auf Streuobstwiesen mit altem Sortenbestand kann man sie noch antreffen. Dabei ist der Baum ein echter Hingucker, vor allem im Herbst, wenn sich die Blätter goldbraun färben. Eine ausladende Krone und wenige, dafür kräftige Äste sind charakteristisch für die Mispel. Zur Blütezeit öffnen sich fünf große, weiße Blütenblätter. Die Früchte sind kreisrund und ähneln kleinen Äpfeln. Zunächst grün färben sie sich rot-braun. Ihre fünf abstehenden Kelchzipfel sind gut zu erkennen. Wie kleine Kronen schmücken sie die Frucht. Geerntet wird erst nach den ersten Frostnächten. Der hohe Gehalt an Gerbstoffen lässt die Frucht ansonsten herb-bitter schmecken. Durch den Frost wird der Geschmack abgemildert, und das Fruchtfleisch ist für die weitere Verarbeitung weicher. Die Früchte eignen sich für allerlei Zubereitungen: von Spirituosen über würzige Chutneys bis zu Fruchtaufstrichen. Der Kreativität sind keine Grenzen gesetzt. Aufgrund des hohen Pektingehalts und der damit eindickenden Wirkung kann man bei der Herstellung von süßem Gelee den Zuckergehalt reduzieren.

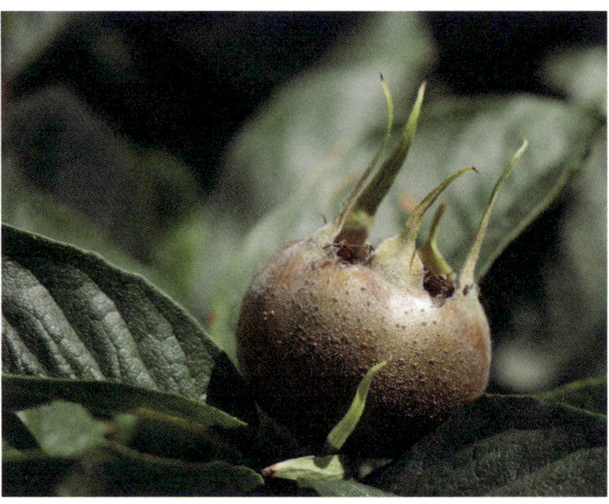

Steckbrief

Höhe: *bis zu 6 m hoch*

Aussehen: *Die Rinde ist graubraun, in späteren Jahren schuppig. Die Blätter stehen wechselständig, sind kurz gestielt und oval. Oberseits sind sie dunkelgrün, unterseits filzig behaart. Zur Blütezeit mit fünf weißen Kronblättern. Die braunen Früchte haben fünf charakteristische Kelchzipfel und sind essbar.*

Blütezeitpunkt: *von Anfang Mai bis Ende Juni*

Standort: *Am Waldrand und in Heckenlandschaften vorzufinden. Sie ist wärme- und feuchtigkeitsliebend, doch kommt sie auch mit anderen Standorten zurecht.*

Inhaltsstoffe: *unter anderem Gerbstoffe, Pektine, Zucker und Vitamin C*

Liebenswerter Haudegen

[Die Garten-Wollbiene – Anthidium manicatum]

Die Garten-Wollbiene ist alles andere als gewöhnlich. Mit ihren Hinterleibszacken, die sie als Waffe einsetzt, hat sie die Möglichkeit, durch gezielte K.o.-Schläge das Revier zu verteidigen. Dabei erscheint sie auf den ersten Blick recht plump. Mit der markanten schwarz-gelben Zeichnung ähnelt sie eher einer pummeligen Wespe als einer verteidigungswütigen Wildbiene. Doch das täuscht. Pfeilschnell fliegt das Männchen durch die Luft und verteidigt sein Revier vor zu neugierigen Eindringlingen, lediglich ein Weibchen ist willkommen. Doch der Reihe nach, denn die Garten-Wollbiene weist viele Besonderheiten auf.

Bereits die Größe der Männchen ist ungewöhnlich: Sie sind mit 14–18 Millimetern größer als die Weibchen, was im Reich der Wildbienen bemerkenswert ist. Zur Fortpflanzungszeit steckt ein Männchen sein festes Revier ab und inspiziert es ständig nach seinem weiblichen Pendant. Dabei klappert er die Blütenstände der Pflanzen ab und kann selbst im Schwirrflug verharren. Findet er eine geeignete Kandidatin geht alles ganz schnell: Geklammert am Rücken des Weibchens dauert die Paarung nur wenige Sekunden. Schon sucht er nach einer neuen Kandidatin.

Eindringlinge vertreibt er mit allen Mitteln. Dabei ist es egal, ob es sich um Wildbienen der gleichen Art oder anderer Gattungen handelt. Sogar Hummeln werden fortgejagt. Dafür hat er eine mordsichere Waffe: An seinem Hinterleib befinden sich fünf dornige Zacken, mit denen er seine Konkurrenten flugunfähig schlagen kann.

Als Solitärbiene baut das Weibchen ihr Nest in Erdlöchern oder in Hohlräumen im Mauerwerk. Für eine weiche Polsterung sammelt sie emsig Pflanzenhaare und transportiert sie zwischen den Beinen. Nachdem die Zellen mit Pollen und Nektar versorgt sind, verschließt sie die Behausung und stirbt.

Steckbrief
Körperlänge: *ca. 14 bis 18 mm (Männchen), 11 bis 12 mm (Weibchen)*
Aussehen: *Der Hinterleib hat eine auffällige schwarz-gelbe Zeichnung.*
Nahrungsquelle: *unter anderem Flockenblumen, Strohblumen, Roter Fingerhut, Ziest-Arten, viele Schmetterlingsblütler und Lippenblütler*

Der Heilpflanzengarten in Oberried

Das Kräuterdorf unter dem Himmel

Mehr Schwarzwald als in Oberried ist nur schwer vorstellbar. Schon von Weitem strahlt die Gemeinde Gastfreundschaft und Gemütlichkeit aus. Gleich nach dem Ortsschild begrüßt ein Kräutergarten die Besucher, dahinter steht das Kloster mit seinem hübschen Zwiebelturm und läutet ein Lied von Nostalgie über das sonnige und einladende Tal. Schaut man in südliche Richtung, erheben sich waldreiche Gipfel, die bis zum Hochplateau des Schauinslands dramatisch ansteigen. Wir fühlen uns, als wären wir aus einer Zeitmaschine gestiegen. Die geschichtsträchtige Vergangenheit der Gemeinde Oberried, ihres Klosters und des Heilpflanzengartens sind geradezu fühlbar. Und doch ist das Pflanzenparadies neueren Datums.

Die erste urkundliche Erwähnung der sonnigen Gemeinde reicht zurück bis ins 12. Jahrhundert, die Ursprünge des Klosters bis in die erste Hälfte des 13. Jahrhunderts. Sicherlich verfügte die Glaubensstätte von Anfang an über einen Selbstversorgergarten. Schließlich mussten die Ordensfrauen versorgt und die Kranken gepflegt werden. Doch erst im Jahr 1807, als die Klosterkirche nach ihrer Aufhebung als Pfarrkirche fungierte, findet man die Erwähnung eines Gärtners. Im weiteren Verlauf diente das Gelände als Kartoffelacker, bis es in einen klassischen und unspektakulären Kurgarten umgewandelt wurde, in dem Rosenbeete und Bänke standen. Erst am Ende der 90er Jahre keimte die Idee auf, einen Heilpflanzengarten anzulegen, der dem klösterlichen Standort gerecht werden würde. Mit viel Enthusiasmus ehrenamtlich Engagierter und der Mithilfe der Gemeinde wurde aus dem Traum Wirklichkeit. Gartenexperten und Laien fanden sich zusammen, vereint in der Begeisterung, Neues zu erschaffen. Sie zogen Fachliteratur zu Rate und unternahmen Exkursionen zu verschiedenen Heilpflanzengärten. Nach ausgiebiger Beratung entschieden sie sich letztendlich für eine kreisrunde Form, die durch ein Wegekreuz in vier Segmente unterteilt ist und in deren Mitte eine Kräuterspirale thront. Anstatt die Heilpflanzen nach medizinischer Verwendung zu gliedern, wie so oft in Heilkräutergärten vorzufinden, einigten sich die Gartenliebhaber darauf, die Pflanzen nach ihren Standortbedingungen und Bodenansprüchen zu gruppieren. So findet man einen mit Sand angereicherten mageren Bereich, ein nährstoffreiches Beet, ein Segment mit Lössboden, eines mit lehmigem Sand und schließlich einen Bereich mit Mutterboden. Die Pflanzen gedeihen üppig in ihren zugewiesenen Beeten, doch sie halten sich nicht streng an die Anordnung: Immer wieder recken majestätisch anmutende Lilien ihren Blütenkopf aus den Beeten empor oder setzen bunte Akeleien in allen Bereichen blaue, violette, pinke und dunkelrote hübsche Farbakzente.

Die Erkundung des Heilpflanzengartens gleicht dem Stöbern in einem Kräuterbuch aus frühen Jahrhunderten. Neben bekannten Küchenkräutern wie dem Thymian, dem Salbei und dem Lavendel sprießen längst vergessene Pflanzen in den einzelnen Beeten. Das gelb blühende Schöllkraut (Chelidonium majus) gehört zu den Mohngewächsen. Nach der Blüte tragen die Samen ein proteinreiches Anhängsel, das von Ameisen gerne verspeist wird. Fleißig schleppen sie ihre Trophäe durch den Garten und tragen so zur Vermehrung des Schöllkrauts bei. Schon bei den Griechen fand die Pflanze unter anderem bei Gelbsucht, Leberbeschwerden und Gallensteinen Verwendung. Doch zählt sie aufgrund mehrerer Alkaloid-Verbindungen zu den Giftpflanzen. Ebenfalls gelb blüht das Echte Labkraut (Galium verum). An den Sprossenden sitzen zahlreiche kleine Blütenköpfe. Wie uns der Name verrät, enthält die Pflanze unter anderem ein Lab-

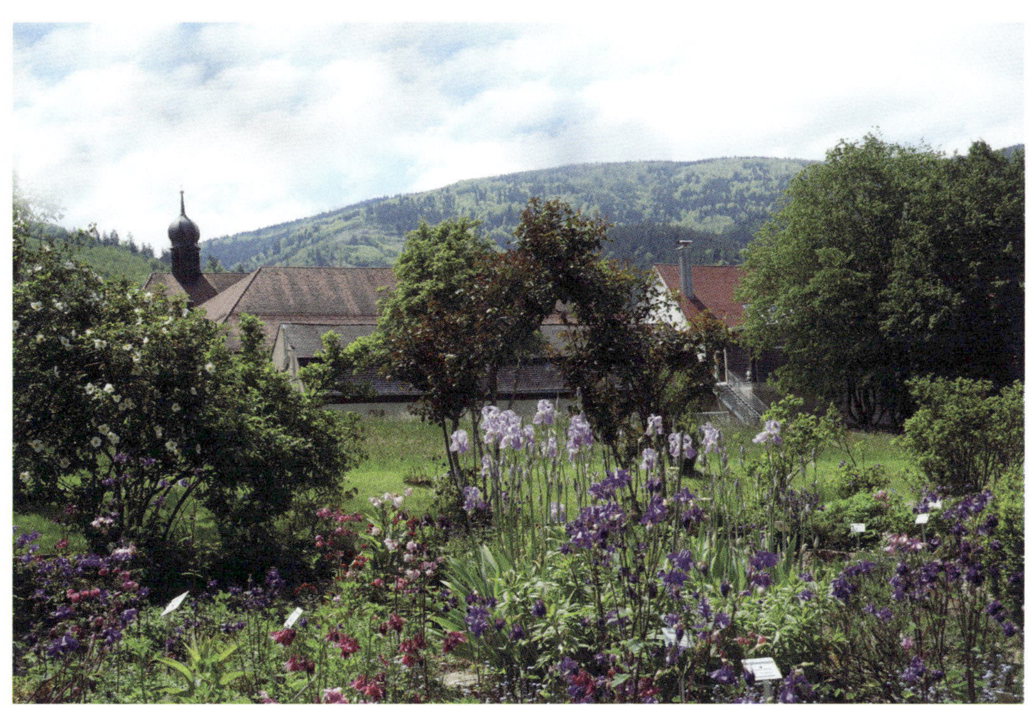

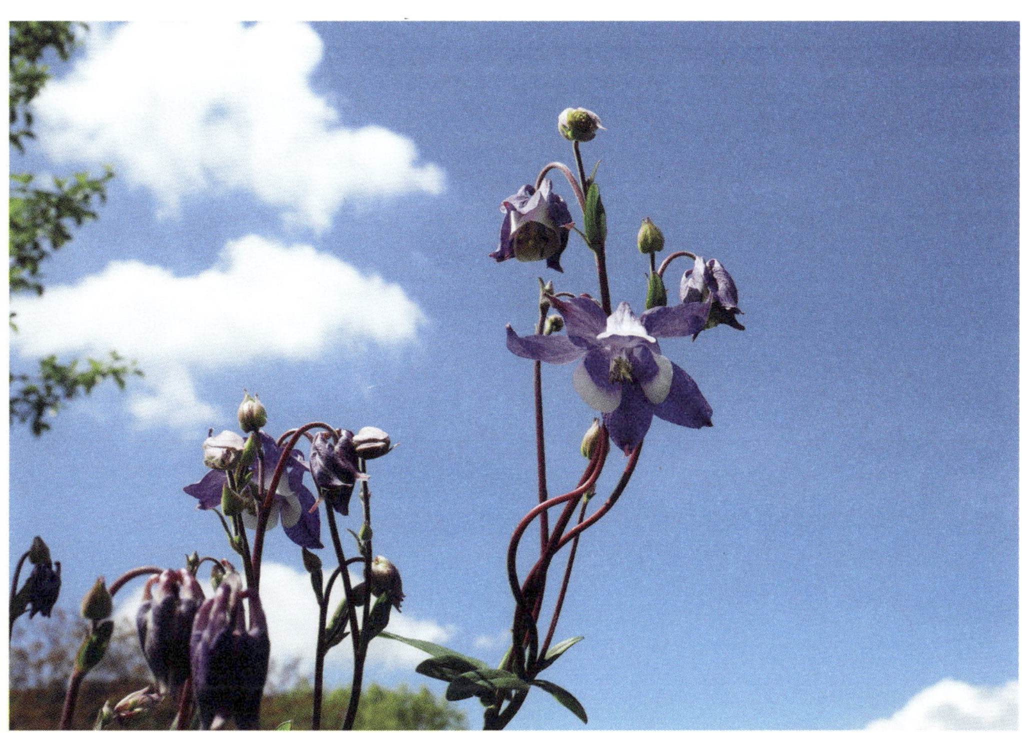

Blaue Akelei

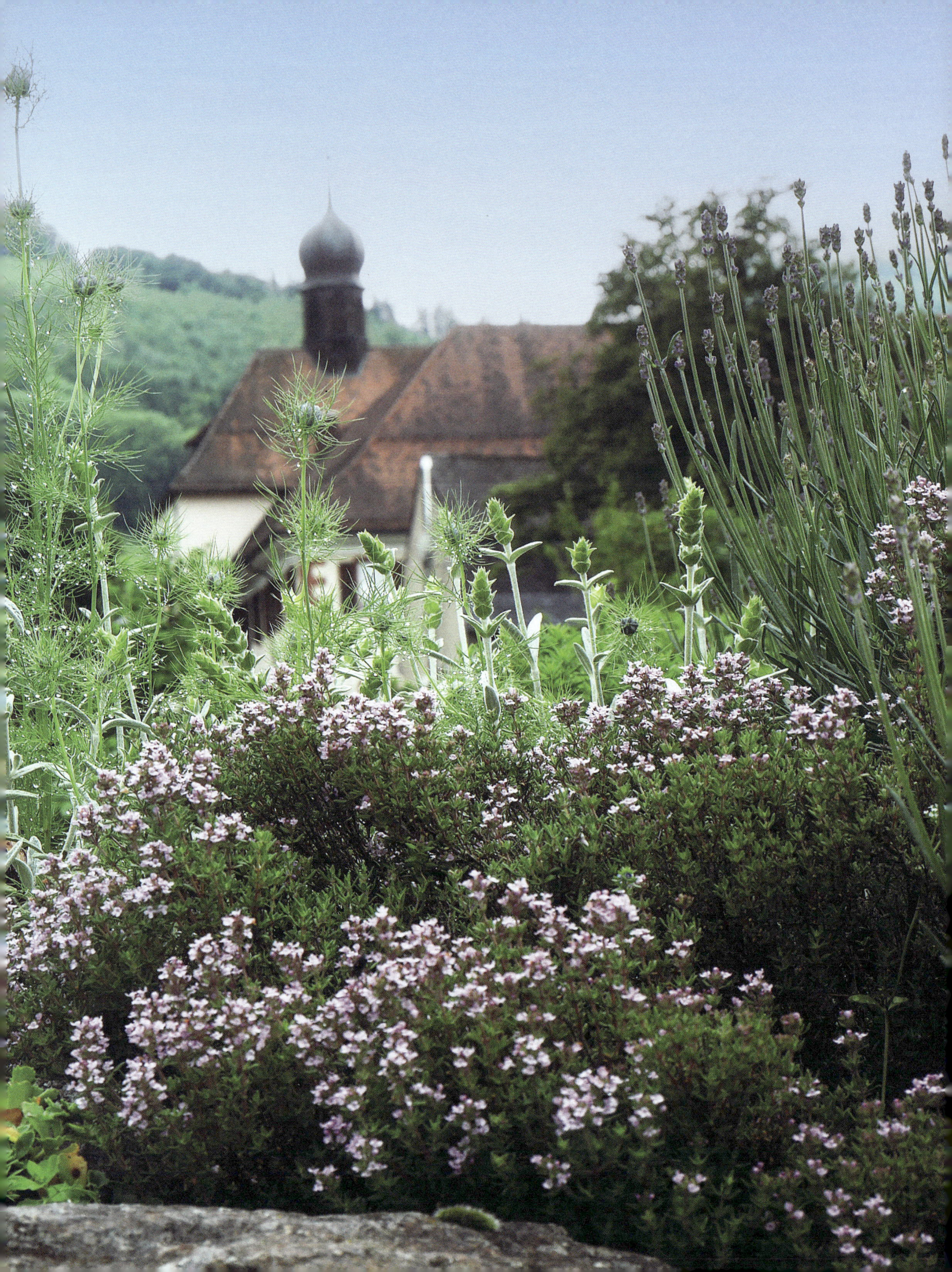

enzym, das früher zum Dicklegen von Milch verwendet wurde. Beim Ackerschachtelhalm (Equisetum arvense), einer invasiven Art, treibt zuerst der braune Sporentrieb aus, der die Gestalt eines Pilzes hat und aufrecht steht. Einige Wochen später werden die grünen Triebe gebildet, die wiederum wie kleine Nadelbäume aussehen. Der Ackerschachtelhalm ist Bestandteil vieler Teemischungen: von Husten- über Rheuma- bis zu Blutreinigungstees. Als Ur-Gewächs soll er seit Millionen von Jahren die über dem Pflanzenreich. Auch den toxischen Vertretern wie dem majestätisch wachsenden Fingerhut hat man einen Raum zur Entfaltung gegeben. Ein kreisroter Punkt am Namenstäfelchen markiert die Giftigkeit. Das blühende Heilpflanzenparadies wird bewacht von üppig blühenden Rosensträuchern wie der Apothekerrose oder von Holunderbäumen. Abseits steht ein Rasenlabyrinth, das dazu einlädt, die Schuhe und Socken auszuziehen, um sich mit der Erde Oberrieds zu verbinden.

Sind im Oktober viele Marienkäfer zu schau'n,
solltest auf Frost du im Hochwinter bau'n.

Erde bevölkern. Der blau blühende Ysop (Hyssopus officinalis) erfreut nicht nur Bienen. Die aus Südosteuropa stammende Pflanze ist ein gutes Hausmittel gegen Husten, Durchfall und Blähungen. Auch als Gewürzkraut in Eintöpfen unterstützt sie die Verdauung. Der Spitzwegerich und die Schafgarbe, die überall im Schwarzwald wild wachsen, dürfen sich im Kräutergarten ebenso entfalten. Echte Hingucker sind die Wilde Karde, deren Wurzel medizinisch bei Hautleiden und Borreliose verwendet wird, die mannshohe Königskerze und der Purpur-Sonnenhut. Lila, gelb und pink blühen sie erhaben

Das Pflanzenerlebnis kann man auf dem Kräutererlebnispfad ausweiten, der an der Sankt Laurentius Kapelle in der Teilgemeinde Hofsgrund startet. Auf 4,5 km Länge führt er nicht nur an Sehenswürdigkeiten wie dem beeindruckenden Schniderlihof vorbei, ein Bauernhofmuseum mit einer fantastischen Fernsicht auf den Feldberg, sondern stellt die Vielfalt der Wildpflanzen vor, die oft ungeachtet am Wegesrand gedeihen und es doch ganz schön in sich haben. Im Hintergrund stehen bunt blühende Magerwiesen, die unsere Augen entzücken. In Oberried, dem Kräuterdorf, gibt es Heilpflanzen satt.

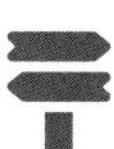

Heilpflanzengarten
Ecke Talstraße – Vörlinsbachstraße
79254 Oberried
kraeutergarten-oberried.de

Der purpurrote Sonnenhut

[Echinacea purpurea]

Pflanzenfamilie Korbblütengewäche – Asteraceae

Eine kräftigende Heilpflanze und eine hübsche Zierde, der Sonnenhut stärkt unsere Gesundheit und ist ganz nebenbei eine wunderschöne Augenweide, die jeden Garten aufwertet. Seine große Körbchenblüte ist ein Hingucker, nicht nur für uns Menschen. Selbstbewusst reckt er seinen Kopf in die Höhe und streckt die bunten Blütenblätter weit von sich, als wolle er der Welt verkünden: »Schaut her, ich bin da!« Dabei dienen seine langen purpurroten Strahlenblüten der Anlockung. Er buhlt um die Bestäubungsfunktion der Insekten. Fruchtbar sind lediglich die Röhrenblüten im Inneren des Blütenkopfs. Wie ein stachliger Igelrücken wölben sie sich und warten auf fliegende Besucher – als nektarreiche Pflanze eine ideale Landeplattform für Bienen, Hummeln und Schmetterlinge. Dabei gibt ihm seine lange Pfahlwurzel einen sicheren Halt und versorgt ihn mit Wasser und Nährstoffen.

Ursprünglich stammt der Sonnenhut aus Amerika. Seine Heimat sind die weitläufigen und trockenen Prärien, wo er von den Native Americans seit jeher zu Heilzwecken verwendet wird. Als kleine Schönheit schaffte er es dann über den Atlantik direkt in unsere Gärten, wo er sonnige Standorte und lockere Böden bevorzugt. Medizinisch wird er als Essenz in Form von Tropfen, als Salbe oder Tee angeboten. Er ist beliebt zur Stärkung der Abwehrkräfte bei Erkältungskrankheiten.

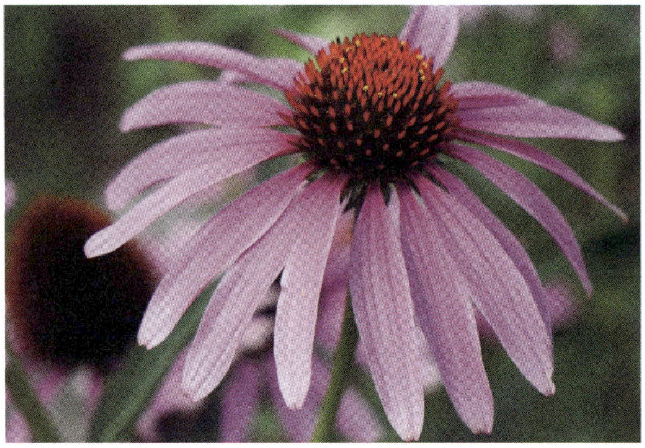

Steckbrief

Höhe: *bis zu 1,2 m*

Aussehen: *Der Sonnenhut wächst aufrecht. Sein Stängel und seine Blätter weisen feine Borsten auf. Die Blätter sind lanzettlich und ganzrandig. Im Inneren stehen dunkelrote Röhrenblüten, außen lange rosa Zungenblüten.*

Blütezeit: *von Mai bis Oktober*

Standort: *sonnig, mit durchlässigen Böden*

Inhaltsstoffe: *unter anderem Echinacin, ätherisches Öl und Bitterstoffe*

Eigenschaften: *unter anderem zur Stärkung der Abwehrkräfte, bei grippalen Infekten und zur Wundheilung*

Verwendete Pflanzenteile: *die Wurzel und die Blätter*

Gratinierter Kräuter-Kürbis

Kaum ein anderes Gemüse läutet den Herbst so bunt und geschmacklich vielseitig ein wie der Kürbis. Leuchtend orange mit einem nussig-süßen Aroma lässt er sich mit einer Vielzahl anderer Speisen kombinieren. Gekocht, gebraten oder gebacken, er ist ein Wandlungskünstler, der mit einer Menge an gesunden Nährstoffen punktet. Mit frischen Kräutern und Walnüssen erheben wir ihn in den Rang der Spitzengastronomie.

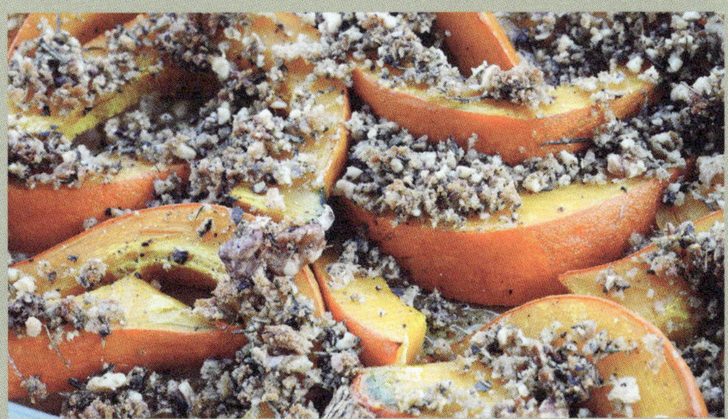

Zutaten

(für 2 Personen)

1 trockenes Brötchen

1 Bund frischer Kräuter nach Wahl: Rosmarin, Salbei, Oregano, Thymian

1 Knoblauchzehe

100 g Walnüsse

¼ TL Salz

50 ml Olivenöl + 1 EL für die Backform

1 Kürbis nach Wahl: Hokkaido, Muskat oder Butternut

frisch gemahlener Pfeffer

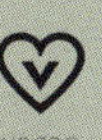

1. Das Brötchen mit einer Reibe zu Brösel verarbeiten
2. Die Kräuter kurz abwaschen, von den Stängeln befreien und fein hacken. Die Knoblauchzehe abziehen und durch eine Presse drücken. Die Walnüsse in einen Gefrierbeutel legen und mit einem Nudelholz leicht anschlagen.
3. In einer Schüssel die Brösel, die Kräuter, die Knoblauchzehe, die Walnüsse und das Salz vermischen. Das Olivenöl einrühren.
4. Den Ofen auf 180 °C Umluft vorheizen.
5. Den Kürbis kurz abbrausen, abtrocknen und halbieren. Das Fruchtfleisch und die Kerne entfernen. Den Kürbis in 2 cm dicke Spalten schneiden.
6. Die Kürbisspalten in eine geölte Backform legen, mit der Kräuterkruste bedecken und pfeffern. In den Ofen schieben und 30 Minuten backen.

Tipp: Für Fans von würzigem Käse eine Ziegenkäserolle in 1 cm dicke Scheiben schneiden und nach der Hälfte der Backzeit auf die Kräuter-Kruste verteilen.

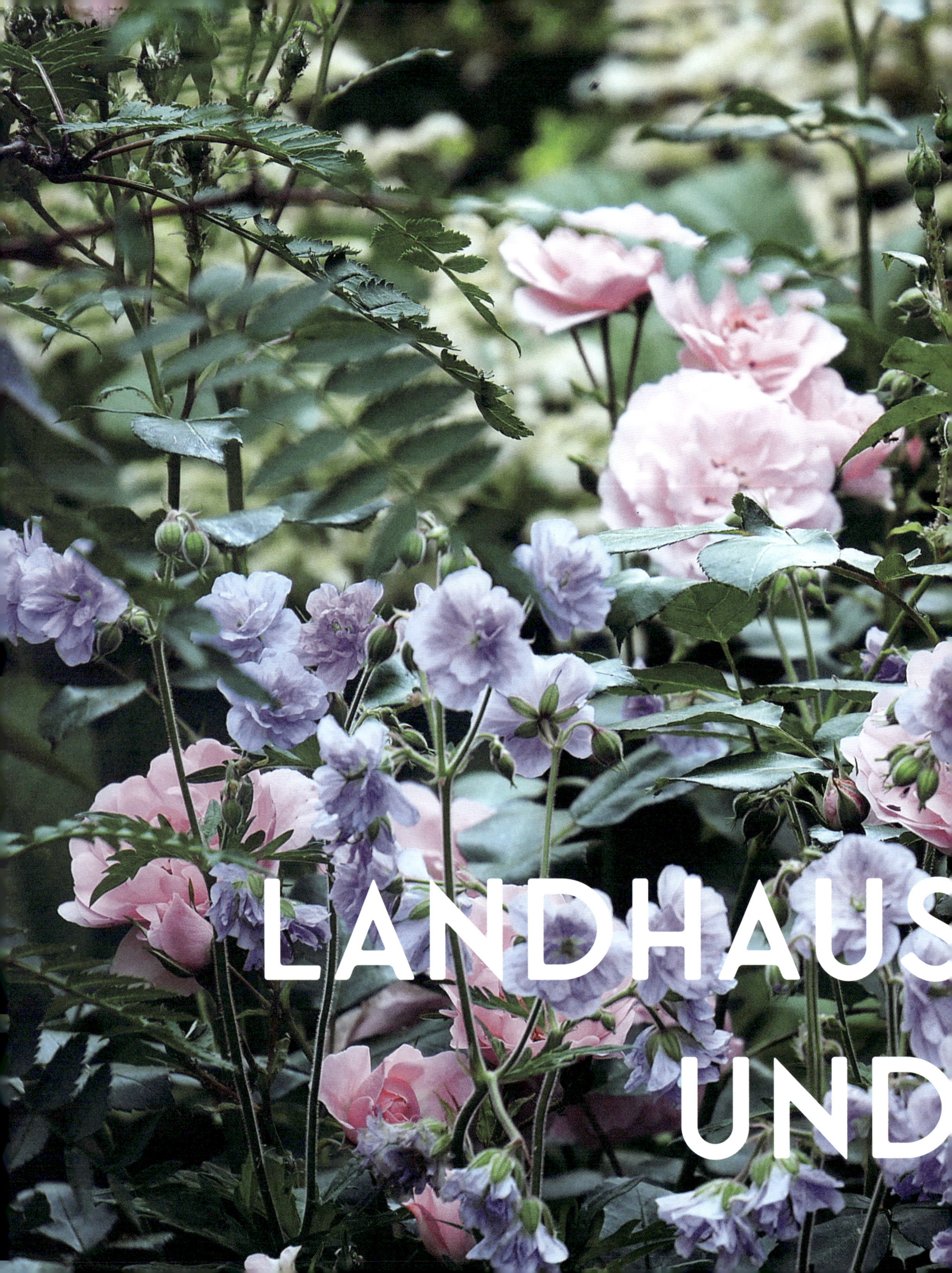

LANDHAUS UND

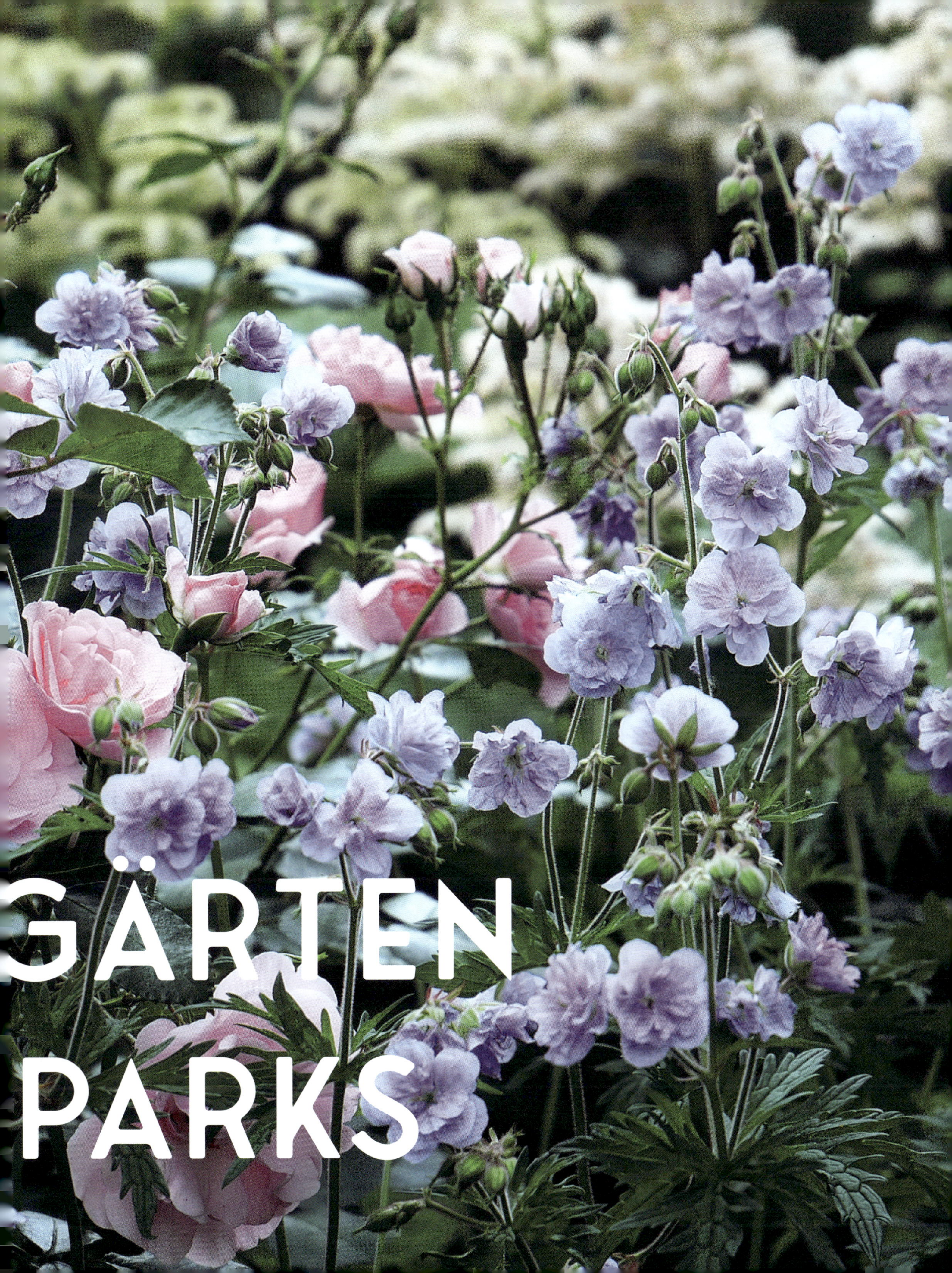

GÄRTEN PARKS

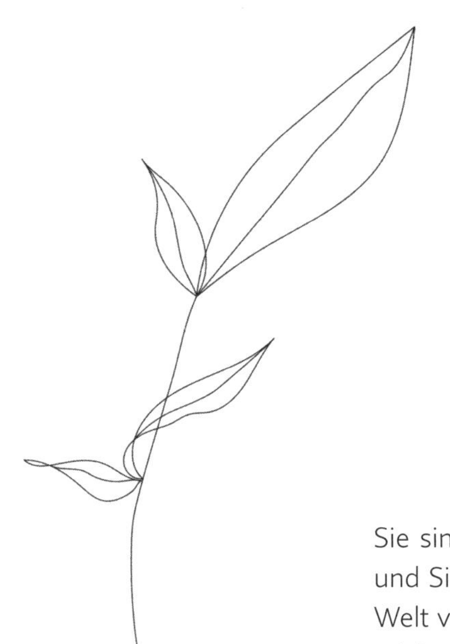

LANDHAUSGÄRTEN UND PARKS

Flanieren und sich verlieren

Sie sind Orte des Verspielten und der Träumereien, des Innehaltens und Sich-Verlierens: Landhausgärten und Parks laden uns ein, in eine Welt voller Sehnsüchte zu treten. Wir fühlen uns beschwingt und bereichert. Von nun an flanieren Farben und Düfte in unseren Gedanken.

Beide Gestaltungsformen können sich ähneln und doch grundverschieden sein. In vielen von ihnen fließen exotische Komponenten mit ein, andere wiederum nehmen Elemente des Bauerngartens oder des Klostergartens in ihre Gartengliederung auf. Zwischen prachtvoll blühenden Stauden kann man einerseits ein Gemüsebeet entdecken, andererseits werden unsere Augen von geometrischen Formen zu einem zentralen Blickfänger geleitet. Eine Kategorisierung fällt schwer, die Einteilung ist daher nicht in Stein gemeißelt.

Ein Landhausgarten gilt mitunter als nobler Verwandter des Bauerngartens, in dem ein Hauch von romantisch-ländlichem Leben zwischen bunt blühenden Stauden schwingt. Als verzierte Form ist er kein Nutzgarten, sondern dient primär der Entspannung und dem Plaisir. Üppig blühende Rosen und nostalgische Blumenarrangements versprühen den Charme des Alten und Verspielten. Er erlaubt uns sogar einen Ausflug in die grüne Gartengeschichte, in der italienische, französische und englische Elemente einfließen. In der Zeit der Renaissance, in der der Kleinadel und das Bürgertum sich feierten, sollte der Garten, als fester Bestandteil des Hauses, in seiner Pracht vor allem eins: repräsentieren und Reichtum demonstrieren. Eine Steigerung erfährt die Gestaltung in den Barockgärten. Dabei handelt es sich um weitläufige Parks, in geometrischen Formen angeordnet, in denen die Pflanzen gestutzt und beherrscht werden. Es folgt die Zeit der Aufklärung, in der Gärten eine

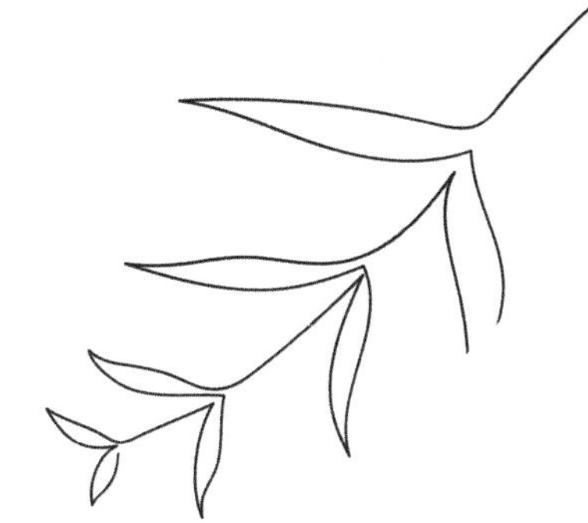

Natürlichkeit ausstrahlen sollen, als würde man durch ein romantisch-idealisiertes Landschaftsgemälde schreiten und in der unberührt-verklärten Vollkommenheit ankommen.

Parks dienen hauptsächlich der Verschönerung. Als grüne Oasen prägen sie das Stadtbild. In ihrer Weitläufigkeit bieten sie den Menschen einen Rückzugsort vom Alltag sowie einen Ort der Erholung. Manche Parks sind Kurgärten und mit Badeorten verbunden. Ihr Ursprung reicht bis in römische Zeiten zurück wie in den Städten Badenweiler und Baden-Baden. Zusätzlich zur Wassertherapie sollte das Wandeln unter einer Allee die Gesundheit fördern. In Lustgärten finden sich darüber hinaus Musikpavillons, Wasserspiele, Skulpturen oder gar Orangerien – ein wohltuender Luxus par excellence. Die Noblen und Reichen legten solche Amüsier-Gärten an, da sie keinen Nutzen aus der Grünfläche ziehen mussten. Die Sehnsucht nach Erholung sollte gestillt werden. Die Zeiten haben sich zwar geändert, das Verlangen nach Park-Erholung jedoch nicht. In der Großzügigkeit der Landhausgärten und Parks wird unsere Lust zum Entdecken und Versinken, Nachdenken und Träumen geweckt. In ihnen fühlen wir uns geborgen, unsere Sinne können promenieren.

Der SOPHI Park in Bad Liebenzell

Ein Tête-à-Tête mit Aristoteles

Philosophie fernab der akademischen Fakultäten lässt sich im SOPHI Park erleben. Die Unendlichkeit des Himmels ist der Hörsaal, die bunten Blumen sind unsere Begleiter, die uns durch jahrtausendealte Weisheiten führen. Schöner und greifbarer kann Philosophie nicht sein. Wir verlieren uns in der Weitläufigkeit des Parks und kommen zur Ruhe. Fast unbemerkt lösen wir uns ganz sacht vom Alltag, mit seinen Abläufen und Anforderungen, und denken nach: über uns, unser Handeln und das Miteinander. Praktische Philosophie. Anregung erhalten wir von den wichtigsten 100 Weisheiten der Philosophie der vergangenen 3.000 Jahre, poetisch inszeniert in farblich abgestimmten Rabatten, die die Staudengärtnerei Gräfin von Zeppelin schöpferisch gestaltete. Zusätzlich interpretieren Kunstwerke die sinnweisenden Botschaften und verkörpern das Motto des SOPHI Parks – getrennt wurzeln, gemeinsam wachsen. Die Objekte wurden von ihren Erschaffern nach individuellen Vorstellungen umgesetzt und sind nun zu einem Ganzen zusammengewachsen. Insgesamt befinden sich zehn Themenfelder im Park, die den philosophischen Epochen zugeordnet sind und sowohl Gedanken als auch Impulse für eine freie, soziale und tolerante Wertegemeinschaft festhalten.

Philo – die Liebe; sophia – die Weisheit: Der Begriff der Philosophie kommt aus dem Griechischen und bedeutet die Liebe zur Weisheit. Ihre Wurzeln hat die Geisteswissenschaft bei den alten Griechen. Und so startet der Rundgang in Bad Liebenzell in der Antike, einer Epoche, die die naturwissenschaftliche Erkenntnis in den Mittelpunkt rückt und die Freiheit des Denkens proklamiert. Verwundert nehmen wir dabei zur Kenntnis, dass die alten Weisheiten in unserer modernen Welt nach wie vor ihre Gültigkeit haben. Die Reflexionen von damals sind die Gedanken von heute. »Im Mittelweg findet sich das glücklichste Leben« (Aristoteles). Das Streben nach mehr Reichtum, mehr Macht, mehr von allem, macht uns nicht glücklich, sondern krank. Sich mit dem zufriedenzugeben, was das Leben uns schenkt, ist gerade in unserer heutigen leistungsorientierten Gesellschaft wichtig. Andere Erkenntnisse von prägenden Vertretern wie Sokrates, Seneca oder Cicero regen uns zum Nachdenken an. Das reine Weiß, als Farbe des Neuanfangs, dominiert den Antike-Garten. Die langspornige Akelei Aquilegia Kristall, der üppig blühende Phlox Pax oder die Rose Artemis kleiden das Beet in Eleganz und unterstreichen die Botschaften der Schilder, die aus den Rabatten hervorschauen und die Weisheiten der Philosophen verkünden. Nachdem Homer uns mit seinem Satz »ein Lachen, unauslöschlich, lässt den Himmel erbeben« berührt, wenden wir uns dem Mittelalter zu, einer Zeit, die stark vom Christentum und dem Gottgewolltem geprägt ist. Auch wenn wir diese Epoche in die Dunkelheit setzen, gibt es fortschrittlich Denkende wie Hildegard von Bingen oder Albertus Magnus. »Denn der Seele Freude ist es, im Leibe wirksam zu sein« (Hildegard von Bingen). Nur wenn wir sorgsam mit uns umgehen, können wir gesund und lebensfroh sein. Auch Paracelsus verkündete bereits in der ersten Hälfte des 16. Jahrhunderts: »Der Arzt verbindet nur deine Wunden, dein innerer Arzt aber wird dich gesunden.« Die gelben Pflanzen des Mittelalters wandeln sich in ein kräftiges Violett, um die Zeit der Renaissance, die Wieder-Geburt des humanen Denkens, zu verkünden. Die freiheitlichen Werte der Antike verbinden sich mit den Neuerungen und Fortschritten. In dieser Zeit wird der Buchdruck erfunden und die Bildung für alle propagiert. Die wichtigsten Vertreter sind unter anderem Descartes, Bacon und Reuchlin. Von Martin Luther lesen wir: »Wer Gutes tun will, muss es verschwenderisch tun.«

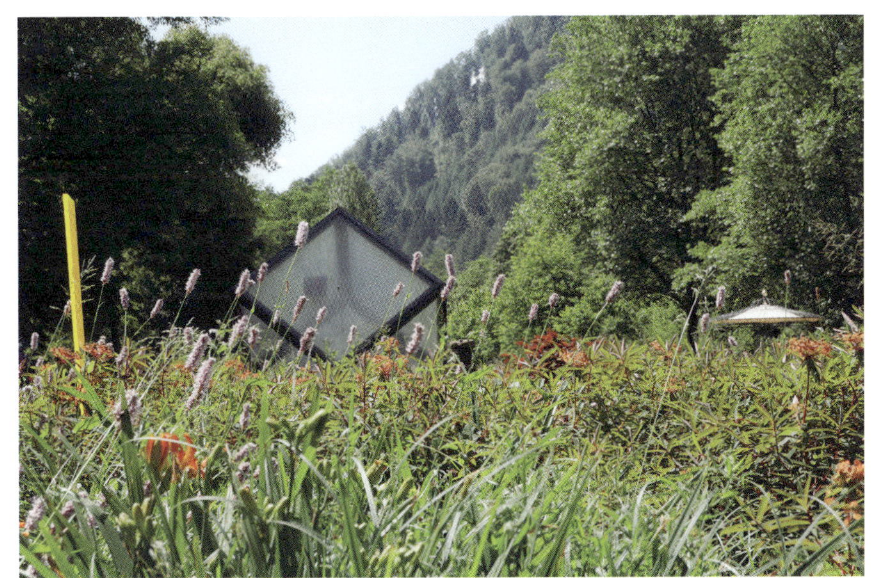

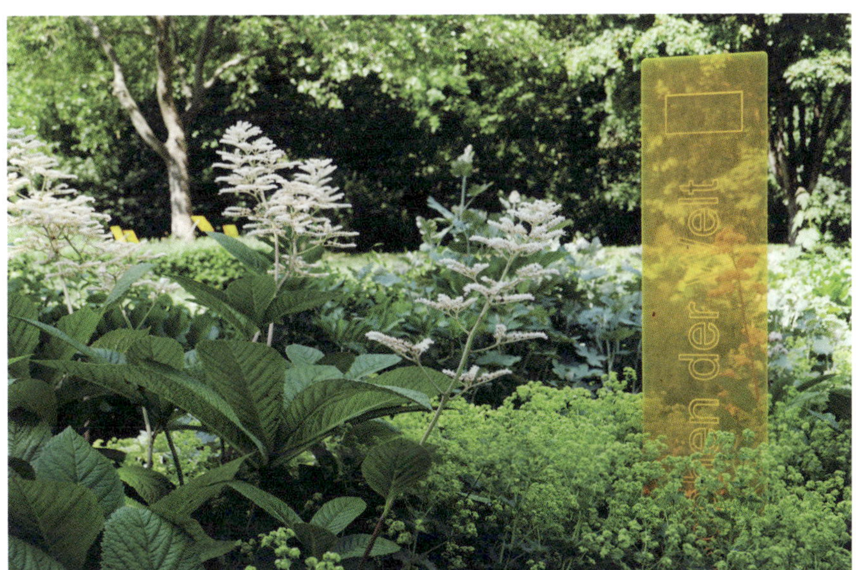

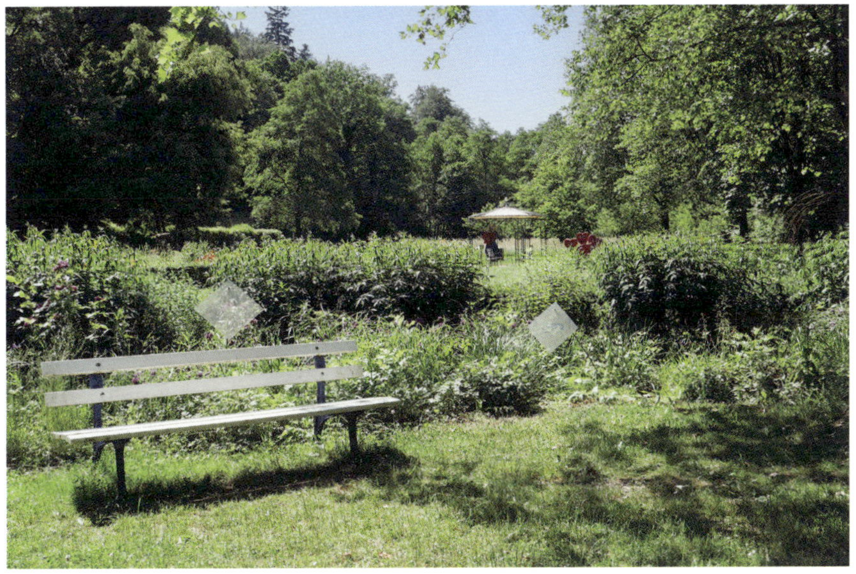

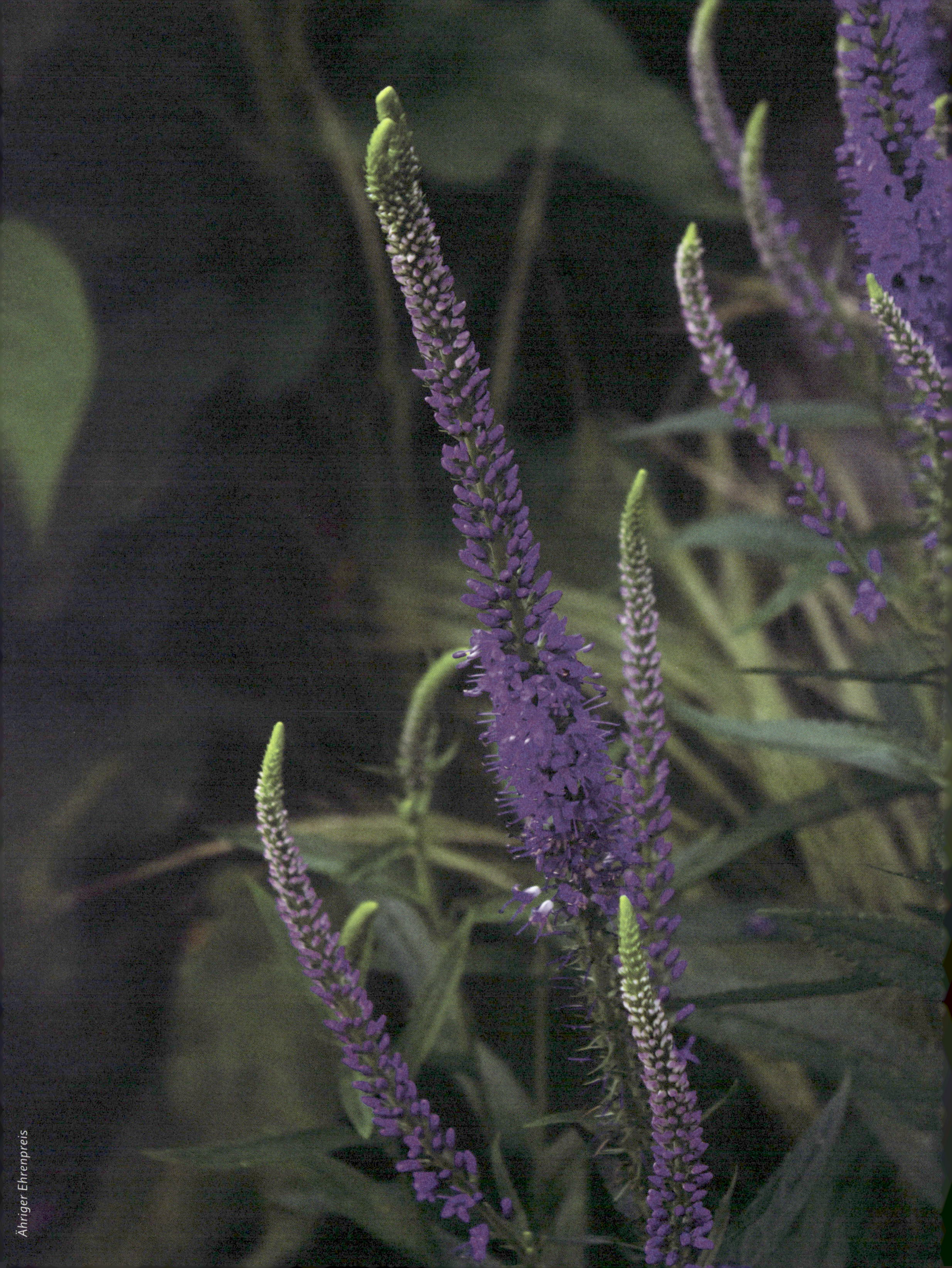

Ähriger Ehrenpreis

»Jedem Anfang wohnt ein Zauber inne« (Hermann Hesse) – das nächste Themenfeld honoriert die Denker der Region wie den Schriftsteller Hermann Hesse, die erste deutsche Professorin Maria von Linden oder die SOPHI-Park-Mitbegründerin und Schriftstellerin Ines Veith. In harmonischen Blautönen unterstreichen der kräftig blühende Moorsalbei (Salvia uliginosa), der zarte Kaukasus-Vergissmeinnicht (Brunnera marcophylla) und der stattliche Rittersporn (Delphinium Blue Lace) die alles nehmen kann, auch einen lieben Menschen? Die Kraft, die wir in unseren Gedanken haben, versetzt Berge. Das erfahren wir im Themenfeld der Moderne mit Erich Fromm »Glück ist kein Geschenk der Götter. Es ist die Frucht einer inneren Einstellung« oder George Edward Moore »Es regnet, aber ich glaube nicht, dass es das tut«. Die Philosophie der Gegenwart, ganz in leuchtendem Orange gehalten, beschäftigt sich mit aktuellen Fragen, die unser Weltgeschehen prägen. In den

Lässt Veronika (27. Februar) Zitronenfalter fliegen,
wird der Lenz den Winter bald besiegen.

philosophischen Anstöße der heimischen Denker. Kräftiges Rot ist für die Kinder reserviert. Auch sie haben ihr philosophisches Themenfeld mit Antoine de Saint-Exupéry, Astrid Lindgren und Erich Kästner. Der geschichtliche Rundgang führt uns nun in die Zeit der Aufklärung, in der Werte gebildet werden, die unsere Gedankenwelt heute noch prägen: Gerechtigkeit, Emanzipation, Menschenrechte, nur um einige zu nennen. Wir nehmen bedeutende Weisheiten von Kant, Voltaire oder Rousseau auf: »Der Mensch ist frei geboren und überall liegt er in Ketten.« Goethes Erkenntnis »Es nimmt der Augenblick, was Jahre geben« lässt uns grübeln. Wer hat es nicht schon erlebt, dass ein kurzer Moment Themenfeldern der Philosophen der Welt und der Lebensweisheiten begegnen wir Denkern wie dem indischen Widerstandskämpfer Mahatma Gandhi, dem amerikanisch-libanesischen Dichter Kahlil Gibran und dem chinesischen Philosophen Laotse. Von Konfuzius aus dem 6. Jh. v. Chr. lesen wir: »Wohin du auch gehst, geh mit deinem ganzen Herzen.« Philosophie hilft uns, unser Herz zu öffnen, unseren Mitmenschen mit Achtung zu begegnen und uns selbst zu lieben. Diese Erkenntnis erfahren wir ganz intensiv im Park, einem Ort der Ruhe und der Reflexion. Michel de Montaigne sagt dazu: »Die Seele fühlt sich wohl, wenn die Philosophie in ihr wohnt«. Der SOPHI Park – ein Weg zu uns selbst.

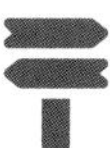

SOPHI PARK Bad Liebenzell
Helenenbad
75378 Bad Liebenzell
sophipark.de

Der Große Wiesenknopf

[Sanguisorba officinalis]

Pflanzenfamilie Rosengewächse – Rosaceae

Zugegeben, auf den ersten Blick gibt es ästhetischere Kandidaten. Auf einem aufrechten Stängel sitzt ein braunroter, schlanker Blütenstand, der dem Aussehen nach der Ähre des Spitzwegerichs ähnelt. Dabei handelt es sich beim Großen Wiesenknopf um ein Gewächs aus der Familie der Rosenblütler, die mit spektakulären Farben und Düften unsere Blicke auf sich ziehen. Mit seiner blutstillenden und adstringierenden Wirkung wurde er früher oft bei Entzündungen im Mund und Rachenraum verwendet. Doch seine Nutzung ist mittlerweile in Vergessenheit geraten.

Er hat einen Bruder, den Kleinen Wiesenknopf, dessen Blütenkopf rundlich ist. Beide Arten können kulinarisch verwendet werden, wobei der kleinere von beiden milder schmeckt. Zu gewissem Ruhm hat er es unter dem Namen Pimpinelle in der Frankfurter Grünen Soße gebracht, wo er als wichtiger Bestandteil, neben hart gekochten Eiern und Schmand, nicht fehlen darf. Am besten man probiert die frisch ausgetriebenen Blätter, die einen gurkenartigen Geschmack haben. Auf ein einfaches Butterbrot gestreut sind sie eine Delikatesse.

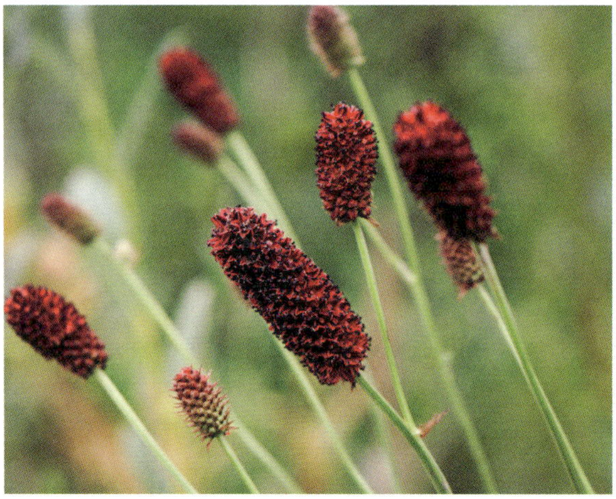

Der filigrane Wiesenknopf, der sein Köpfchen aufrecht trägt, tanzt mit dem Wind. Schauen wir ihm zu, kommen wir ins Träumen. Auf einer bunten Magerwiese ragt er oft über die anderen Pflanzen heraus, bringt Luftigkeit in unsere Rabatte und vermittelt eine freudige Leichtigkeit. Eingebunden in Trockensträußen hält er sich lang und lässt uns von den bunten Wiesen des Sommers träumen.

Steckbrief

Höhe: *bis 1,5 m*

Aussehen: *Unpaarig gefiederte Blätter, der Blattrand ist gesägt. Der Stängel wächst aufrecht und ist im oberen Drittel verzweigt.*

Standort: *Auf ungedüngten Magerwiesen wächst er ohne menschliches Zutun. Er bevorzugt feuchte Standorte im Halbschatten.*

Blütezeit: *von Mai bis Juli*

Inhaltsstoffe: *unter anderem Gerbstoffe, Saponine und Vitamin C*

Eigenschaften: *unter anderem blutstillend, antiseptisch und adstringierend*

Falter im Schafspelz

[Der Dunkle Wiesenknopf-Ameisenbläuling Phengaris nausithous]

Ein langer Name für einen kleinen Falter. Zumal nur das Männchen auf den zweiten Blick graublau schillert, wenn er denn seine Flügel weit aufspannt und man einen Blick auf deren Oberseite erhaschen kann. Zugeklappt sieht man nur einen unscheinbaren Braunton mit schwarz gepunkteten Augenflecken. Ein harmloses Aussehen für einen zarten Falter, der es ganz schön in sich hat. Seine Überlebensstrategie ist überaus clever, bedeutet für ihn jedoch auch eine große Gefahr.

Sein Verbreitungsgebiet liegt in Mitteleuropa bis hin zum Ural. In Deutschland trifft man ihn relativ häufig in Baden-Württemberg an. Doch auch er ist bedroht und steht mittlerweile bei uns auf der Roten Liste. Zu beobachten ist er an seiner Lieblingspflanze, dem Großen Wiesenknopf. Das Rosengewächs dient ihm als Nektarquelle und Eiablage, ist Treffpunkt für seine romantischen Rendezvous und ein vorzüglicher Schlafplatz. Nach dem Schlüpfen und Sattessen lässt sich die von der Pflanzenfarbe nun rote Raupe auf den Boden fallen und hofft auf – ihre Fressfeinde, die Rotgelben Knotenameisen! Denn wird sie von ihnen in den Ameisenbau verschleppt, vertilgt sie dort eine Unmenge an Ameisenlarven, ihre Lieblingsspeise. Wie soll das gehen? Die kleine Raupe ist mit Honigduftdrüsen ausgestattet, parfümiert sich damit und besänftigt so ihre Fressfeinde. Das klappt nicht immer, aber doch oft genug, sodass sie sich auf diese Überlebensstrategie spezialisiert hat. Nach der Verpuppung und dem Schlüpfen im Ameisenbau muss der noch weiche Falter so schnell wie möglich Reißaus nehmen, da er keinen betäubenden Honigduft mehr hat. Wollige Schuppen auf seinem Flügelkleid helfen ihm dabei, die Ameisenkiefer abzuwehren. An der Luft angelangt, lässt er seine Flügel aushärten, bevor er in den Lüften entschwindet auf der Suche nach dem Großen Wiesenknopf.

Steckbrief
Spannweite: *35 bis 40 mm*
Aussehen Falter: *braune Flügelunterseite mit schwarzen Augenringen, Flügeloberseite bei den Männchen grau-blau, bei den Weibchen braun*
Aussehen Raupe: *zunächst milchig-weiß, später rötlich*
Nahrungsquelle: *für den Falter der Nektar des Großen Wiesenknopfs, für die Raupen auch die Ameisenlarven*

Landhaus Ettenbühl

Rosenduft und Clotted Cream

Nirgends im Schwarzwald kann man so tief in die englische Gartenseele blicken wie beim Landhaus Ettenbühl. So als wäre man von den Höhen des nahe liegenden Blauens mit seinen charakteristischen Nadelwäldern direkt an die Küste Cornwalls gereist, nur das Meeresrauschen und das regenreiche Wetter fehlen beim Landhaus Ettenbühl. Sobald man das Drehkreuz passiert, taucht man ein in ein britisches Landschaftsgemälde, das die Gartenkultur des ländlichen Adels inmitten des viktorianischen Zeitalters zeichnet. Eine romantisch-bunte und naturnahe Welt, losgelöst von den starren geometrischen Linien der Barockzeit.

Dabei ist die Entdeckungsreise entlang des Spazierwegs unglaublich abwechslungsreich. Gegliedert ist der weitläufige Garten in eine Vielzahl an Themenwelten, knapp 30 an der Zahl, und so bieten die malerischen Gartenzimmer ein ständig wechselndes Sinnesrauschen an Farben und Düften. Über die üppig bepflanzte Yellow Brick Road gelangt man zum Pfingstrosengarten mit seinem prall gefüllten Blütenspektakel. Eine Kastanie (Aesculus hippocastanum) steht mittig und lenkt die Blicke in die Höhe, wenn sie ihre kerzenähnlichen weißen Blütenrispen in den Himmel streckt. Bienen und Hummeln übernehmen die Bestäubungsarbeit. Nach getaner Arbeit verfärbt sich der gelbe Fleck auf der Blüte in ein kräftiges Rosa, eine Ampel, die den Insekten signalisiert, dass die Bestäubung bereits stattgefunden hat. Ein erneuter Anflug kann man sich ersparen.

Von dort führt der Weg über einen Teichgarten mit Koikarpfen und einem Wäldchen, das seltene Waldstauden und Gehölze zeigt, zu einer kontrastierenden englischen Rasenfläche, die weite Blicke ermöglicht. Fast vermutet man eine englische Garden-Party und hält Ausschau nach eleganten und ausgefallenen Hüten. Weiter geht es zu einem Lavendelgarten und einem Rosengarten mit historischen Schönheiten wie Belle de Crécy und ihrem üppigen lila Blütenkopf. Ein intensives Dufterlebnis ist vorprogrammiert und Schnuppern erwünscht. Dahinter folgt ein Traum aus Eleganz: der zart-pastell bepflanzte Hochzeitsgarten, der im Sommer in voller Blüte steht. Auch wenn man den Bund der Ehe bereits geschlossen hat, möchte man spätestens hier, inmitten der traumhaften Romantik, nochmal heiraten.

Auf der anderen Seite der Gartenlandschaft begleitet eine Allee aus Mammutriesen die Schritte der Besucher. Zu ihren Füßen blühen im Frühling Tausende von Narzissen. Wie kleine Sonnen strahlen sie uns mit ihrem Glockenkopf entgegen. Es folgen der Gemüse- und der Kräutergarten, die die Küche des angeschlossenen Restaurants knackfrisch bereichern. Dahinter verbirgt sich das Herzstück der englischen Gartenwelt: der Rosenpavillon, der auf einem Seerosenteich schwimmt. Eine Szenerie von unglaublicher Sehnsucht. Wer es bisher relativ emotionslos durch den Garten geschafft hat, kommt spätestens hier ins Schwärmen. Umrundet man den Teich, wird der Blick frei auf eine kleine, angelegte Kaskade. Wasserplätschern und Vogelgezwitscher – zahlreiche Bänke laden ein, das Gartenparadies einzuatmen.

Die unterschiedlichen Gartenwelten bieten eine Heimat für eine artenreiche Fauna. Über dem Teich vollführen Libellen ihre Flugkünste. Eine Vielzahl an Insekten labt sich am Nektar, während das melodiöse Gezwitscher verrät, dass die Vogelwelt sich hier wohlfühlt. Eine Singdrossel trällert ihr Lied und verspeist eine Beere, argwöhnisch beobachtet von einer Amsel, die über den Rasen hüpft und einen Regenwurm aus dem Schlaraffenland der Erde zieht. Zwischen den einzelnen Gartenzimmern dürfen auch mal Wildblumen und Gräser stehenbleiben, ein besonderes Habitat für Tiere.

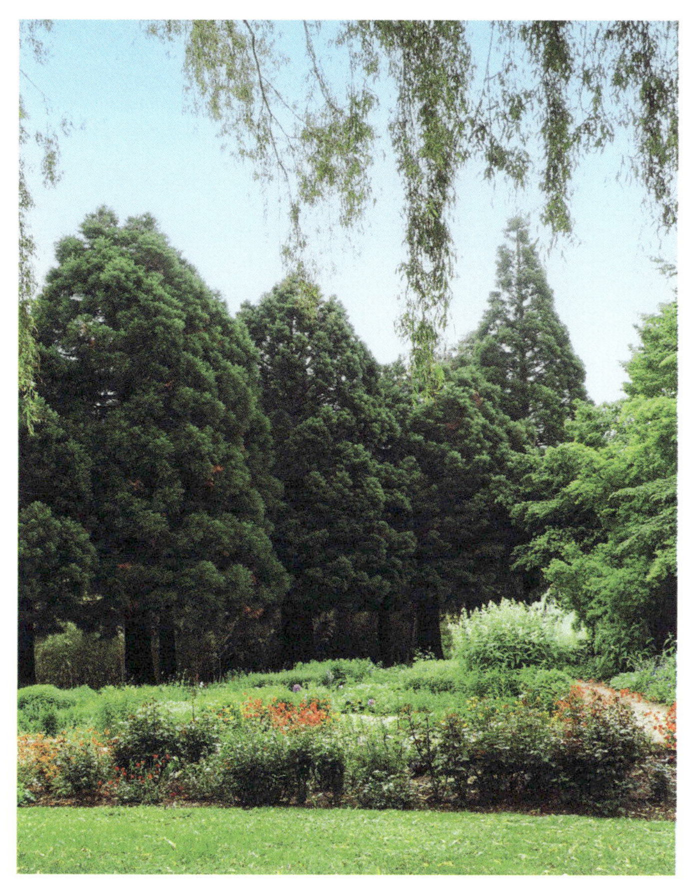

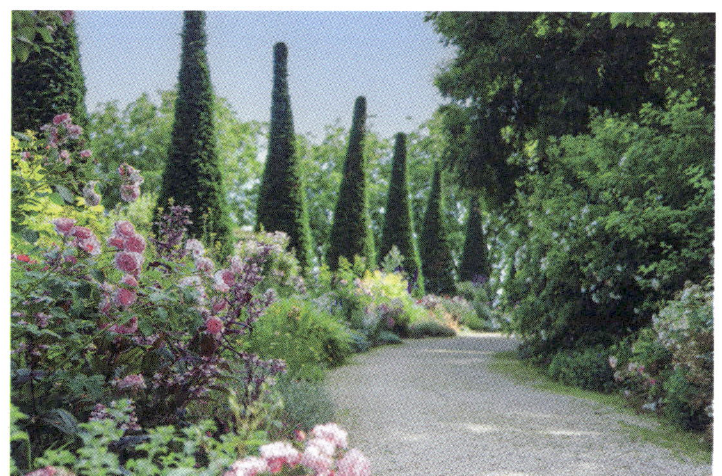

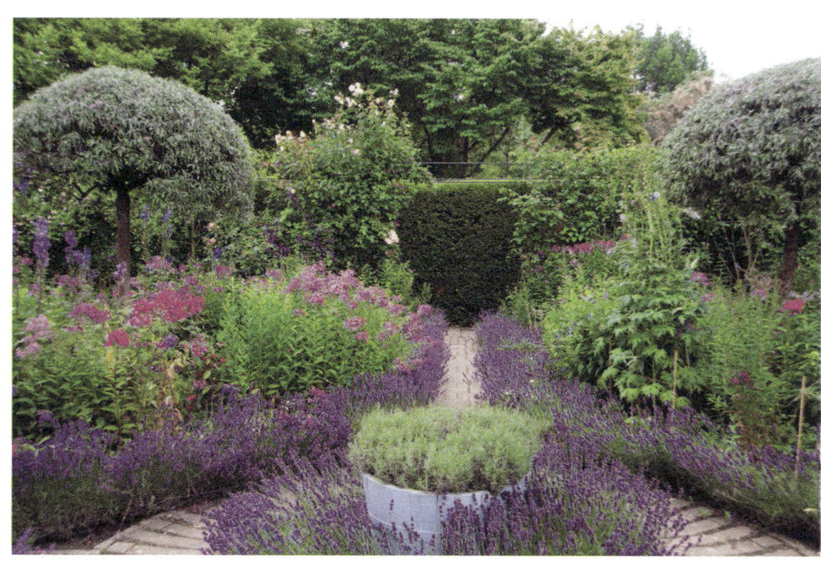

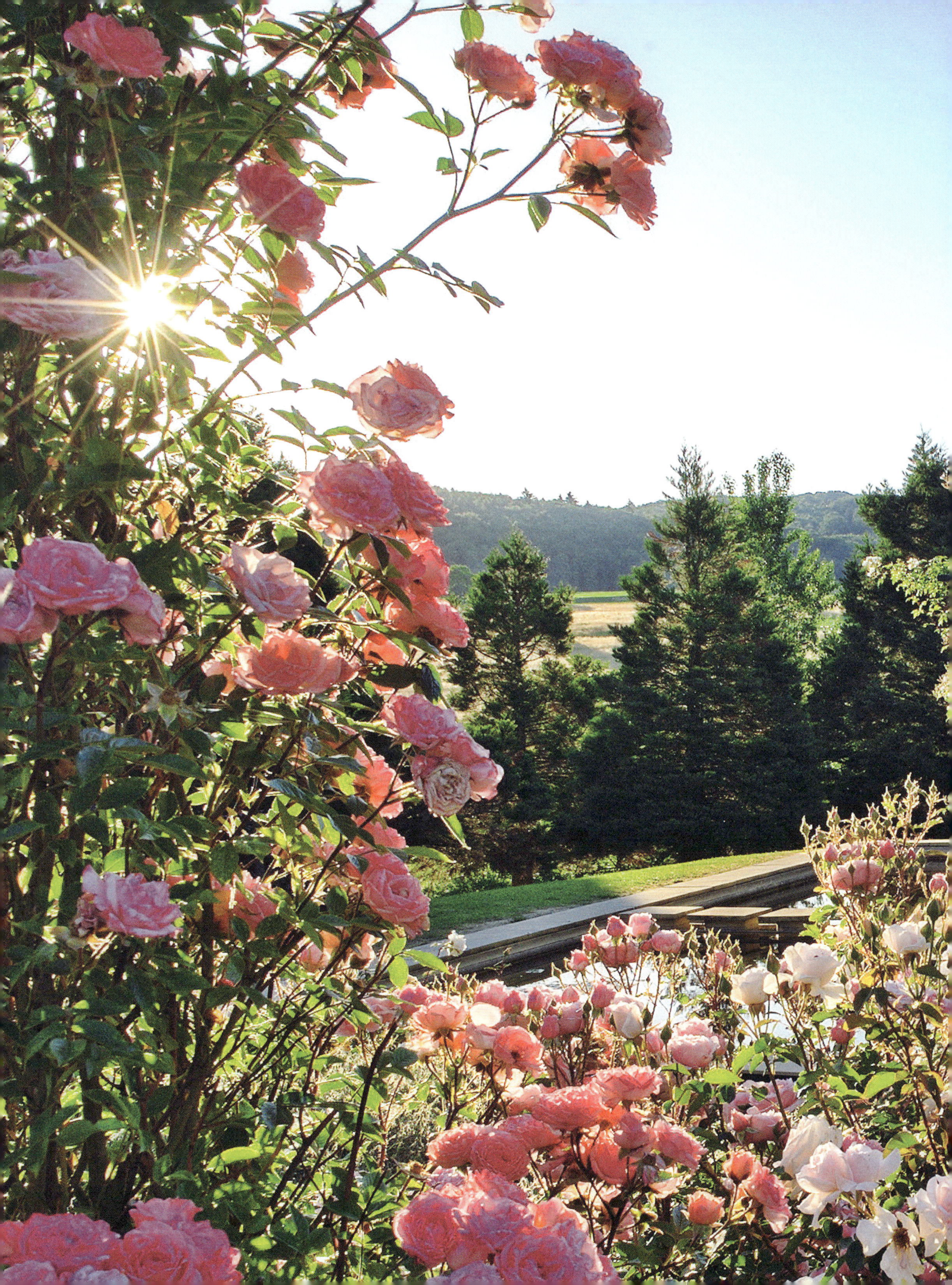

Am Ende der Besichtigung bieten ein großer Herbst- und Präriegarten, in dem Kunstwerke ausgestellt sind, ein Bambuswäldchen und ein geografisch angelegtes Hainbuchenlabyrinth Abwechslung. Findet man seinen Weg wieder hinaus, so kann man die bunte Entdeckungsreise ganz entspannt im Restaurant mit einem luftigen Scone und einer Cup of Tea ausklingen lassen. In der angeschlossenen Gärtnerei werden nicht nur alle Pflanzenwünsche erfüllt, sondern man kann auf die jahrzehntelange Erfahrung der Gärtner zurückgreifen. Denn bereits 1975 wurde die Gartenoase sukzessive angelegt, auf einem simplen Acker, der bis dahin nur Wildwuchs kannte. Seit 1998 ist das bunte Paradies für die Öffentlichkeit zugänglich.

Stellt man sich abschließend die Frage, wann man das sieben Hektar große malerische Areal am besten besuchen sollte? Zu jeder Jahreszeit, denn die Schönheit dieser einzigartigen Gartenwelt kann man unmöglich auf einmal in sich aufnehmen: Tausende von Krokussen und Narzissen läuten den Frühling ein, dicht gefolgt von den spektakulären Blüten der Magnolien, zu ihren Füßen färben die Tulpen den Garten bunt. Im frühen Sommer übertrifft sich der Garten selber. Prallgefüllte Pfingstrosen und Lavendel blühen um die Wette, während Tausende von Rosen, die dominante Blume in Ettenbühl, einen langen Sommer versprechen. Später im Jahr buhlen das Gemüse und die Asternblüte um die Aufmerksamkeit der Besucher, bis sich das Herbstlaub bunt färbt und ein Spektakel für sich bietet. Der Winter verströmt seinen eigenen eleganten Zauber, wenn ein zarter Schneestaub den »unaufgeräumten« Garten bedeckt und sich auf die Hagebutten legt. Ein englisches Jahreszeiten-Gedicht mit seiner natürlichen Abfolge an saisonalen Pflanzenschätzen. Enjoy!

Das Wetter am Siebenschläfertag (27. Juni)
noch sieben Wochen bleiben mag.

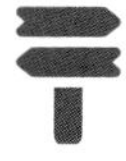

Landhaus Ettenbühl
79415 Bad Bellingen – Hertingen
landhaus-ettenbuehl.de

Der Echte Lavendel

[Lavandula angustifolia]

Pflanzenfamilie Lippenblütengewäche – Lamiaceae

Es gibt wenige Pflanzen, die uns mit ihrem Duft so betören und in die Welt der Träumereien und der tiefen Entspannung geleiten. Der Lavendel ist ein Geschenk der Natur an uns Menschen. Seine Heimat ist das westliche Mittelmeer. Seit alters her wird er verwendet.

Die Gattung zählt rund 25 Arten, davon sind der Echte Lavendel und der Lavandin besonders ertragreich. Sein intensiver Geruch und seine vielseitigen Verwendungsmöglichkeiten haben sicherlich dazu beigetragen, dass er sich bei uns etablierte und einen Platz in unseren Gärten und in unseren Herzen gewonnen hat.

Möchte man die Duftwolke verarbeiten, sollte man die Blütenköpfe bei ihrer Entfaltung ernten, auch wenn es schwerfällt. Dafür kann man eine Handvoll Triebe pro Pflanze abschneiden. Die übrig gebliebenen Blütenköpfe können so weiterhin ihr Aroma versprühen, Insekten anlocken und uns erfreuen. Gebündelt und kopfüber getrocknet können die Triebe dann zwischen den Händen gerieben werden – die kleinen Blütenköpfe fallen ab. Im Haushalt können sie auf vielfältige und einfache Art genutzt werden. Für einen beruhigenden Tee werden die Blüten einfach mit kochendem Wasser übergossen, dann abgeseiht und eventuell mit Honig verfeinert. In einem Mulltuch verknotet, bereichern die Blüten das Badewasser. Oder man legt sie in ein kleines Säckchen oder einen alten Strumpf. Verschwenderisch versprüht der Lavendel dann sein Aroma in einem Kleiderschrank oder begleitet uns, ins Kopfkissen gelegt, in die Welt der Träume.

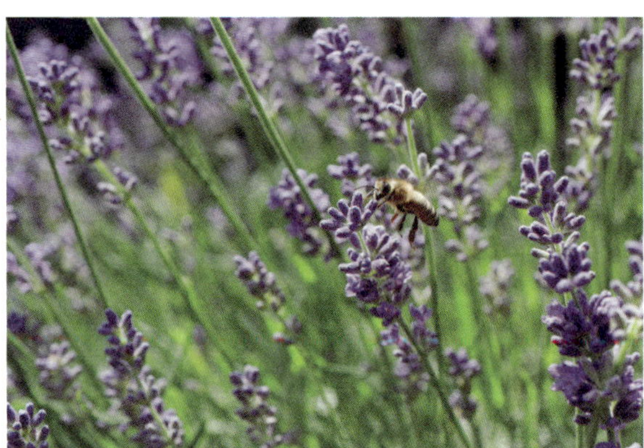

Steckbrief

Höhe: *bis 60 cm*

Aussehen: *Aufrechte, kantige Stängel. Die graugrünen Blätter sind lanzettlich und gegenständig angeordnet. Die violetten Blütenköpfe stehen in Scheinquirlen zu je 6 bis 10 Einzelblüten.*

Blütezeit: *von Juli bis August*

Standort: *sonnige Standorte, bevorzugt lockere und kalkhaltige Böden*

Inhaltsstoffe: *unter anderem ätherische Öle, Gerbstoffe und Flavonoide*

Eigenschaften: *unter anderem beruhigend und schlaffördernd*

Verwendete Pflanzenteile: *die Blüten und das durch Wasserdampfdestillation gewonnene ätherische Öl*

Lavendel-Madeleines

Außen knusprig, innen buttrig-zart. Die Madeleines sind ein französisches Gebäck, das traditionell in einer kleinen Muschelform gebacken wird. Eine kleine süße Versuchung, an der man auch ohne großen Hunger knabbern kann. Morgens im Café getunkt, fühlen wir uns schon fast wie in Frankreich. Das Rezept ist eine blumige Abwandlung des französischen Klassikers.

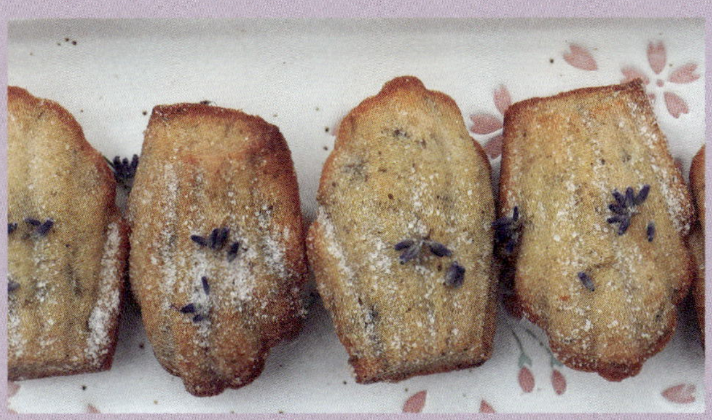

Zutaten

(für 12 Stück)

50 g Zucker

1 EL getrocknete Lavendelblüten

100 g Butter + 1 EL für die Backform

1 EL Honig

2 Eier

100 g Mehl

1 Prise Salz

1 Messerspitze Backpulver

1 Zitrone – Zeste und die Hälfte des Safts

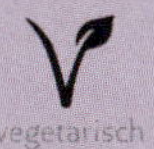

1. Den Ofen auf 200 °C Ober- und Unterhitze vorheizen. Den Zucker und die Lavendelblüten in einer Gewürzmühle mixen oder mit einem Mörser fein zerreiben.
2. In einer Glas- oder Metallschüssel die Butter und den Honig über einem Topf im Wasserbad zerlassen.
3. In einer Rührschüssel die Eier und den Lavendelzucker mit einem Schneebesen verquirlen, bis sich der Zucker aufgelöst hat und die Zubereitung schäumt. Die geschmolzene Honig-Butter zufügen und verrühren.
4. Nach und nach das Mehl, das Salz und das Backpulver unterheben. Die Zitrone reiben und auspressen. Die Zeste und die Hälfte des Zitronensafts unterrühren.
5. Den Teig in die gebutterten Madeleines-Förmchen füllen und im vorgeheizten Ofen 10 Minuten backen. Nach dem Backen die Madeleines auf einem Kuchengitter auskühlen lassen.
6. Vor dem Servieren mit Puderzucker bestäuben.

Tipp: Anstatt der Lavendelblüten kann man auch Rosenblüten verwenden. Wer keine Madeleine-Förmchen hat, kann auch kleine Muffinformen verwenden.

Der Garten der Herrenmühle Bleichheim

Der Zauber des Vergänglichen

So viel Leichtigkeit und Sinnlichkeit, die Szenerie scheint direkt einem impressionistischen Gemälde zu entspringen. Eingebettet in einem denkmalgeschützten Ensemble aus Mühle, Herrenhaus, Scheune und Jägerhäusle gedeiht eine überbordende Pflanzenfülle. Sandsteinbänke, moosbewachsene Stühle und alte Tröge, ein Hauch von Nostalgie überzieht die farbenfrohe Gestaltung. Eine Pleinairmalerei, die die träumerische Eleganz eines gestandenen Gartens ausstrahlt.

Umso erstaunlicher ist es, dass an dieser Stelle im Jahre 2010 lediglich einige Obstbäume auf einer Wiese standen. Der Mann, der hier am Werken ist, ist eindeutig ein Meister seines Fachs. Hansjörg Haas, Autor und Experte für Baumschnitt, weiß nicht nur, wie Pflanzen prächtig gedeihen, sondern hat einen Blick dafür, wie man in den Garten den Charme aus vergangenen Zeiten zaubert. Dafür ist er nicht nur mit Umzugskartons angereist, sondern hat ebenfalls die Pflanzenschätze aus seinem ehemaligen Garten mitgebracht. Dafür reichte keine Schubkarre aus. Und dass sich die Pflanzen unter den grünen Fingern des Meisters an ihrem neuen Standort wohlfühlen, sieht man sofort. Die mittlerweile knorrigen Bäume der einstigen Streuobstwiese sind selbstverständlich stehengeblieben und wurden harmonisch in die Gestaltung eingefügt. Fundstücke und Baumaterialien aus früheren Zeiten komplettieren das reizvolle Gartenensemble.

Am Eingang des Gartens steht ein Schuppen, gefolgt von einem neuen Gewächshaus, das im viktorianischen Stil erbaut wurde. Noch ist die Sicht versperrt. Die ersten Schritte knirschen auf dem Kiesweg und der Blick öffnet sich auf das Gartenparadies. Gleich auf der linken Seite begrüßt ein runder Willkommensplatz die Besucher. Er schmiegt sich an das Fachwerkhaus der Herrenmühle an, als wäre er ebenfalls im 18. Jahrhundert erbaut worden. Doch auch das Rondell wurde aus alten Sandsteinquadern neu erschaffen. An seinen Wänden räkeln sich Rosmarin und das üppig wachsende spanische Gänseblümchen (Erigeron karvinskianus) empor. Letzteres ist ein Favorit des Gärtners. Unermüdlich blüht es vom Frühling bis zum Herbst und zeigt dabei zärtlich-rosa Farbtöne. Rechterhand gelangt man in den Schattenbereich, in dem altehrwürdige Walnuss-, Apfel- und Holunderbäume stehen. Gerade der Holunderbaum mit seinen dunklen Früchten ist ein weiterer Liebling des Gartenenthusiasten. Insgesamt hat er fünfzehn unterschiedliche Sorten, wobei der schlitzblättrige (Sambucus nigra black lace) es ihm besonders angetan hat – mit seinen tief eingeschnittenen, purpurschwarzen Blättern ist er ein echter Hingucker. Aufgelockert wird der Waldgarten mit bunten Hortensien, die schöne Farbtupfer in den dunklen Bewuchs malen. Himbeeren und Brombeeren schauen frech um die Ecke und setzen zusätzliche farbenfrohe Akzente. Dreht man sich um, so schweift der Blick bis zum anderen Ende des bunten Reichs. Gerade Wege und akkurat gezogene Beete schaffen eine strukturierte Gliederung und scheinen zugleich die opulent wachsende Flora im Zaun zu halten. Vom Schattenbereich gelangt man zunächst zum Efeupavillon, hinter dem der Küchengarten gedeiht. Von knackigen Salatköpfen bis zu prallrunden Kohlsorten, das Gemüse scheint sich genauso wohl zu fühlen wie die übrige Pflanzenwelt. Wenige Schritte weiter befinden wir uns im mediterranen Bereich, in dem zwei Wege parallel verlaufen. Fein abgestimmte Farben, Blau, Gelb und Weiß oder Rosa, Pink und Rot, charakterisieren die Beete. Fantasie ist trotzdem erlaubt: Zur Hochzeit wandern das lila blühende Eisenkraut und die sonnengelbe Königskerze durch die Rabatte. Dazwischen sorgen unterschiedliche Gräser für Luftigkeit und Schattenspiele.

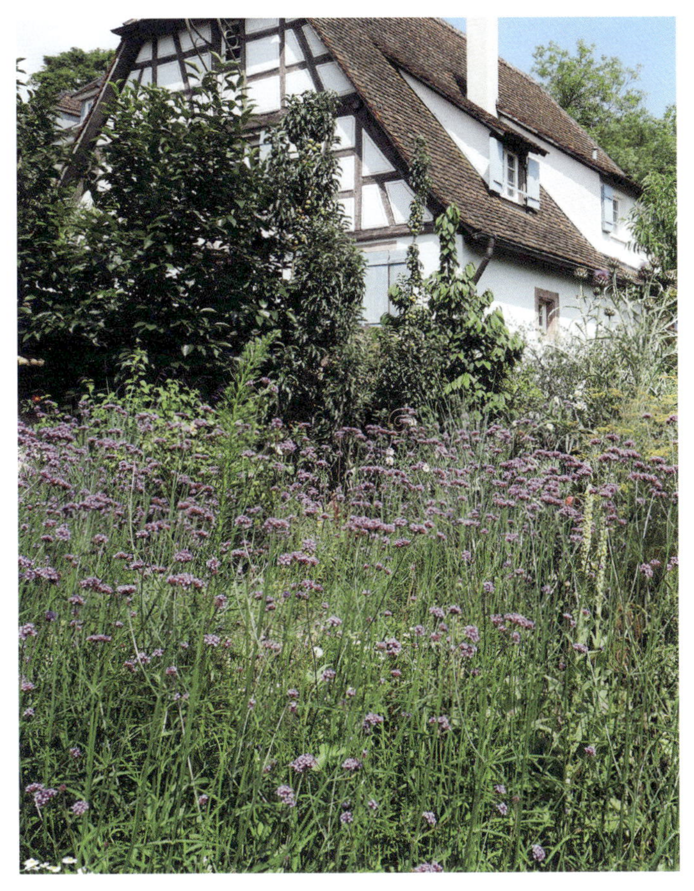

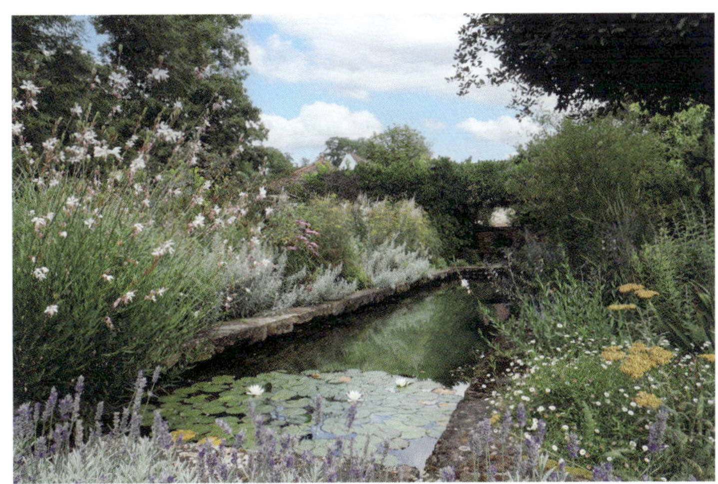

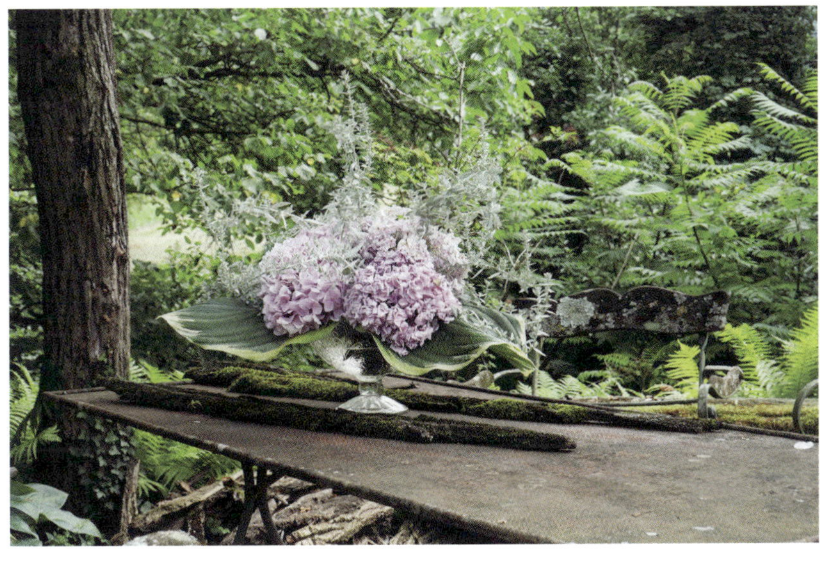

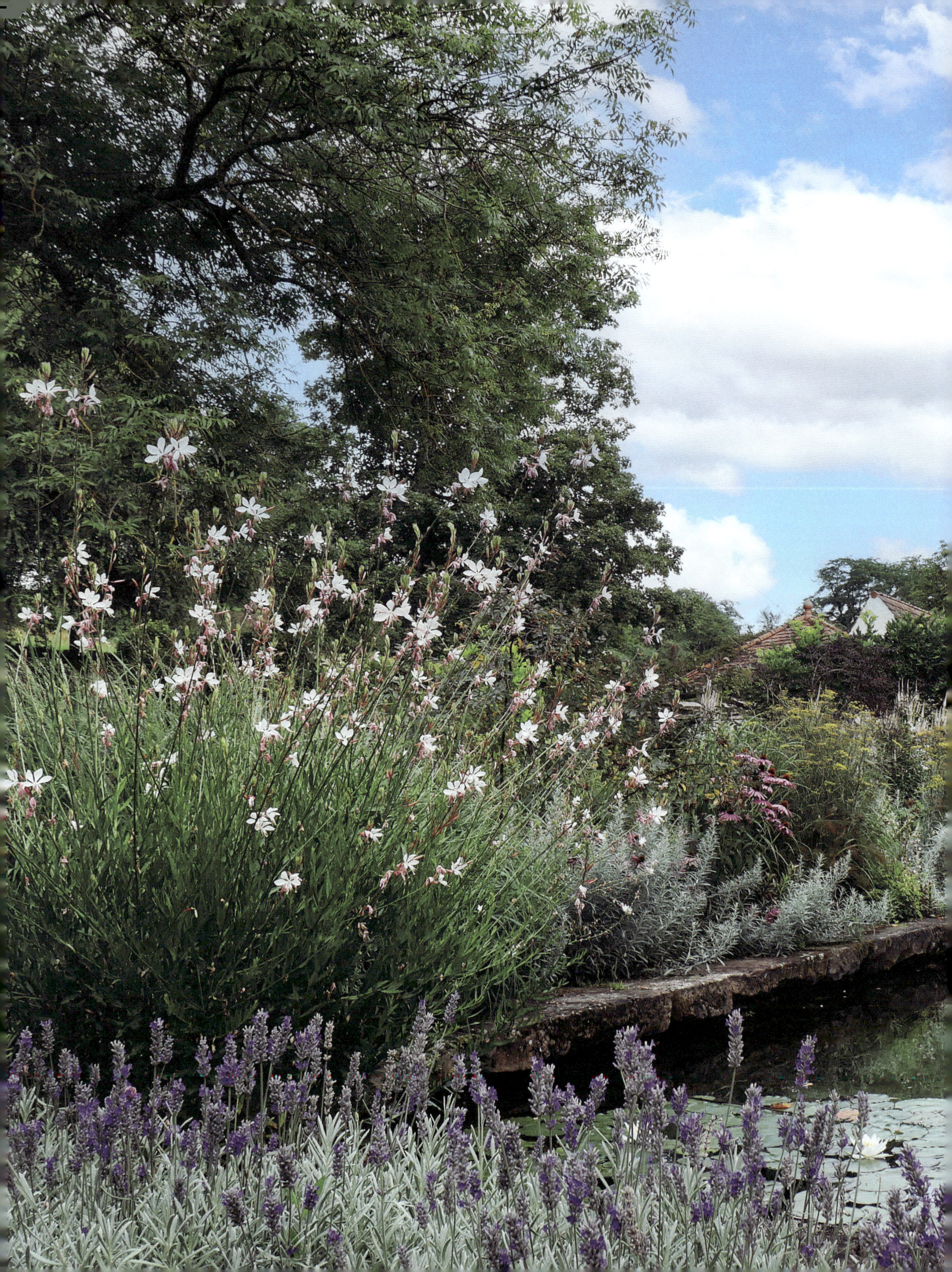

Rechterhand plätschert der Bleibach, die natürliche Grenze des Gartenreichs. An seiner Böschung fühlen sich Schattenstauden wohl: Maiglöckchen, Salomonssiegel, Akelei und Purpurglöckchen bringen dezente Farbtupfer, während unterschiedliche Farnarten ein kontrolliert-wildes Aussehen vermitteln. Auf der linken Seite, entlang der Mühlenhauswand, versteckt sich hinter Olivenbäumen, Zitrusbäumen und einem Mönchspfeffer (Vitex agnus-castus) der Senkgarten. Aus einem Brunnen anmutig vollführen. Ab und an werden sie von Wildenten besucht, die gemächlich ihre Runden drehen. Sogar Eisvögel ziehen regelmäßig vorbei und bedienen sich am Wasserbüffet. Die Tierwelt ist noch viel artenreicher: summende Wildbienen, nistende Zaunkönige, farbenfrohe Buntspechte und Grünspechte, kriechende Zauneidechsen und Schlingnattern, geringelte Wespenspinnen oder skurril aussehende Gottesanbeterinnen. Kein Wunder, dass sie sich hier alle wohlfühlen.

Balzt der Zaunkönig mit aufgerichtetem Schwanz,
erfreut in der Flur bald der Falter Tanz.

gurgelt Wasser in einen alten Sandsteintrog, mediterrane Kräuter betören mit ihrem Duft. Ein Logenplatz für den Hausherrn an lauen Sommerabenden.

Steinstufen führen hinter das Haus und zum Herzstück des Gartenparadieses: dem Wasserbecken. Umrahmt von einem dichten Staudenkranz an Veronika, Iris, Zierlauch, Gartensalbei und rotblättrigem Rhabarber zieht das tiefe Blau unsere Blicke magisch an. Früher befand sich an dieser Stelle der alte Mühlenkanal. Das nun mit Sandsteinen gemauerte Wasserbecken ist die Heimat von Fröschen, Molchen, Moderlieschen, Wasserschnecken und Libellen, die ihren Wassertanz Wir umrunden das Wasserbecken und bewundern das Quellwasser, das theatralisch aus dem Schnabel eines alten Schüttsteins plätschert und in den einstigen Mühlenkanal fließt, bevor wir uns rechterhand der Pergola zuwenden. Ein weiterer Höhepunkt im Garten. Eine weiß blühende Form des Blauregens (Wisteria floribunda Alba) schlängelt sich an gehauenen Robinienstämmen entlang. Eine elegante Dachkulisse für die mit Moos bewachsene Sitzgelegenheit, die sich unter dem weißen Blütenregen befindet. Das bunte Reich in Bleichheim ist ein kleines Paradies auf Erden, so wunderschön, man möchte für immer verweilen.

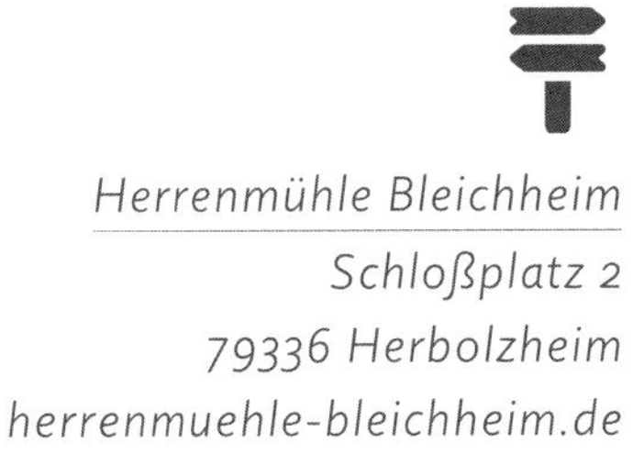

Herrenmühle Bleichheim
Schloßplatz 2
79336 Herbolzheim
herrenmuehle-bleichheim.de

Teil eines denkmalgeschützten Ensembles aus Herrenhaus, Mühlengebäude und Scheune. Nur der Garten der Herrenmühle kann besichtigt werden.

Der schwarze Holunder

[Sambucus nigra]

Pflanzenfamilie Moschuskrautgewächse – Adoxaceae

Der Holunderbaum ist ein wahrer Europäer. Überall auf unserem Kontinent, von England über Skandinavien bis nach Osteuropa, ist er ein symbolträchtiger Hausbaum, in dem einst die guten Geister wohnten. So erzählen es viele Märchen, Sagen und Überlieferungen aus alter Zeit. Verwendet wurden seine Äste, um Röhren oder Flöten herzustellen, seine Blüten, die schweißtreibend und fiebersenkend wirken, und seine Beeren als stärkende Frucht und Färbemittel. Ganz schön viel für eine unscheinbare Pflanze, die oft am Wegesrand wächst. Die Bestäubungsarbeit übernehmen der Wind, Fliegen und kleine Käfer. Vögel ernten die reifen Beeren und tragen mit ihren Ausscheidungen zur Verbreitung der Pflanze bei.

In Europa gibt es über 25 Arten wie zum Beispiel den Sambucus nigra black lace in Bleichheim. Der schwarze Holunder hat einen strauchartigen Wuchs. Auf seinen graubraunen Zweigen befinden sich kleinere Korkwarzen. Seine grünen Blätter sind elliptisch und laufen spitz zu. Spätestens im Juni kommt er voll zur Geltung, denn seine cremeweißen Blüten verströmen einen betörenden Duft. Im Spätsommer färben sich seine erbsengroßen Früchte schwarz-glänzend. Ungekocht sind sie leicht giftig. Kulinarisch können sowohl die Blüten als auch die Beeren verwendet werden: Von Holunderblütengelee und Hollerpfannkuchen bis zur Beerenmarmelade und -suppe, die Verwendungsmöglichkeiten sind vielfältig. Wem der Beerengeschmack zu herb ist, kann die Früchte mit Äpfeln, Birnen oder Pflaumen kombinieren, die zur gleichen Zeit reif sind.

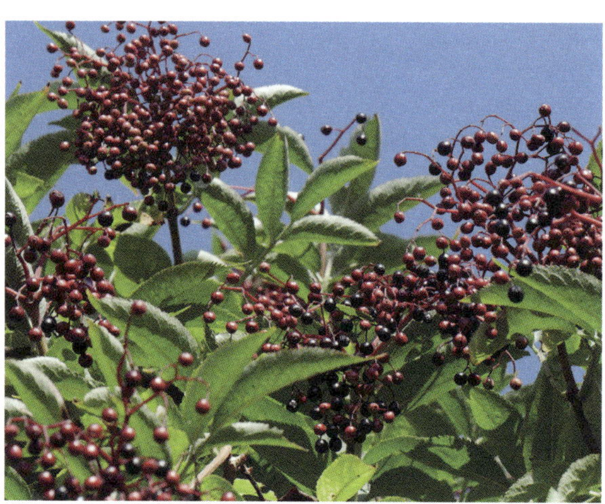

Steckbrief
Höhe: *bis zu 10 m hoch*
Aussehen: *Graubraune Zweige mit Korkwarzen und weißem Mark. Die grünen Blätter sind unpaarig gefiedert, elliptisch-lang und am Rand gesägt. Die cremeweißen Blüten sitzen auf flachen Schirmrispen. Die Steinfrüchte sind schwarzrot.*
Blütezeitpunkt: *zwischen Mitte Mai und Juli*
Vorkommen: *In ganz Europa verbreitet, ferner in Kleinasien und im Kaukasus. Oft an Waldrändern, an Böschungen und in Bauerngärten vorzufinden.*
Inhaltsstoffe: *Blüten unter anderem ätherische Öle und Flavonoide, Beeren unter anderem ätherische Öle, Anthocyane, Vitamin C*
Eigenschaften: *Blüten unter anderem schweißtreibend, fiebersenkend, Beeren unter anderem stärkend*

Das lustige Energiebündel – klein, aber oho

[Der Zaunkönig – Troglodytes troglodytes]

Er gehört zu den kleinsten Vögeln Europas. Doch seine geringe Größe weiß er mit einer kräftigen Stimme auszugleichen. Selbstbewusst ertönt es aus dem Dickicht. Sein melodiöses Repertoire umfasst kurze, laute Rufe bis hin zu schmetternden Gesängen. Ein kleiner König, den man nicht überhören kann. Und das ist gut so, denn er ist nur schwer zu sichten. Am liebsten hält er sich im dichten Unterholz oder in Heckenlandschaften auf, dabei bevorzugt er feuchte Standorte. Klein, braun und inmitten von Gestrüpp bekommt man den lustigen Kerl selten zu sehen. Wenn er sich dann doch mal zeigt, fällt sein kurzer aufrechter Schwanz auf. Ruhelos hüpft er dann auf einem Gartenzaun und wippt die Schwanzfedern erhobenen Hauptes.

Er ist in ganz Europa verbreitet und bei uns das ganze Jahr zu sichten. Lediglich aus den nordeuropäischen und hoch gelegenen Brutplätzen zieht er sich zurück. Gibt es im Schwarzwald einen strengen Winter, kann es vorkommen, dass manche Zaunkönige nicht überleben. Doch die Population erholt sich schnell. Zur Brutzeit baut er gleich mehrere Nester und ist dabei nicht wählerisch: in Sträuchern, Böschungen, Mauernischen. Oder er bietet frei gewordene Nester gleich mehreren Damen an, denn mit der Monogamie hält er es nicht so eng. Er hat nacheinander oder manchmal gleichzeitig mehrere Weibchen. Sie besetzen dann ihr Wunschnest und polstern es mit Federn und Moos aus. Das Bebrüten ist Frauenarbeit. Erst wenn sich die Nestlinge zeigen, hilft das Männchen aus.

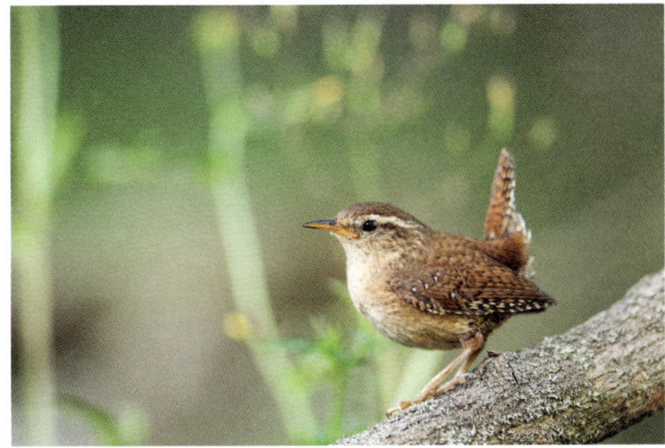

Steckbrief
Größe: *bis 12 cm, bis 12 g*
Aussehen: *Oberseite braun, Unterseite hellbraun, seitlich gebändert. Heller Augenstreif. Aufrechter Schwanz und spitzer Schnabel.*
Nahrung: *Insekten, Spinnen, Kaulquappen, Jungfische. In strengen Wintern auch Sämereien, die er im Garten findet.*
Brutzeit: *März bis August, ungefähr 5 – 7 Eier*

Der Rosenneuheitengarten auf dem Beutig

Eleganz im Morgenglanz

Die Königin der Blumen thront oberhalb der mondänen Stadt Baden-Baden, die ihr zu Ehren einen parkähnlichen Garten auf idyllischer Hanglage angelegt hat. Einen schöneren Platz hätte sie sich kaum aussuchen können. Auf den Hügeln des Beutigs, die elegante Stadt zu Füßen, kommt sie voll zur Geltung. Dabei ist der Rosenneuheitengarten in Baden-Baden ein Neuling unter seinesgleichen. Angelegt wurde er erst 1981, doch hat er es in dieser kurzen Zeitspanne zu erheblichem Renommee gebracht. Bereits im Jahr 2003 wurde das Blütenparadies von der World Federation of Rose Societies mit dem »Award of Garden Excellence« honoriert und in den elitären Club der schönsten Rosengärten der Welt aufgenommen. Es ist eine besondere Auszeichnung für das Gartenamt, das hier schaltet und waltet und jährlich den Internationalen Rosenneuheitenwettbewerb veranstaltet. Doch ganz neu war die Ausrichtung der Meisterschaft nicht. Bereits seit dem Jahr 1952 findet in Baden-Baden der Wettbewerb statt, zunächst im Herzen der Stadt, im neobarocken Garten der Gönneranlage, und später nur einen Steinwurf entfernt. Eine jahrzehntelange Tradition, die man spürt.

Zur Hauptblütezeit im Juni strömen Rosenzüchter aus aller Welt nach Baden-Baden, um ihre Schützlinge zu präsentieren. Mit ein bisschen Glück, dürfen die bunten Neulinge die Stufen des Podests erklimmen. Die höchste Auszeichnung ist die Titulierung »Goldene Rose von Baden-Baden«. Jährlich konkurrieren über hundert neue Züchtungen miteinander. Dafür wandern sie in den Garten ein und werden von einer international besetzten Jury nach zwei und drei Jahren geprüft und bewertet. Kriterien sind neben dem Gesamteindruck unter anderem die Schönheit der Blüte, ihr Duft und ihre Wiederstandfähigkeit gegen Krankheiten. Ein internationaler Bewertungsstandard, der auch auf dem Beutig angewendet wird.

Insgesamt bleiben die Züchtungen vier Jahre auf ihrer Hanglage. Lediglich die auserkorenen Gewinner dürfen tiefe Wurzeln in Baden-Badens Erde schlagen. Eine »Hall of Fame« für Rosen, über die sich die Besucher erfreuen dürfen. Denn so hat man jährlich die Möglichkeit, neben 500 wechselnden Neuheiten auch Berühmtheiten zu bewundern. Von zartem Perlweiß über kräftiges Gelb und leuchtendes Pink bis hin zu dunklem Rot und sattem Violett, die gesamte Farbpalette eines Malkastens ist hier geboten. Ins Augen stechen besondere Kreationen wie eine lachsfarbene Blüte, die mit zart-pinken Punkten zusätzliche Akzente setzt, oder eine Rose, die auf jedem Blütenblatt einen beeindruckenden Farbverlauf zaubert, oder zitronengelbe Staubblüten, die auf knallroten Blättern aufrecht stehen und um Beachtung buhlen. So vielfältig die Farben, so unterschiedlich ist die Blütenform: üppig gefüllte Rosen mit einer nicht zu zählenden Anzahl an Blütenblättern, zart-chiffonnierte Blütenkleider mit einer flachen Form, gleich einem luftigen Tutu, oder Blumen, die ihre Schönheit im Inneren verbergen, die Bandbreite ist umwerfend. Gleichermaßen verhält es sich mit dem Dufterlebnis, das Emotionen in uns weckt. Unsere Nase wird magisch angezogen und wir laufen schnuppernd durch den Garten. Der Spaziergang entlang der Rosenbeete ist nicht nur eine Augenweide, sondern ein olfaktorisches Erlebnis, das auch viele Insekten anlockt. Sie profitieren von dem reichhaltigen Pollenangebot der gut zugänglichen Staubgefäße der ungefüllten und halbgefüllten Rosenblüten.

Auf einem nach Südosten hin leicht abfallenden Hang bietet der Rosengarten eine umwerfende Sicht auf die Kurstadt und die umliegende Schwarzwaldlandschaft. Gegliedert ist er in vier

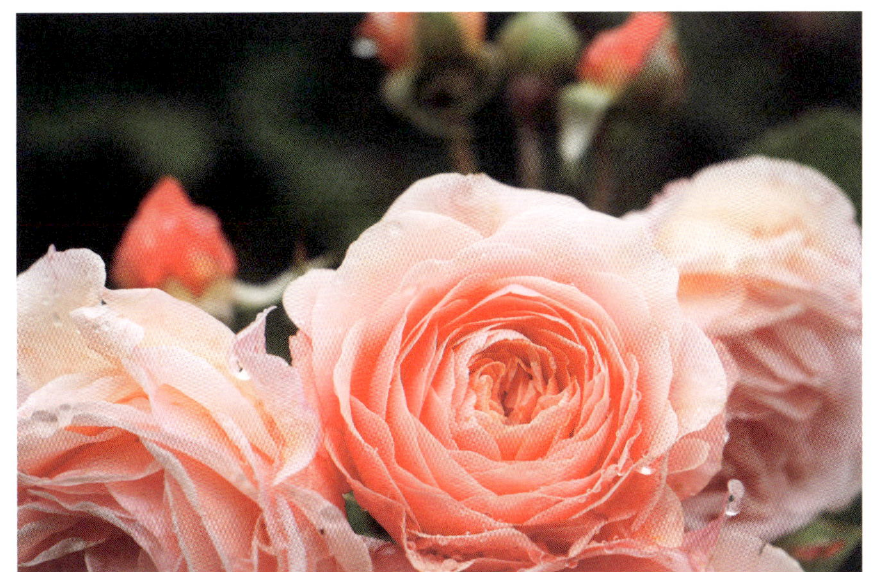

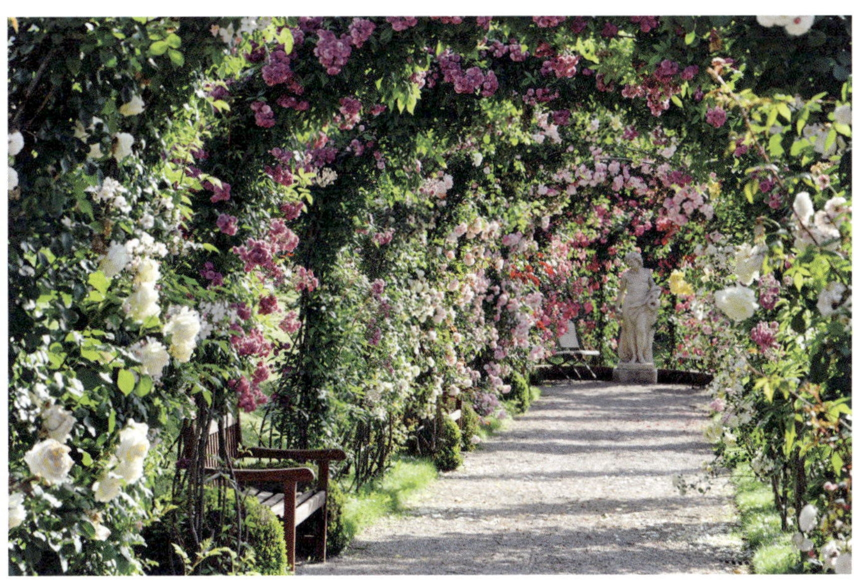

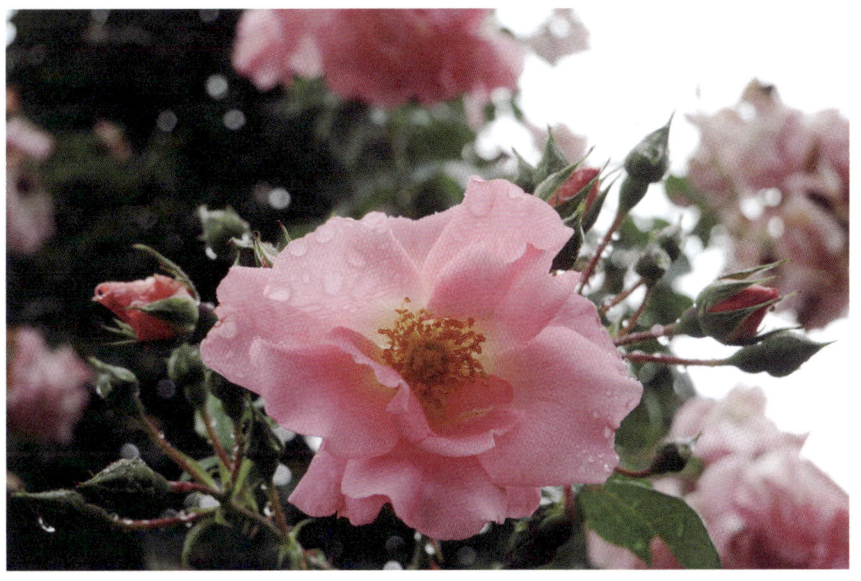

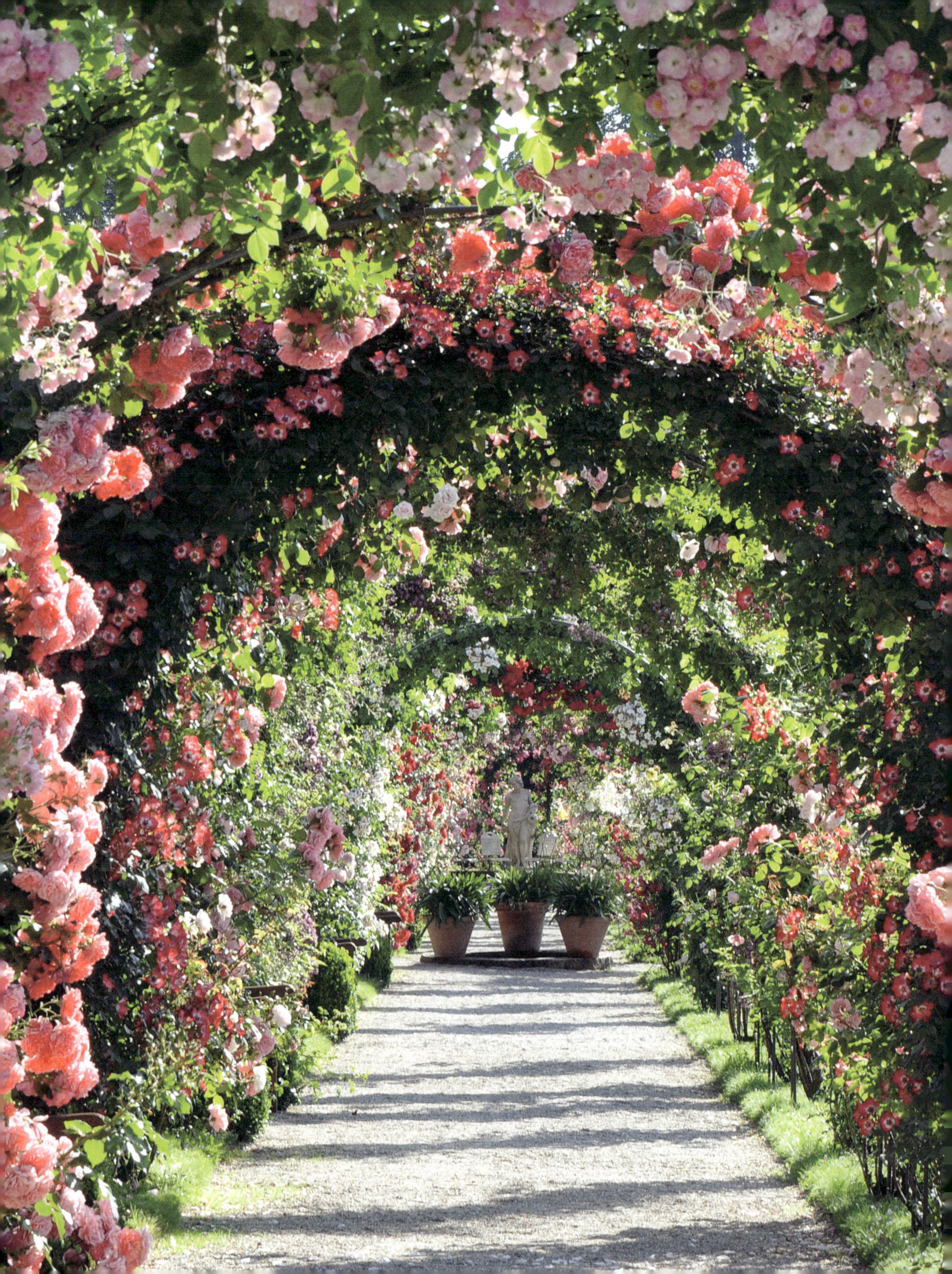

Wertungsjahre. Eingerahmt werden die Neuzüchtungen von einer überbordenden Fülle an Kletterrosen, die sich an Bögen und Ranksäulen entlangräkeln. Statuen antiker Gottheiten begleiten unsere Schritte auf den Kieswegen und Bänke laden uns ein, die Emotionen in Ruhe zu genießen.

Dass Rosen Geschichten erzählen, erfährt man, wenn man mit Markus Brunsing, Leiter des Gartenamts, durch die Rosenbeete spaziert. Zu vielen Züchtungen weiß er interessante Anekdoten zu berichten. Die von Wilhelm Kordes gezüchtete »Souvenir de Baden-Baden« zum Beispiel wurde von Frank Elstner getauft. Anstatt des sonst üblichen Champagners verwendete man das klare Wasser des Oosbachs, das durch Baden-Baden fließt. Ein Jahrgang wird dem Rosenliebhaber Markus Brunsing immer in Erinnerung bleiben: Im Jahr 2011 war allen Beteiligten von Anfang an klar, welche Neuzüchtung den Wettbewerb gewinnen und auf den obersten Podestplatz steigen würde. Die Rose »Hansestadt Rostock« mit ihrer prallgefüllten apricotfarbenen Blüte in dezenten Farbschattierungen stach aus den Neulingen heraus. Alle Bewunderer waren entzückt, doch niemand wusste, wem diese Schönheit gehörte. Die Spannung war fühlbar, doch der bekannte Züchter wollte sie noch etwas erhalten und gab sich nicht zu erkennen. Er genoss seinen Erfolg im Stillen. Erst bei der Preisverleihung wurde das Geheimnis gelüftet.

Regelmäßig finden in den Sommermonaten Konzerte der Baden-Badener Philharmonie statt. Das Bühnendekor könnte nicht spektakulärer sein: Zu den lieblichsten Melodien gesellen sich die Duftnuancen der Rosen, während sich die rot-orangenen Schattierungen der Abendsonne in der Schwarzwaldlandschaft verlieren. Ein Fest für unsere Sinne, das nur frühmorgens zu übertreffen ist. Wenn der Tau die Blütenkleider noch umhüllt und sich die ersten Sonnenstrahlen in ihm verfangen, dann scheinen die Rosen zu funkeln. Ein duftendes Blütenmeer, das Träume in uns weckt. Wir nehmen die Farben und Düfte in uns auf, heben den Blick zu den Rosenbögen und stehen unter einem bunt-leuchtenden Rosenhimmel.

Wenn in der Märznacht noch Eiswinde toben,
leiden darunter die treibenden Rosen.

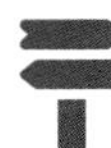

Der Rosenneuheitengarten
Moltkestr. 3
76530 Baden-Baden
baden-baden.com/media/attraktionen/rosenneuheitengarten

Ein Spaziergang in der Welt der Rosengewächse

Die Gartenrosen

Symbol für die Liebe und Treue, die Schönheit und Vollkommenheit, keine andere Blume genießt eine solche tiefe Bedeutung wie die Rose. Sie ist umrankt von so vielen Geschichten und Mythen. Kein Wunder, dass eine besondere Aura die Königin der Blumen umschwebt. Ihr Duft, der unseren Garten verzaubert, ist betörend und ihre Farbenpracht verführerisch. Wohl proportioniert, zerzaust, verknittert, auch ihr Blütenkleid verzückt. Ob wuchsfreudige und pflegeleichte Bodendeckerrosen und Beetrosen, auf langen Stielen, perfekt geformte Edelrosen, nostalgisch gefüllte Strauchrosen oder in den Himmel steigende Kletterrosen, die Welt der Gartenrose bietet uns eine schier unendliche Fülle an Düften, Farben und Formen, die stetig wächst. Über 30.000 Arten sollen es sein. All diese Zuchtformen haben eins gemein: Ihre Urahnen sind die Wildrosen mit ihrem offenen Blütenkleid, das für Insekten leicht zugänglich ist. Die häufigste und bekannteste in unserer Region ist die Hundsrose, auch oft nur Hagebutte genannt, die eigentlich die Frucht der stachligen Schönheit bezeichnet. Für die Vogelwelt sind die Hagebutten ein wichtiges Futter, der undurchdringliche Stachelwuchs der Pflanze ein perfekter Nistplatz. Für unseren Garten haben auch die Wildrosen ihren Reiz: mit fünf markanten Kronblättern, offenen Staubgefäßen und dekorativen Hagebutten, von Purpurrot bis Schwarz, brauchen sie sich hinter den Kulturrosen nicht zu verstecken.

Die Ursprungsregion der Wildrosen soll Zentralasien sein. Von dort verbreiteten sie sich auf der Nordhalbkugel. Bereits in der Antike gab es Zuchtformen. Damals schon verkörperten sie im Alten Ägypten und Griechenland die Liebe und die Schönheit. In Deutschland wurde die Rose lange als Blume der Wollust skeptisch begutachtet. Allenfalls wurde sie von Pflanzenkundigen als Heilpflanze verwendet, bevor sie ab der Neuzeit einen fulminanten Aufstieg als Prachtrose erfuhr. Seitdem hat sie unsere Herzen erobert und verzückt uns mit einer unglaublichen Vielfalt: Leonardo da Vinci, Baronne Edmonde de Rothschild, Rhapsody in Blue oder Henri Matisse, poetisch anmutende Namen für die Blumenkönigin unserer Herzen.

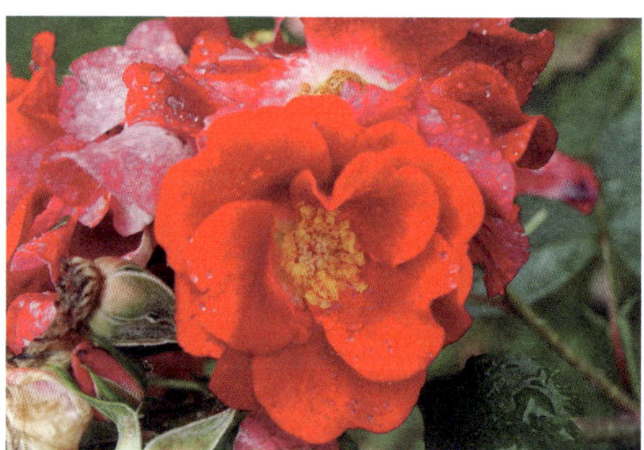

Steckbrief

Obwohl sie auf den ersten Blick sehr unterschiedlich aussehen können, lassen die Pflanzen aus der Familie der Rosengewächse folgende Gemeinsamkeiten erkennen:

Aussehen Blätter: *in der Regel wechselständige Blätter mit Nebenblättern, oft gesägt*

Aussehen Blüte: *In der Regel doppelte Blütenhülle, fünf Kronblätter oder ein Vielfaches davon, die Blüten sind radiär symmetrisch.*

Inhaltsstoffe: *oft reich an Gerbstoffen und Glykosiden*

Rosen-Marmelade

Den Duft einer Rose geschmacklich einfangen, das ist mit dieser Marmelade sehr einfach zu realisieren. Dafür wird nicht wie bei einem Gelee nur das Rosenwasser verwendet, sondern die ganze Blüte verarbeitet. Dadurch erhält die Marmelade nicht nur eine intensive Farbe, sondern einen unvergleichlich aromatischen Geschmack, vor allem wenn man alte Duftsorten verarbeitet. Die verwendeten Rosenblüten sollten natürlich ungespritzt sein.

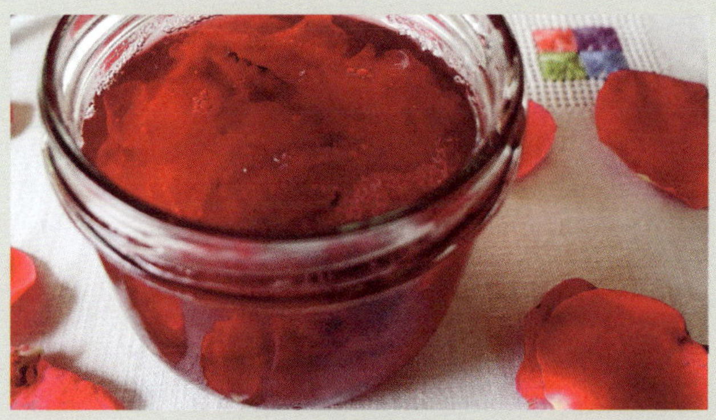

Zutaten

(für 4 Gläser)

4 Handvoll Rosenblüten

1 Zitrone

500 ml Wasser

500 g Zucker

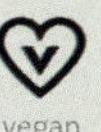

vegan

1. Die Rosenblüten vom Blütenkopf entfernen und kurz abbrausen. In einem Sieb abtropfen lassen. Die Zitrone auspressen und den Saft beiseite stellen.
2. In einem großen Topf das Wasser auf mittlerer Stufe erhitzen und den Zucker einrieseln lassen, dabei ständig rühren. Wenn sich der Zucker aufgelöst hat, werden die Rosenblüten zugefügt. Gut umrühren, damit sie vom Zuckerwasser benetzt werden. Mit dem Zitronensaft beträufeln.
3. Bei mittlerer Hitze etwa 20 Minuten kochen lassen, dabei regelmäßig umrühren, damit die Mischung nicht anbrennt. Wird ein Thermometer verwendet, sollte die Temperatur um maximal 110 °C liegen. Nach dieser Zeit auf einem kalten Teller eine Gelierprobe machen.
4. Die eingedickte Marmelade in sterilisierte Gläser füllen und kalt stellen.

Tipp: Wer es weniger süß mag, verwendet Gelierzucker 2:1. Damit kann man die Zuckermenge um die Hälfte reduzieren. Anstatt einer Zitrone kann man auch den Saft einer pinken Grapefruit verwenden. Auf einem frisch gebackenen Hefezopf ist die Marmelade ein Genuss.

Der Kurpark in Badenweiler

An Vielfalt kaum zu überbieten

Badenweiler ist gesegnet. Vom Südwesten her haucht die Rheinebene Sonne und Wärme über das Städtchen, dahinter erhebt sich der Wald mit seinen Geheimnissen. Weinreben schmiegen sich an den Hügeln und lassen ihre dunkelroten Früchte heranreifen. Im Herzen der Ortschaft beleben die römische Therme müde Geister, während im grandiosen Kurpark unsere Seele in den Ästen der alten Greise schaukelt. Kein Wunder, dass sich vor über 2.000 Jahren zunächst die Kelten und dann die Römer hier niederließen. Sie hatten die Vorzüge Badenweilers bereits erkannt.

Ganz so alt ist der Kurpark selbstverständlich nicht, doch trumpft er mit einer unglaublichen Vielfalt aus dem Pflanzenreich auf. Hunderte von Bäumen und Sträuchern sind zu sehen, die von einem farbenfrohen Blütenspektakel bis zu einer bunten Blätterfärbung einen Genuss zu jeder Jahreszeit versprechen. Zusammen mit den Ruinen einer mittelalterlichen Höhenburg, einem Hildegard von Bingen Garten, dem Gutedelgarten und dem Schwanenweiher hat er unglaublich viel zu bieten. In seiner Mitte stehen die Reste der römischen Badeanlagen, die einen Ausflug in die Geschichte bieten. Am Ende des Rundgangs, südlich der Ruinen, winkt die Therme mit ihren unterschiedlichen Wasserwelten. Nach der Erkundung des Parks bietet sie eine willkommene Erfrischung.

Seine Anfänge nahm der Kurpark im Jahr 1758 mit der Pflanzung einer Nussbaumallee am Hang der Burgruine. Erweitert wurde er dann in mehreren Etappen: zwischen 1824 und 1828 bis zur römischen Badruine, die erst 1784 entdeckt wurde, dann erneut 1860 und schließlich 1870, um ihm dann sein heutiges Erscheinungsbild zu geben. So haben viele Baumveteranen bereits ein beachtliches Alter erreicht und verleihen dem Kurpark ein gestandenes Gesamtbild, das schattig verwunschene Ecken und lichtdurchflutete Wiesen vereint.

Die Erkundung startet man am besten beim Kurhaus. In westlicher Richtung laufend, flankiert von unterschiedlichen Zypressen, gelangt man schnell zur Burgruine Baden, das Wahrzeichen des Städtchens. Errichtet wurde sie von den Zähringern um das Jahr 1080. Auf einer Erhebung thronend bietet die Höhenburg schöne Weitblicke auf das Rheintal. Gegenüber der Burgruine wartet der Hildegard von Bingen Garten mit seinen Heilpflanzenschätzen auf die Besucher. Über 100 Kräuter, Sträucher und Bäume gedeihen entlang der Stützmauer. Pflanzen, die bereits die berühmte Äbtissin und Kräuterkundige Hildegard von Bingen erforscht und in ihren natur- und heilkundlichen Schriften festgehalten hatte. Bewundern kann man die stachlig-edle Mariendistel, die neben dem buschigen Salbei wächst. Oder den Frauenmantel, der besonders nach dem Regen oder im Morgentau wunderschön ist. Seine breiten Fächerblätter fangen die Tropfen ein und spiegeln das zaghafte Licht.

Von dort muss man sich nur umdrehen, und schon steht man mit beiden Füßen im Gutedelgarten. Eine Bürgerinitiative setzte sich vor über 20 Jahren das Ziel, den verwilderten Hang seiner einstigen Nutzung zurückzuführen: der Kultivierung von Rebsorten. Entstanden ist ein rebenbotanischer Schaugarten, der die Sorte Gutedel vorstellt. Eine Informationstafel verrät, dass der Ursprung der schmackhaften Tafeltraube in Ägypten liegt, wo sie bereits vor über 5.000 Jahren kultiviert wurde. Mittlerweile ist sie in vielen Anbaugebieten verbreitet, hauptsächlich jedoch in der Westschweiz und im Markgräfler Land. Aus allen Regionen sind Vertreterinnen der Gutedelsorte im Schaugarten präsent und stehen nun als Botschafterinnen für ihre jeweiligen Anbaugebiete.

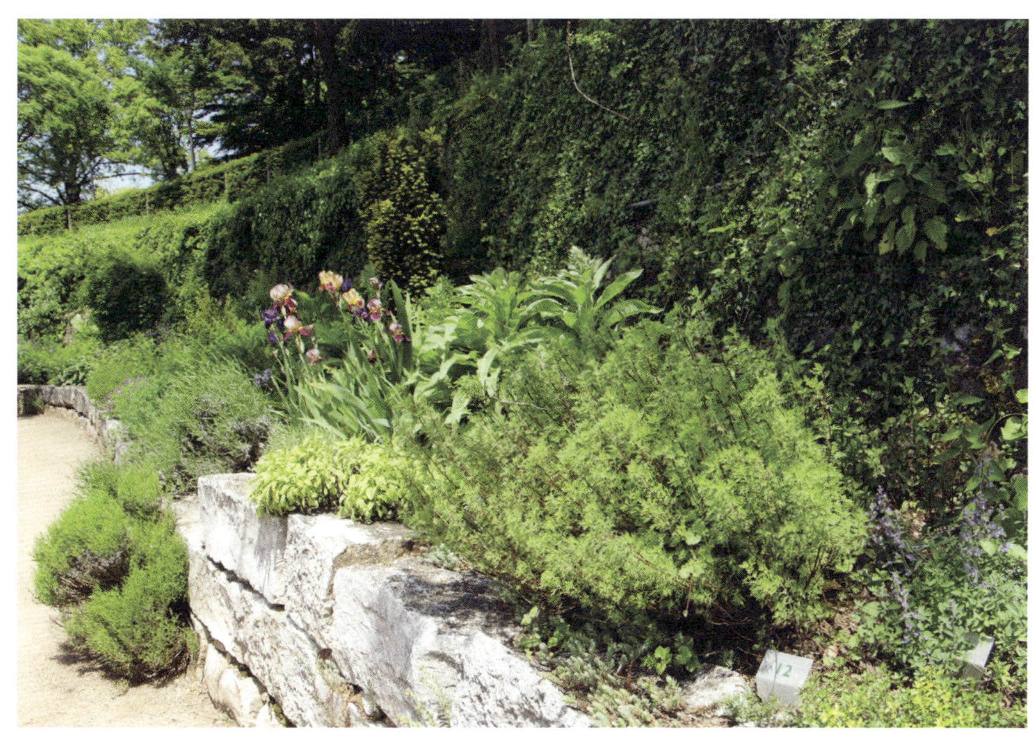

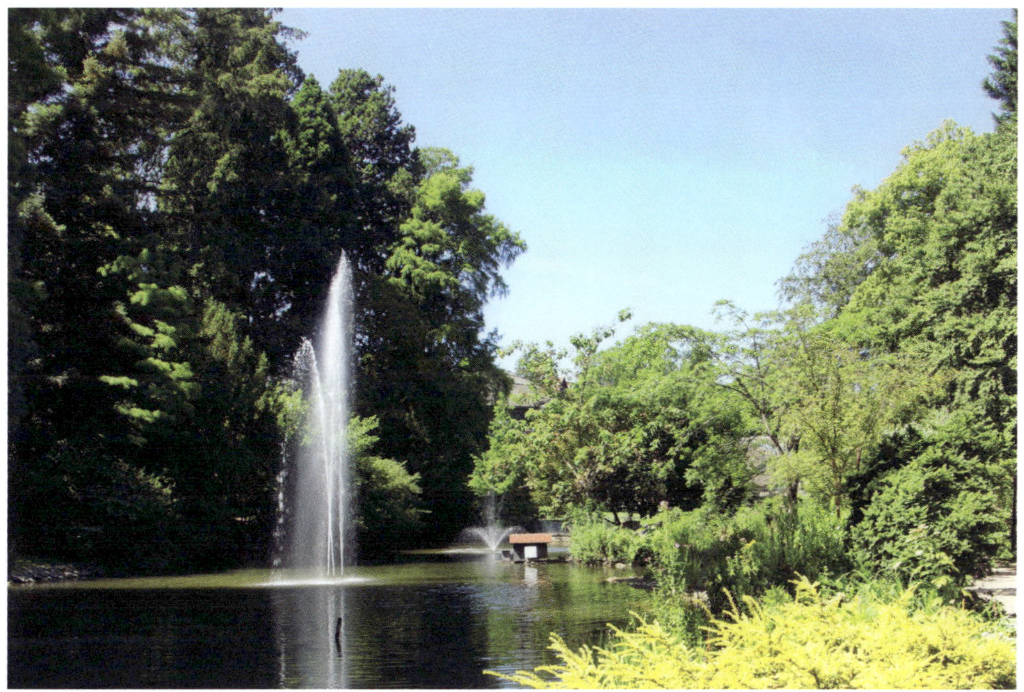

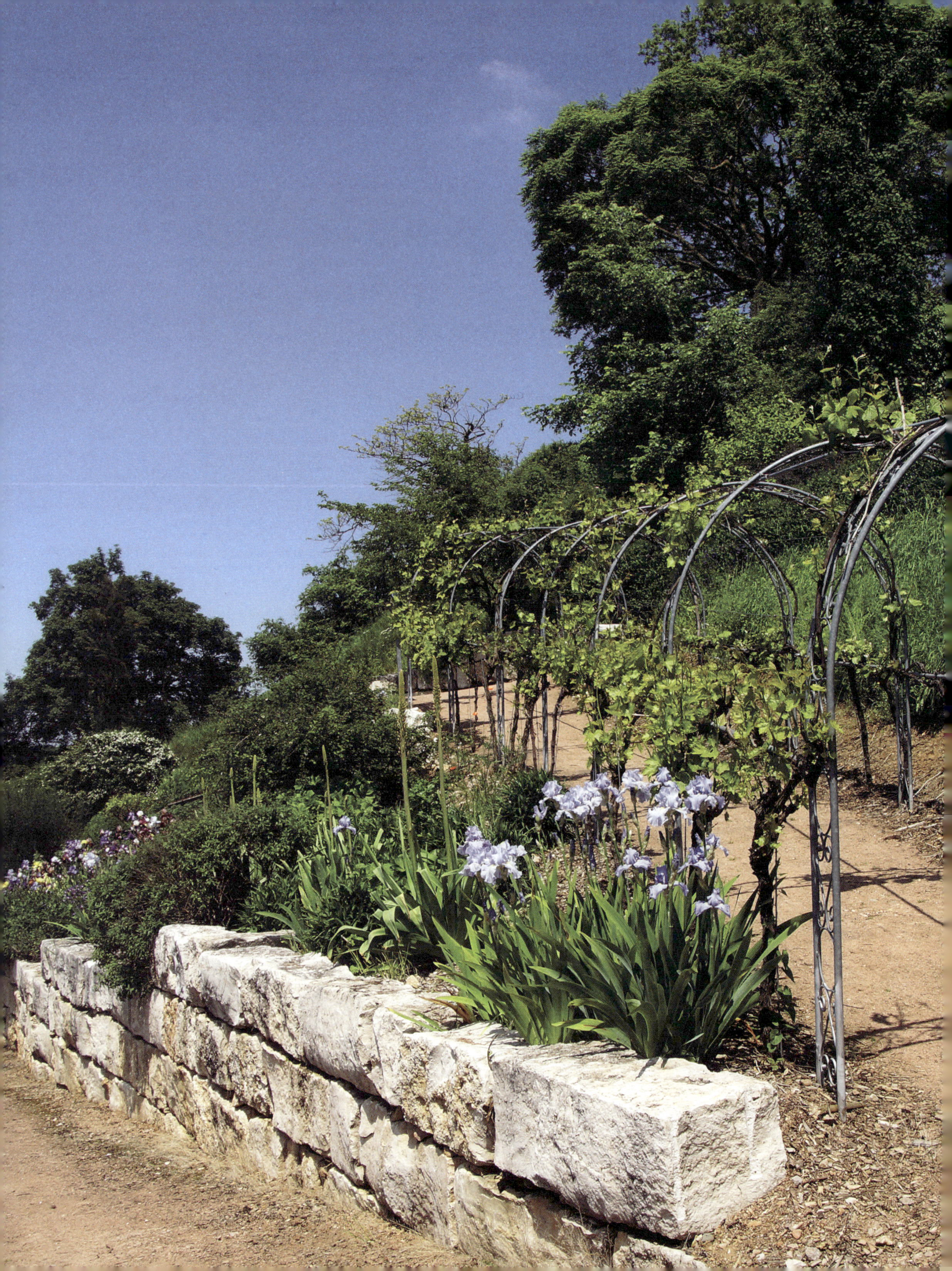

Wendet man sich nun in nordöstliche Richtung, bietet der Aussichtspunkt Vogesenblick erneut einen bezaubernden Fernblick, bevor man eine botanische Rarität bestaunen kann: die Chinesische Winterblüte (Chimonanthus praecox) mit ihrer spektakulären Blüte – eine Ästhetik, die nur die Natur hervorbringen kann. Wie der Name verrät feiert die Winterblüte bereits ab Januar ihren großen Auftritt: Bühnenreif öffnen sich ihre sternenförmigen Blüten, außen zartgelb und innen purpurrot, dabei verströmen sie einen vanilleartigen Duft, der uns von frisch gebackenen Plätzchen träumen lässt. Von dort geht es auf der Nordseite über die römische Badruine bis zum Schwanenweiher, wo eine variantenreiche Vielfalt an Laubbäumen die Schritte begleitet. Links vom Weiher stehen mehrere beeindruckende Hartriegel-Sorten beieinander: der chinesische, der japanische und der nordamerikanische Hartriegel – sie sind alle wunderschön. Der Chinesische Blumen-Hartriegel (Cornus kousa var. Chinensis) zum Beispiel wächst als hoher Strauch. Wie ein Ballkleid überziehen die großen, weißen Blüten seine Äste. Später fangen seine roten Früchte unsere Blicke ein: kleine Himbeeren, die an den Zweigen baumeln. Eine flammend rote Herbstfärbung inszeniert schließlich die goldene Jahreszeit. Hinter dem Weiher, ganz am Ende des Parks, wächst ein japanischer Ginkgo (Ginkgo biloba). Fächerige Blätter, die im Wind zittern und im Herbst golden leuchten, zeichnen ihn aus. Auf der Rückseite der Badruine steht ein eigenartiger Vertreter – der Milchorangenbaum (Maclura pomifera), der seine ursprüngliche Heimat im mittleren Süden Amerikas hat. Dornen beschützen seine schrumpeligen, kreisrunden, gründgelben Früchte. Entgegen seinem Namen sind sie nicht schmackhaft. Zu viele Bitterstoffe machen sie ungenießbar. Den krönenden Abschluss der Baumreise bietet der chinesische Blauglockenbaum (Paulownia tomentosa), der neben den Thermen steht. Ab März übersäen blau blühende Rispen seine Äste. Wie ein gigantischer Blumenstrauß, der im Baum hängt und uns zum Abschied übereicht wird.

Kann man nachts um Laurentius (10. August) viele Sternschnuppen seh'n, wird ein schöner und sonniger Herbst vor uns steh'n.

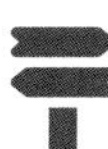

Kurpark Badenweiler
Schlossplatz 2
79410 Badenweiler
badenweiler-tourismus.de

Der Gewöhnliche Walnussbaum

[Juglans regia]

Pflanzenfamilie Walnussgewächse – Juglandaceae

Eine ausladende Krone, die Schatten spendet, starke Äste, an denen man wie auf einer Schaukel im Wind baumeln kann, und eine schmackhafte und nährreiche Frucht: Der Walnussbaum ist eine ganz besondere Pflanze. Am Anfang ist seine Rinde grau und glatt, später braungrau und rissig, als hätten ihm die Lebensjahre ihre Falten gezeichnet. Er hat lange Fiederblätter, die zerrieben nach Terpentin riechen. Die Blüten sind unscheinbar, die männlichen Kätzchen gelbgrün, die weibliche Blüten gelblich, sie sitzen an den Enden junger Zweige. Bestäubt werden die Blüten vom Wind, denn die Insekten fliegen einen Bogen um den Walnussbaum. Seine Frucht ist besonders wertvoll, da die Nüsse protein- und fettreich sind. Das in einer Mühle frisch gepresste Öl ist eine Delikatesse. Auch aus den an Johanni gepflückten grünen Nüssen lassen sich einige Spezialitäten herstellen wie ein Nusslikör oder eingelegte schwarze Nüsse. Früher wurden die grünen Nussschalen und die Blätter zu Heilzwecken eingesetzt, vor allem bei Hautleiden, entzündlichen Erkrankungen und zur Blutreinigung. Begehrt ist auch das Holz, das in der Möbelindustrie eingesetzt wird.

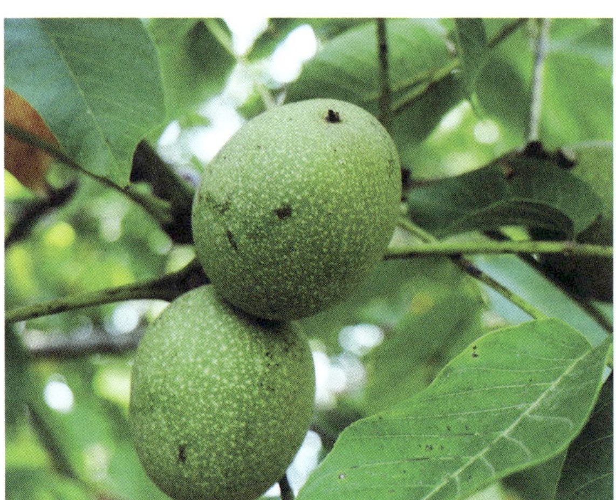

Seine ursprüngliche Heimat ist Mittelasien. Über die Griechen und Römer gelangte er zunächst nach Frankreich, bevor er in den Schwarzwald kam. Seitdem bereichert er mit seinen Samen unseren Speiseplan, denn die Frucht, die wir essen, ist botanisch gesehen keine Nuss, sondern der Samen einer Steinfrucht.

Steckbrief

Höhe: *bis ungefähr 25 m*

Aussehen: *Auf einem rissigen Stamm sitzt eine breite Krone. Die Blätter sind unpaarig gefiedert. Er ist einhäusig: Männliche und weibliche Blüten entwickeln sich getrennt am Baum. Die essbaren Samen sind in einer verholzten Steinfrucht, die von einer grünen Schale umgeben ist.*

Erntezeitpunkt: *für die grünen Nüsse um Johanni herum (Ende Juni), die reifen Nüsse ab September*

Standort: *Er bevorzugt nährstoffreiche und kalkhaltige Böden und einen geschützten Standort.*

Inhaltsstoffe: *unter anderem Gerbstoffe, ätherisches Öl, Fette, Proteine, Vitamine und Mineralstoffe*

Der Langstreckenschläfer

[Der Gartenschläfer – Eliomys quercinus]

Knopfaugen zum Verlieben, runde abstehende Ohren und lange Schnurrbarthaare: Der Gartenschläfer ist ein putziger Geselle, den man einfach liebhaben muss. Die charakteristische Zorro-Maske und der buschige Schwanz vervollständigen sein niedliches Aussehen. Dazu kommt seine sympathische Vorliebe für einen ausgiebigen Winterschlaf, um den ihn sicherlich viele beneiden.

Fest eingerollt, die Augen zugedrückt, schlummert der Gartenschläfer monatelang in seiner Schlafhöhle, meist von Oktober bis April. Werden die Tage wieder wärmer, wacht er auf und ist putzmunter, zumindest nachts, denn tagsüber holt er Schlaf nach. Dann allerdings hat er keine Zeit zu verlieren. Sein Terminkalender ist eng getaktet: Partnersuche, Kinderaufzucht und Winterspeck-Ansammlung. Nur wenige Monate stehen ihm zur Verfügung für die Erledigung all seiner Aufgaben. Meist hat er bereits im Mai einen Wurf mit vier bis sechs Jungen, um die sich ausschließlich das Weibchen kümmert. Nach ungefähr fünf Wochen sind die Kleinen selbstständig und ziehen alleine los. Im nächsten Jahr sind sie geschlechtsreif.

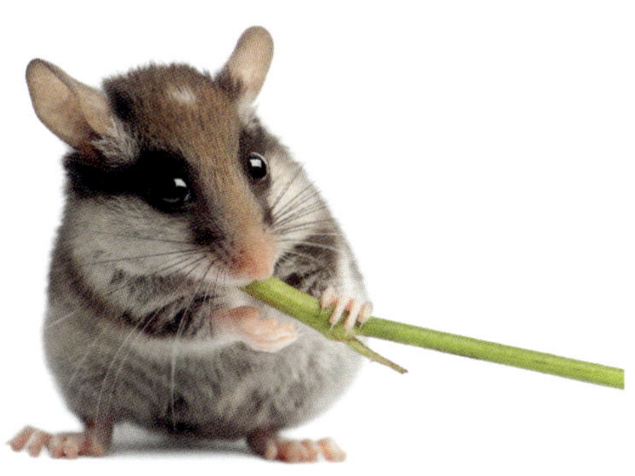

Sein Speisezettel ist abwechslungsreich: Insekten, Früchte und Beeren landen im Magen des Allesfressers. Mit seinen spitzen Zähnen kann er sogar dicke Weinbergschnecken verspeisen. Eigentlich ist er ein Waldbewohner, doch auch er verliert zunehmend seinen natürlichen Lebensraum. Intensive Forstwirtschaft, pestizidhaltige Landwirtschaft und anhaltende Dürre machen es ihm schwer. Auf Streuobstwiesen und in naturnahen Gärten kann man ihn ebenfalls antreffen, manchmal findet man ihn sogar in einem Vogelnistkasten oder in einem vergessenen Schuh auf dem Dachboden – fest eingerollt und schlummernd natürlich!

Steckbrief
Körperlänge: *Die Kopf- bis Rumpflänge beträgt ungefähr 15 cm.*
Gewicht: *zwischen 80 und 150 g*
Aussehen: *Er gehört zu der Familie der Bilche. Von den anderen Schlafmäusen kann man ihn gut unterscheiden: Die charakteristische schwarze Augenbinde, graubraune Rücken- und weiße Brusthaare, ein langer buschiger Schwanz aus schwarzen und weißen Haaren zeichnen ihn aus.*
Wurf: *in der Regel 4 – 6 Junge, manchmal mehr*
Nahrungsquelle: *unter anderem Schnecken, Insekten, Früchte, Beeren*

Ursulas Garten

Eine florale Poesie

Idyllisch am plätschernden Brettenbach gelegen, irgendwo in einem hübschen Seitental der weitläufigen Gemeinde Freiamt, liegt ein bezauberndes Gartenreich. Eine rankende Rose, die bis in die hohe Baumkrone klettert, eine dichte Bepflanzung, hinter der sich unterschiedliche Gartenräume verbergen, und ein altes Fahrrad mit einem Urlaubsköfferle, das uns schmunzeln lässt. Ursulas Garten kitzelt unsere Neugier, weckt unsere Lust am Entdecken und ruft schließlich unsere entzückte Begeisterung hervor. Eine kleine Garten-Wunderwelt voller Überraschung, Poesie und Harmonie.

Angefangen hat alles an einem heißen Julitag vor vielen Jahren. Auf einer großen Wiese ohne Bepflanzung spielte der Sohn im Sandkasten. Kein Strauch, der Schatten spendete, keine Staude, an der man schnuppern konnte. Aus einer spontanen Idee heraus beschloss die Gartenbesitzerin, »ein paar Blumen« zu pflanzen. Ohne Erfahrung stürzt sie sich in ihr Projekt, dafür mit umso großem Eifer und einer Extraportion Liebe. Entstanden ist eine Leidenschaft, die sie bis heute nicht losgelassen hat. Und ein märchenhaftes Reich.

Bereits am Gartenzaun heftet sich unsere Aufmerksamkeit fest. Die üppige Bepflanzung zieht die Blicke magisch an. Dahinter verstecken sich Gartenlauben, Rosenbögen und Durchgänge, die für eine besondere Spannung sorgen. Unsere Augen werden geleitet und das Verlangen, Verborgenes zu erkunden, geweckt. Der Garten ist in Räume aufgeteilt. Geschwungene Wege, Stufen und Ebenen schaffen unterschiedliche Perspektiven. Direkt am Eingang steht eine romantische Gartenlaube, die von einem Blütenrausch in dezenten Pastelltönen umrahmt wird.

Sie ist ein hübsches Frühstücksplätzchen an heißen Sommertagen, denn der Trompetenbaum spendet einen lichten Schatten. Mit seinen herzförmigen Blättern, der knittrigen Glockenblüte und den langen Schoten ist er ein Hingucker, der die Blicke auf sich zieht. Dahinter steht ein geschwungener Rosenbogen. Die Konstruktionen sind alle in Eigenregie entstanden. Inspiration findet die Pflanzenenthusiastin in der Literatur und auf ihren Gartenreisen, die sie immer wieder durch England und Holland führen.

Im nächsten Gartenzimmer wartet eine Überraschung auf die Besucher: ein summender Blumenbaum. Man muss genau hinschauen, um zu erkennen, dass unsere Sinne getäuscht werden. Die Rambler-Rose Bobby Jane hat den prächtigen Walnussbaum als Rankhilfe auserkoren und schlängelt sich bis zur Baumkrone hinauf. Ein unglaubliches Spektakel, das Hunderte von Insekten anzieht. Spätestens hier sollte man die Augen schließen und der Garten-Symphonie zuhören. Doch nicht zu lange, denn die nächste Wunderwelt wartet bereits auf uns. Im kleinen Tümpel, verborgen unter einem üppigen Bewuchs aus Tarnwedel, Etagenprimel, Frauenmantel und Storchenschnabel, leben Molche und Libellen. Letzteren kann man sogar beim Schlüpfen zusehen. Eine faszinierende Wandlung, bei der sich die Libelle Millimeter für Millimeter aus ihrer Larvenhaut zieht. Ihren neuen Körper härtet sie in der Sonne aus, bevor sie ihren Jungfernflug antritt. Genug Ziele hat sie im Paradies am Brettenbach.

Auf Augenhöhe setzen eine Vielzahl an Sträuchern und Bäumen wie zum Beispiel der Chinesische Blumen-Hartriegel Milky Way bunte Akzente und malen ihre Schattenbilder auf die Staudenwelt zu unseren Füßen. Katzenminze, Staudenwicken, Zierlauch oder Mohn drängen sich dicht aneinander, während der geschlitzte Wald-Geißbart »Kneiffi« mit seinen federartigen Rispen, die spektakulären Blüten des Tränenden Herzes oder die rosa blühende Deutzie Strawberry Fields ebenso einbezogen sind. Ein eigenständig wachsendes, doch

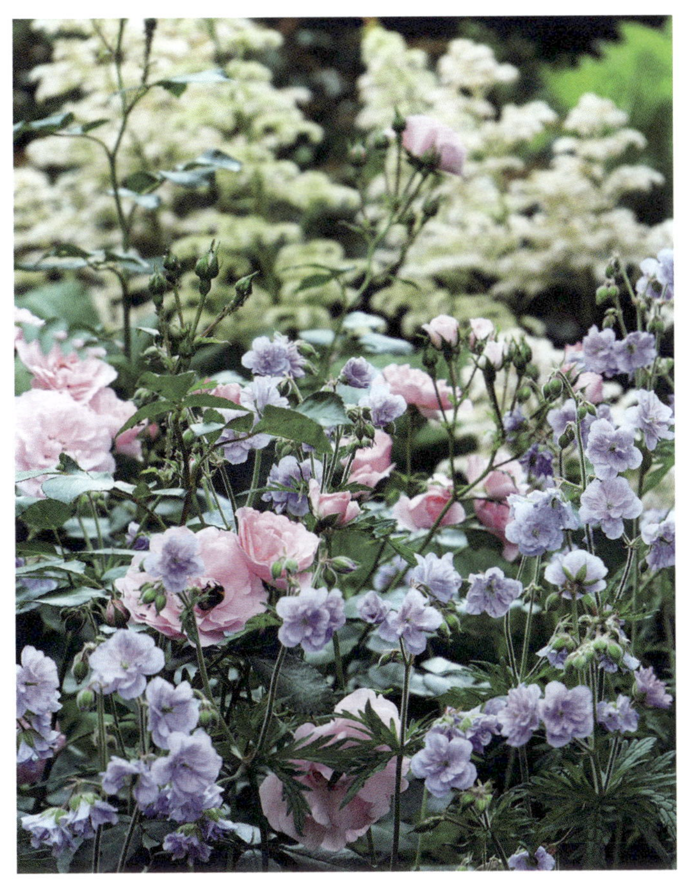

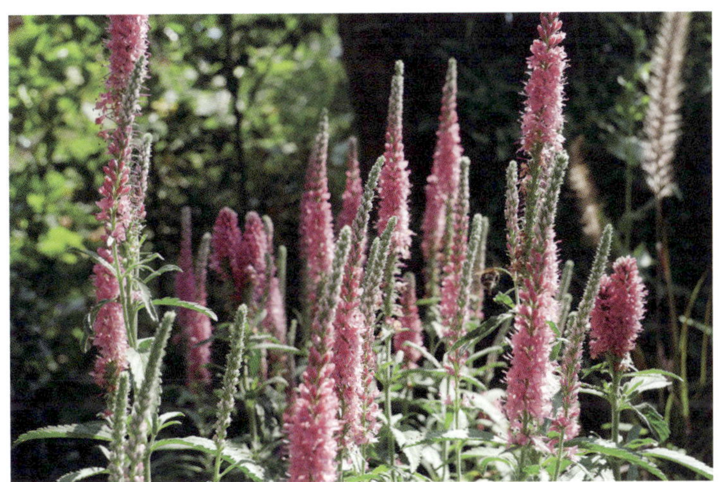

Purpur-Leinkraut

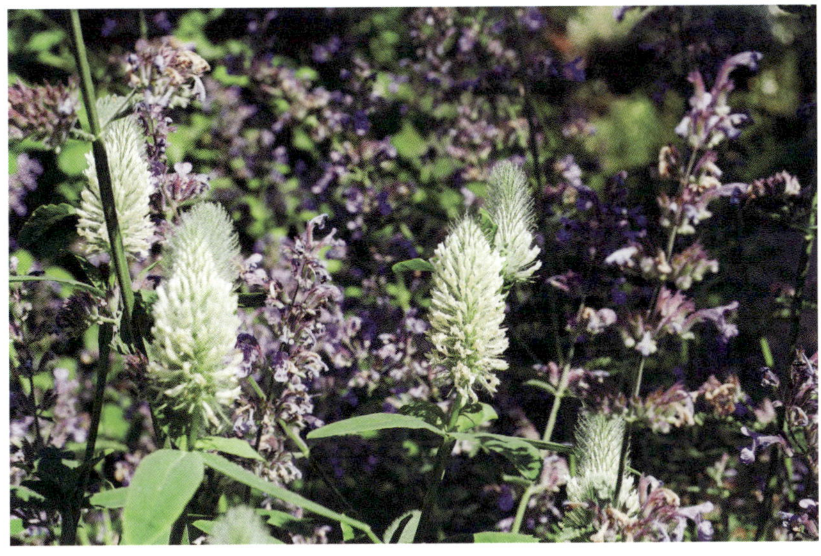

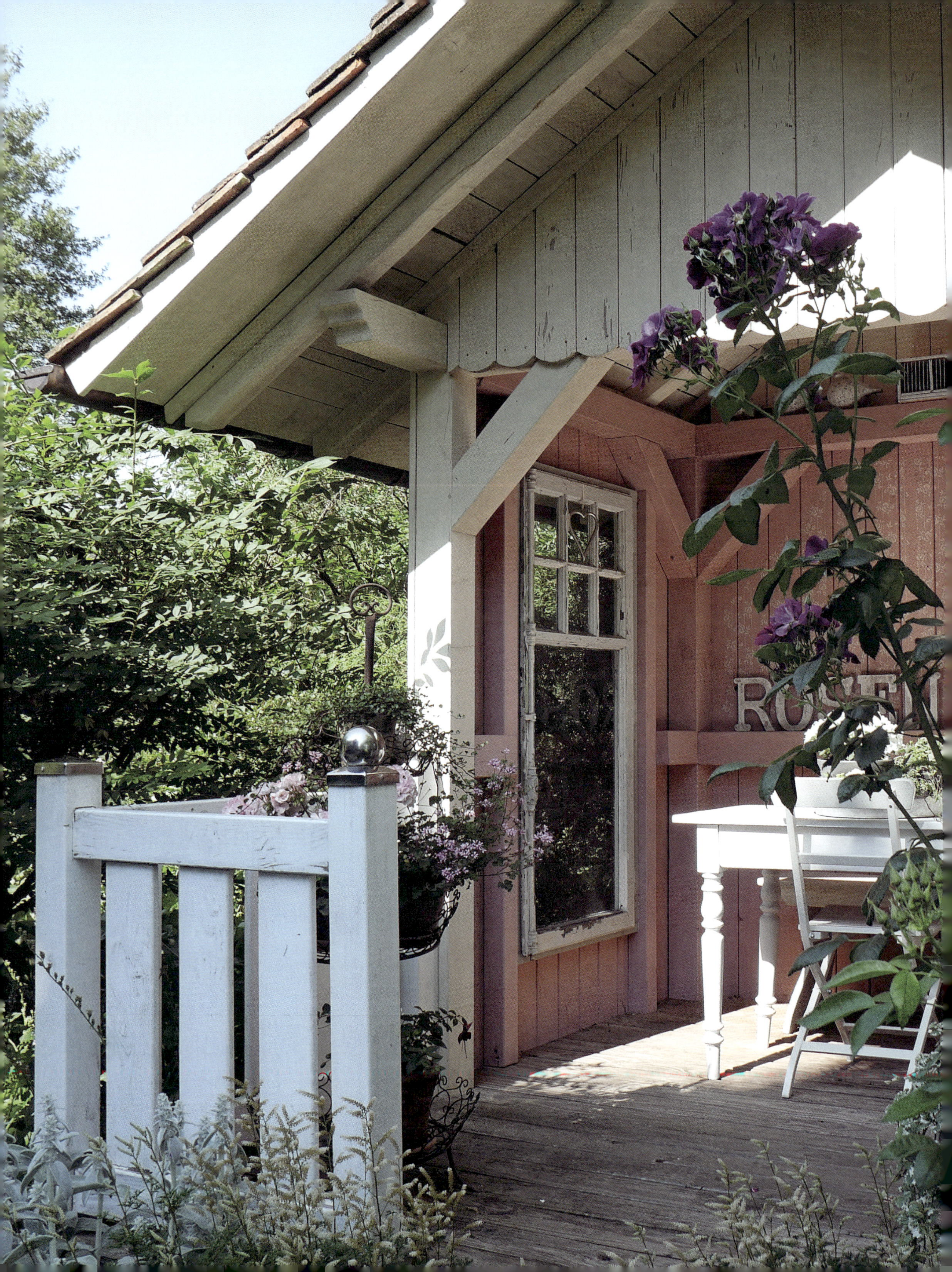

durchaus kontrolliertes Gartenreich mit einigen Konstanten, die ihre Köpfchen immer wieder zeigen und dort wachsen dürfen, wo es ihnen gefällt. Dazu gehören das filigran wachsende Leinkraut in zarten Pastelltönen, die buschig blühenden Kleesorten Trifolium Rubens und natürlich die unterschiedlichen Storchenschnabelgewächse in zartem Rosa, Pink oder Violett, die auserkorenen Lieblinge Eine Gestaltung mit Augenzwinkern. Weitere Flohmarktfunde stehen verstreut im Garten und verleihen dem ganzen Reich einen besonderen Charme.

Auf seiner leicht erhobenen Position wartet das einstige Bienenhaus auf uns. Verwandelt wurde es in ein schmuckes Kaffeestüble mit nostalgischer Dekoration. Antike Stücke, romantische Stoffe, hier kann man sich im Rahmen einer Gartenbe-

Wenn des Storchschnabels Frucht sich wie der Uhrzeiger dreht,
in der Nacht schlechtes Wetter vor uns steht;
doch dreht sich die Frucht entgegengesetzt,
kein Wölkchen den sternklaren Himmel verletzt.

der Gartenfreundin. Überall stehen Töpfe, Wannen, Steinsäulen, die unsere Blicke und unsere Schritte leiten. Wir sind im nächsten Bereich angekommen, dem Gemüsegarten mit Kohl, Mangold und Bohnen. Das Spanische Gänseblümchen hat hier einen Logenplatz erhalten. Es thront mittig in einem hübschen Pflanzenkübel und ist der Star inmitten der Gemüsewelt. Am Ende des Reichs lädt eine steinerne Sitzbank zum Träumen ein, bevor wir uns eine Ebene höher auf die nächste Garten-Überraschung freuen dürfen. Doch zuvor kommen wir an einem alten Fahrrad mit rostiger Patina vorbei. Auf dem Gepäckträger ist, passend zur Sommerzeit, ein Urlaubsköfferle befestigt, im Winter ersetzt die Gartenbesitzerin das Dekor mit einer Wärmeflasche.

sichtigung niederlassen und durch das hübsche Sprossenfenster einen schönen Blick auf das poetische Gartenreich werfen, der eine jahreszeitliche Orchestration bietet. Bühnenreif erleben wir auf einen bunten Frühling einen Sommer, der ganz in Pastell verzaubert. Später im Herbst, passend zur Laubtönung, kleidet sich der Garten in leuchtendes Orange und kräftiges Gelb, bevor der Winter seine eigenen Konturen malt. Ursulas Garten ist ein Spaziergang durch eine florale Märchenwelt.

Ursulas Garten
Ursula Hauber
Niedertal 8
79348 Freiamt
ursulas-garten.de

Der Stinkende Storchenschnabel

[Geranium robertianum]

Pflanzenfamilie Storchenschnabelgewächse – Geraniaceae

Ein stinkender Geselle soll er sein? Das liegt in der Nase des Betrachters. Die wohlriechenden ätherischen Öle des Stinkenden Storchenschnabels, auch Rupertskraut genannt, finden beispielsweise viele Insekten attraktiv. Gut zu erkennen ist die heimische, weit verbreitete Pflanze an ihren spitzen, schnabelförmigen Fruchtknoten, aus denen dann später die Samen herauskatapultiert werden. Sie bedecken die Erde und wachsen im nächsten Jahr heran. Der Stinkende Storchenschnabel bevorzugt schattige, feuchte Standorte und stellt keine besonderen Ansprüche an den Boden. Seine Blüten sind zart rosa, die Stängel rot unterlaufen und die Blätter hellgrün und fiederspaltig. Eine kleine bunte Pflanze und ein perfekter Bodendecker.

Die Familie der Storchenschnabelgewächse zählt mit ihren hunderten Arten zu einer vielfältigen Gartengestalterin mit einem großen Farbspektrum: von Weiß über Rosa und Violett bis zu intensivem Dunkelblau. Sie ist eine pflegeleichte Zierpflanze, die als Bodendecker vor Austrocknung schützt und das Unkraut fernhält. Während manche Schatten vertragen, gibt es einige Arten, die sich gerne sonnen. Ihre lange Blühperiode machen sie zu einem Liebling der Gartenbesitzer. Falls das alles noch nicht ausreicht: in der Regel kriechen die Schnecken um sie herum. Welcher soll es nun sein? Der weißblühende Kaukasus Storchenschnabel mit lila durchzogenen Adern oder doch lieber die braune Variante mit einer Aubergine-Färbung? Für jeden gibt es das passende Gewächs.

Steckbrief

Höhe: *Wuchshöhe bis ca. 50 cm*

Aussehen: *Die Stängel sind verzweigt, behaart und oft rötlich unterlaufen, die Blätter handförmig geteilt. Die Blüte ist fünfstrahlig und rosa. Die Frucht ist eine schnabelartige Schote.*

Blütezeit: *von Mai bis September*

Standort: *Wälder, Heckenlandschaften und schattige Gärten*

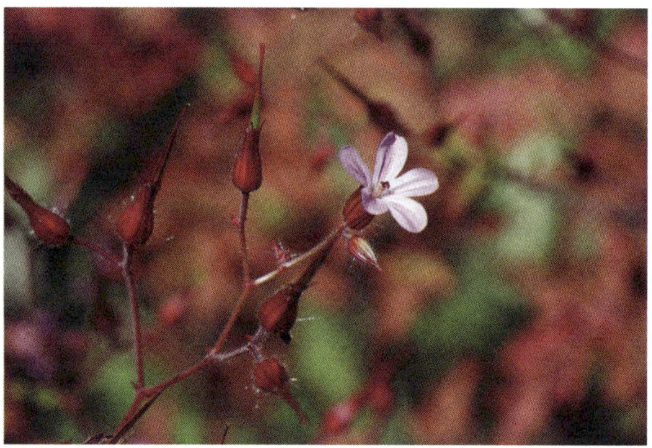

Grill-Ratatouille mit Polenta

Cremige Polenta und ofengegrilltes Gemüse ergänzen sich wunderbar. Verfeinert mit einer Rucola-Sauce ergibt das Ganze ein Wohlfühlgericht. Zugegeben, danach fühlen wir uns satt. Der Liegestuhl im Garten zieht uns dann magisch an.

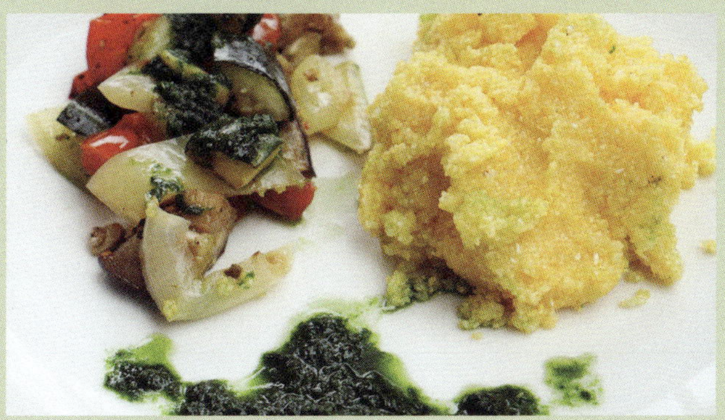

Zutaten

(für 4 Personen)

500 g Sommergemüse: Auberginen, Paprika, Zucchini, Tomaten, Zwiebeln

½ TL Kräutersalz

4 EL Olivenöl

1 Knoblauchzehe

30 g geröstete Haselnüsse

1 Handvoll Rucola

250 g Polenta-Grieß

Gemüsebrühe

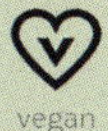

1. Den Backofen auf 200 °C (Ober-/Unterhitze) vorheizen.
2. Das Gemüse in mundgerechte Stücke schneiden und in eine feuerfeste Form legen, mit dem Kräutersalz würzen. Das Ofengemüse mit zwei EL Olivenöl beträufeln und 30 Minuten im Ofen backen.
3. Die Knoblauchzehe abziehen, durch eine Presse drücken und 5 Minuten vor Ende der Backzeit unter das Gemüse heben. Das Gemüse aus dem Ofen nehmen und beiseite stellen.
4. Die Haselnüsse ohne Fettzugabe in einer Pfanne rösten. Die Nüsse mit einer Handvoll Rucola, dem restlichen Olivenöl und einer Prise Salz pürieren.
5. Den Grieß nach Packungsanleitung in der Gemüsebrühe kochen.
6. Zum Anrichten die Polenta und das Gemüse auf den Tellern verteilen, mit der Rucola-Sauce garnieren.

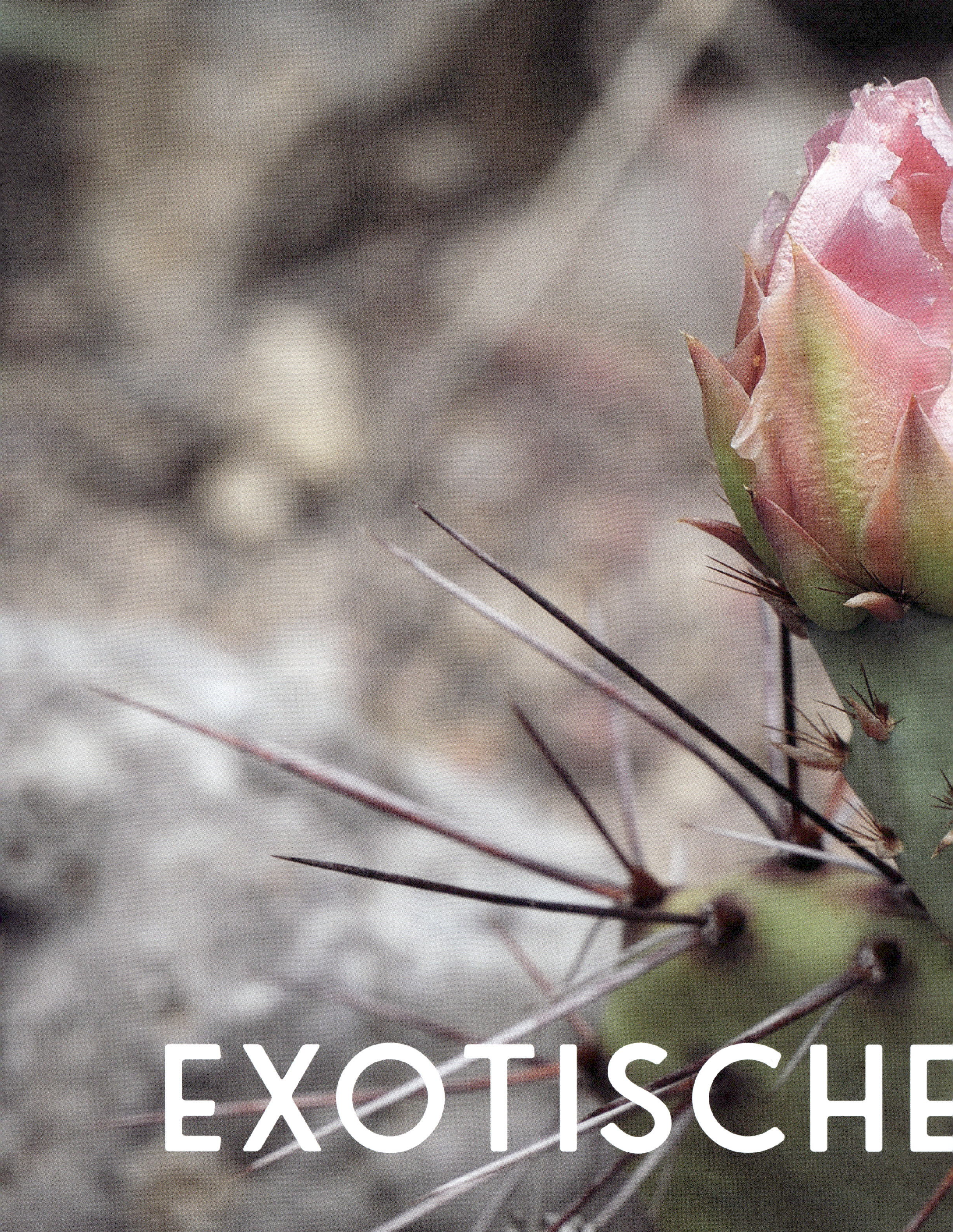

EXOTISCHE

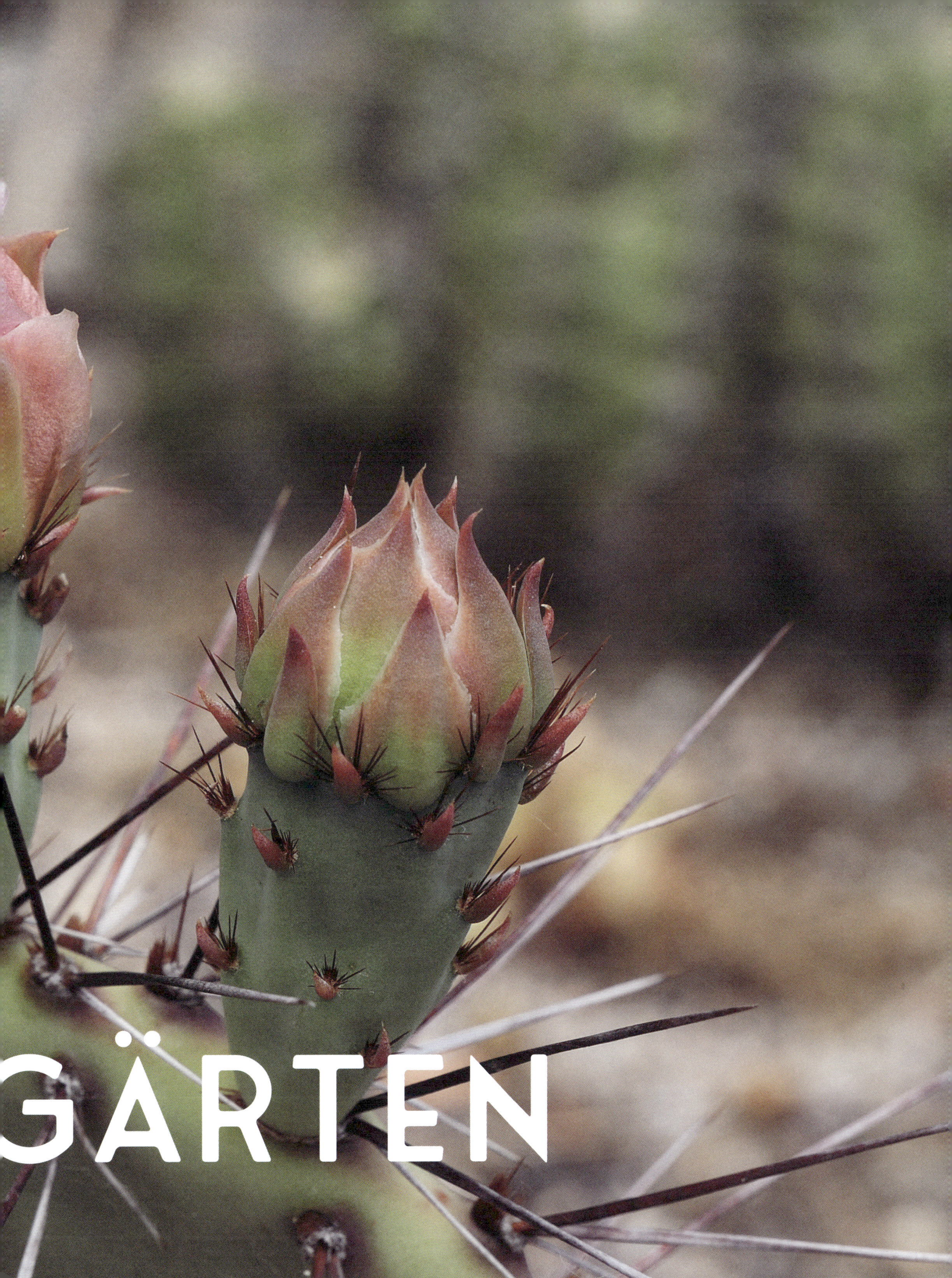
GÄRTEN

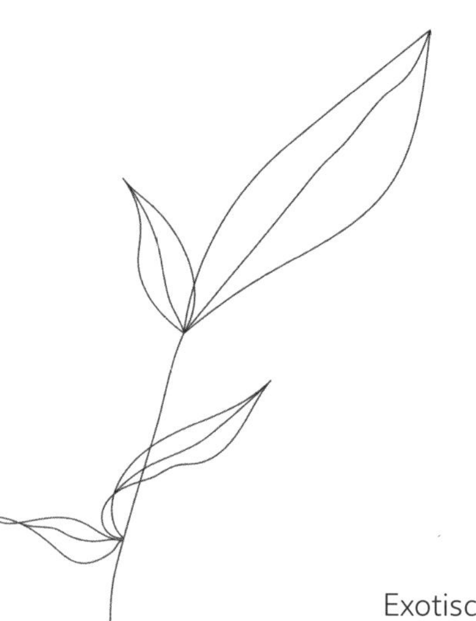

EXOTISCHE GÄRTEN

Entdeckungsreise für unsere Sinne

Exotische Gärten schenken uns Flügel, mit denen wir über üppige Pflanzenreiche schweben und in fremde Landschaften eintauchen können. Die florale Reise um die Welt bringt uns zum Träumen und erweitert unseren Blick ins Unendliche. Gerade in Zeiten schwindender Artenvielfalt hüten Gartenreiche voller fremdländischer Arten eine einzigartige Flora: Bäume, die unseren Planeten seit Millionen von Jahren bewachsen, lange bevor die ersten Säugetiere an Land kamen, oder Pflanzen, die vom Aussterben bedroht sind und sich unter den pflegerischen Händen des Gärtners entfalten dürfen. So können wir exotische Gärten, allen voran Botanische Gärten, als eine Art lebendiges Museum verstehen, ein Hort schützenswerter Lebe-Wesen, die uns für den Naturschutz sensibilisieren. Wenn wir in eine bunte, berauschende und exotische Pflanzenwelt eintauchen und unsere Sinne gekitzelt werden, verstehen wir, wie wichtig es ist, die florale Vielfalt in ihrer Bandbreite zu bewahren.

Natürlich liegt es nahe, in unseren Gärten heimischen Pflanzen den Vorzug zu geben. Sie sind pflegeleichter, benötigen keinen Winterschutz und bieten unseren Vögeln, Insekten und Kleintieren das angepasste Umfeld. Doch was genau ist heimisch? Seit der Mensch sesshaft geworden ist, hat er seine Umwelt maßgeblich beeinflusst. Rodung, Ackerbau, Austausch, Handel, nichts ist wie es einst war. Die Gesichter unserer Landschaften haben sich gewandelt und werden es in Zukunft weiterhin tun, da die klimatischen Bedingungen sich verändern und das Wetter zunehmend Purzelbäume schlägt. Zahlreiche Pflanzen, die wir heute als heimisch und unzertrennlich mit der Bepflanzung eines Schwarzwälder Bauerngartens verbunden sehen, haben ihren Ursprung in anderen Regionen dieser Welt. Die Kapuzinerkresse stammt aus Süd-, die Sonnenblume aus Nordamerika, der Mangold kommt ur-

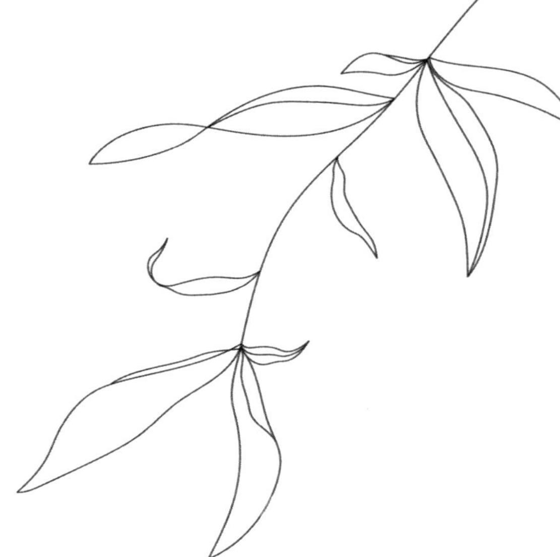

sprünglich aus Vorderasien und die Pfingstrose aus China. Die Liste der Arten, die allein in den vergangenen Jahrhunderten zu uns eingewandert sind und tiefe Wurzeln in unsere Erde geschlagen haben, geht ins Unendliche. Die vielen Pflanzen bereichern unseren Speisezettel und erfreuen unser Auge. Wer würde heute schon gerne auf Tomaten, Kartoffeln und Dahlien verzichten? Doch gibt es auch unerwünschte Kandidaten, die unsere heimischen und heimisch gewordenen Pflanzen verdrängen. Auch im Schwarzwald breiten sich invasive Arten aus: der Japanische Flügelknöterich oder das Indische Springkraut sind problematische Pflanzen, die mittlerweile weite Flure bedecken. Als Ziersträucher, Bienenpflanze oder unabsichtlich in Pflanzenkübeln eingeschleppt sind sie einst zu uns gekommen und haben sich etabliert. Nun müssen wir lernen, mit ihnen zu leben.

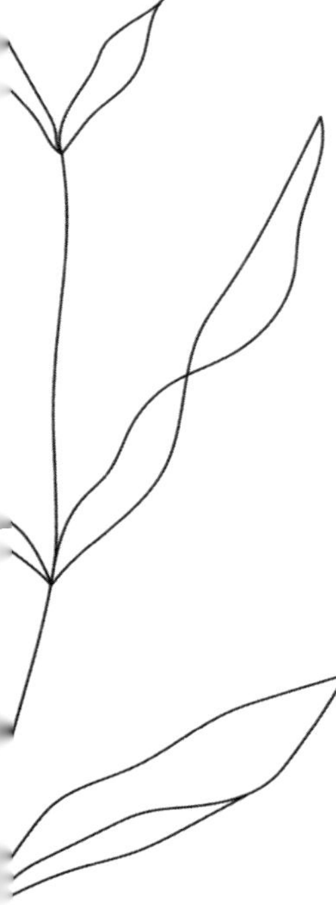

Insgesamt ist es sehr schwierig, zwischen einem exotischen Garten, einem Park und einem Landhausgarten zu unterscheiden. In welche Kategorie passt ein großer Kurpark mit vielen exotischen Bepflanzungen oder ein japanischer Garten, in dem Arten gedeihen, die viele von uns im Garten haben? Die Einteilung war deshalb nicht immer einfach. Unter der Kategorie der exotischen Gärten sind nun die Reiche aufgeführt, bei denen die Forschung und der Erhalt der Artenvielfalt im Vordergrund stehen, und die Gärten, die einer klaren Region zuzuordnen sind, während Parks und Landhausgärten vorwiegend der Erholung und der Inspiration dienen.

Der Traum vom Exotischen hat schon lange einen Platz in unserem Herzen gewonnen. In einer Welt voller Düfte, Farben und Formen genießen wir eine kleine Auszeit vom Alltag und treten ein in eine farbenfrohe Welt der Sinnlichkeit.

Der Botanische Garten der Universität Freiburg

Floraler Weltenbummler in Freiburg

Ohne ein Flugzeug zu betreten und die Strapazen einer Zeitverschiebung zu erdulden, begeben wir uns auf eine florale Reise in ferne Länder. Vor unserer Haustür können wir an einem Tag von der überbordenden Botanik Ostasiens in die tiefen Wälder Nordamerikas spazieren. Vorbei fliegen wir an der mediterranen Vielfalt der Bergkräuter, atmen den Duft der Heilpflanzen tief in uns ein und tauchen in das Reich der Wasserpflanzen ein. Der Botanische Garten bietet seinen Besuchern eine intensive Begegnung mit der Welten-Flora. Dabei zieht sich die zentrale Botschaft wie ein roter Faden durch den Garten, dass Pflanzen die Grundlage allen Lebens auf Erden sind, denn erst durch ihre Sauerstoff- und Biomassenproduktion ermöglichen sie Mensch und Tier ein Leben auf unserem Planeten. Um es simpel auszudrücken: Ohne Pflanzen keine Menschen! Im Botanischen Garten wird diese Tatsache besonders deutlich. Viele Schautafeln ergänzen den floralen Ausflug und bieten so ein tiefes Eintauchen in die Welt der Botanik. Über 6.000 Pflanzenarten werden hier kultiviert, darunter sind über 250 Nutzpflanzen, deren Verwendung für uns Menschen hervorgehoben werden: Nahrungsmittel, Medizin, Werkstoff, Energielieferant, Faserpflanze und Farbstoff – die Bandbreite ist unglaublich und wird doch oft nicht wahrgenommen.

Der Botanische Garten der Universität Freiburg gehört zum Institut der Fakultät der Biologie. Im Vordergrund stehen die Lehre und die Forschung mit einem Schwerpunkt im Bereich der Bionik, einer Wissenschaft, die natürliche Funktionsprinzipien in der Biologie entschlüsselt und die Möglichkeit der Übertragung in technische Anwendungen erforscht. Antihaftbeschichtungen, Abperl-Effekte, Klettverschlüsse und Selbstreparatur sind nur einige Beispiele von natürlichen Abläufen, die auf die Technik übertragen wurden und damit zu ressourceneffizienteren und nachhaltigeren Entwicklungen führen. Wir lernen von der Natur und ihrer Genialität. Obwohl es sich bei dem Garten in erster Linie um eine Forschungsstätte handelt, ist er für Besucher frei zugänglich. Dies ist ein Segen, denn er öffnet unseren Blick für die Artenvielfalt und lässt uns ein Stück weit die natürlichen Zusammenhänge verstehen.

Die Weltreise im Reich der Nutzpflanzen beginnt gleich am Eingang. Die Schaugewächshäuser sind in vier thematische Bereiche aufgeteilt. Das Farnhaus stellt die »lebenden Fossilien« vor, Sporenpflanzen und Nacktsamer, die bereits vor Ur-Zeiten auf unserem Planeten wuchsen. Dabei sehen wir Giganten wie den tropischen Riesenschachtelhalm. Im Tropen- und im Französisch-Guyana-Haus geht es eher bunt zu. Rotblühende Malven und elegant anmutende Aronstabgewächse verzaubern unsere Augen. Schließlich stellt das Sukkulentenhaus die Vertreter aus den Familien der Kakteen und Wolfsmilchgewächse vor, bei denen die ökologischen Anpassungen an einen Wassermangel sichtbar werden. Es sind zum Teil stachlige Schönheiten mit skurrilen Formen, die uns in Staunen versetzen.

Treten wir wieder nach außen, wartet die üppige Vielfalt der Vegetation aus Ostasien auf uns. Ein dichter Bärlauch-Teppich, aus dem Bäume wie Pilze aus dem Boden schießen: Bitterorange, Chinesische Zierquitte, Weißer Maulbeerbaum, Lacksumach und Japanischer Rosinenbaum sind nur einige der vielen Vertreter, die in Freiburg ihre neue Heimat gefunden haben.

Dahinter erstreckt sich der zentrale Bereich. Lehrreich und informativ wird in großen runden Beeten der Stammbaum der Blütenpflanzen nachgebildet. Erlebbare Botanik, die uns den Facettenreichtum der Pflanzenordnungen vorstellt. Linkerhand tauchen wir dann in die Welt der Heilpflanzen ein. Von Gewürzkräutern über medizi-

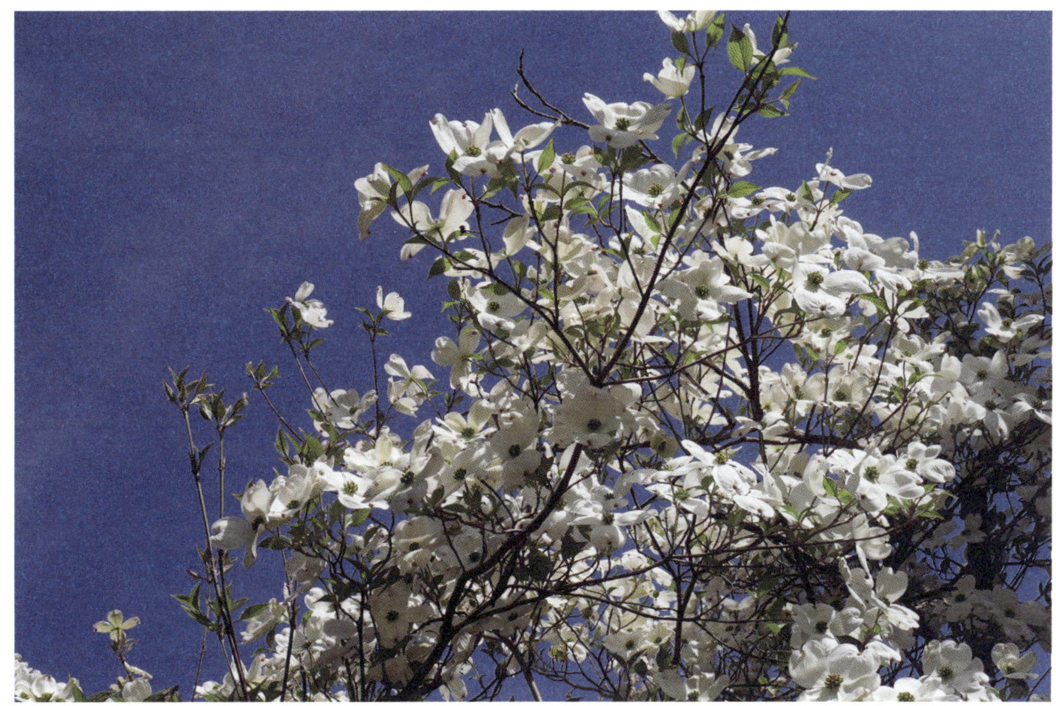

Amerikanischer Hartriegel

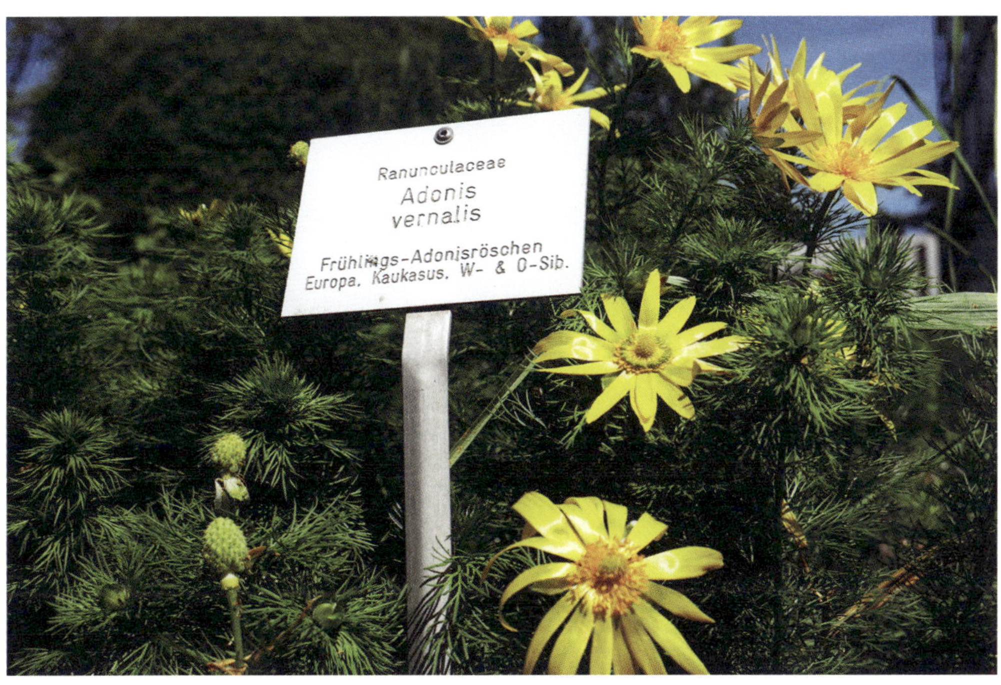

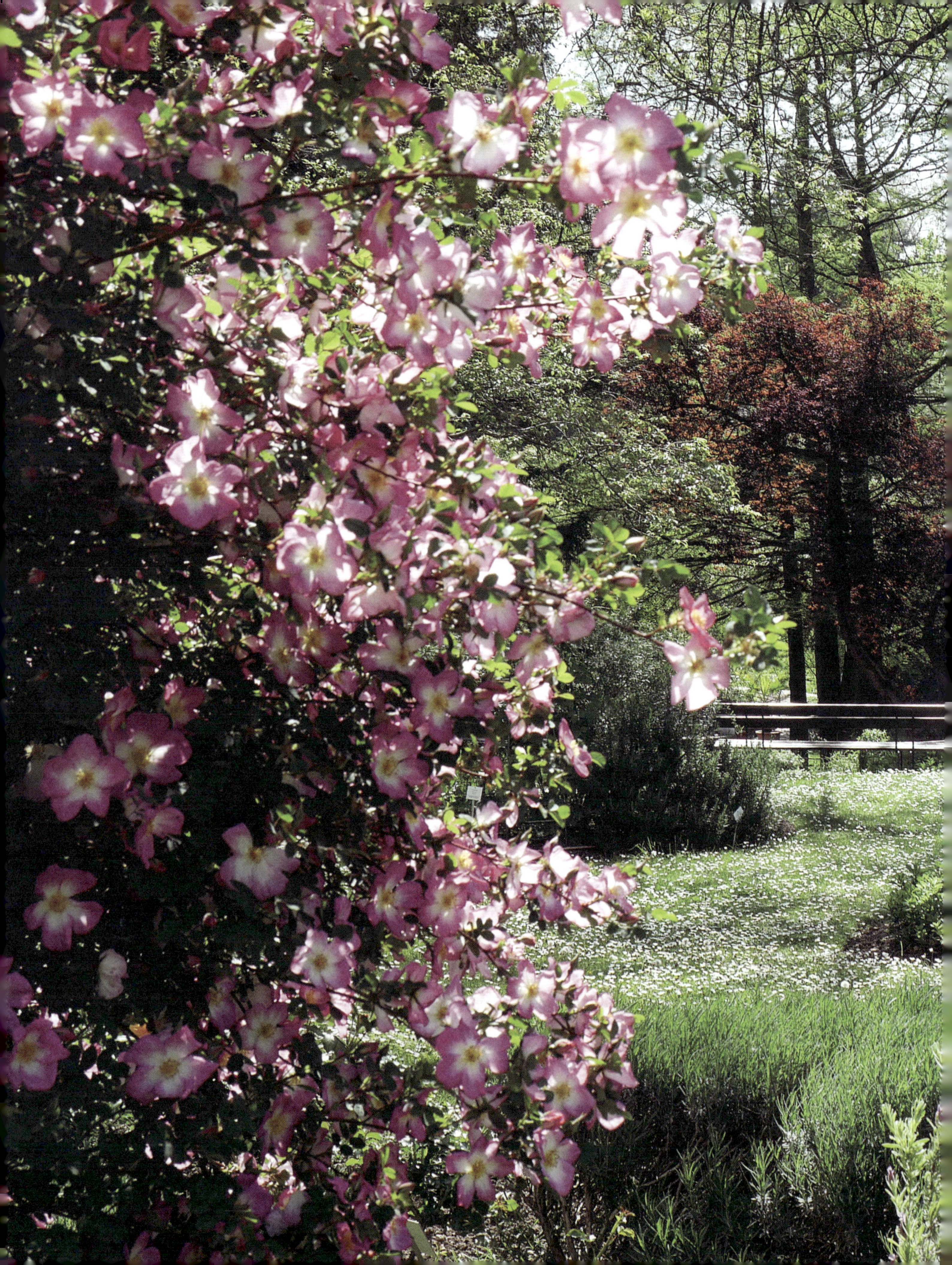

nale Pflanzen bis zu hochgiftigen Vertretern, bei denen eine falsche Dosierung tödlich wirkt, ist eine bereichernde Vielfalt dargeboten. Hier gedeihen die blau blühende Wegwarte, der gelbe Alant, der würzige Wiesen-Kümmel oder die giftige Tollkirsche. Umrahmt werden die Heilpflanzen von Rosenbeeten und aromatischem Lavendel.

Wir schlendern in östlicher Richtung entlang der Weinbeete. Bereits vor 7.000 Jahren kultiviert ist die Rebe eine der ältesten Kulturpflanzen der Menschheit. Von ihrem Ursprungsgebiet in Vorderasien gelangte sie zunächst in den Mittelmeerraum, um von dort mit den Römern nach Deutschland zu wandern. Schon sind wir bei den drei runden Teichen angelangt, die heimische und exotische Wasserpflanzen wie die Weiße Seerose und die Indische Lotosblume beherbergen. Frösche und Libellen haben die nasse Welt ebenfalls für sich entdeckt. Gerade im Frühling können wir bewundernd zuhören, wie der kleine Frosch große Laute von sich gibt. Rechterhand steht ein Nadelbaumwald mit riesigen Vertretern, die uns klein werden lassen. Wir spazieren unter den ausbreitenden Armen eines Küstenmammutbaums und einer Kanadischen Hemlocktanne. Linkerhand erstrecken sich die Laubwaldzonen Südeuropas, Vorderasiens und Nordamerikas. Dabei entdecken wir immer wieder Bäume in dramatischen Posen, durch ihr Alter verrenkt und gebeugt. Oder wir staunen über den Stammdurchmesser der Ungarischen Eiche. Geht man zurück Richtung Universitätsgebäude, entdeckt man die Bandbreite der alpinen Flora. Angepasst an extreme Bedingungen ertragen Gebirgspflanzen Kälte und Schnee, eine kurze Vegetationszeit und steinige Böden. Wir treffen auf Berühmtheiten wie die Echte Arnika und die Zirbelkiefer. Zum Abschluss der floralen Weltreise lockt das weitläufige Gelände. Inmitten plaudernder Studenten können wir uns auf einem Meer Gänseblümchen ausstrecken, das Gesehene reflektieren und große Dankbarkeit verspüren. Es ist ein großes Glück, dass wir solche Forschungsstätten haben.

Sei ein Gänseblümchen in einem Feld voller Rosen.

Botanischer Garten der
Universität Freiburg
Schänzlestr. 1
79104 Freiburg im Breisgau
botanischer-garten.uni-freiburg.de

Die Amerikanische Pfeifenwinde

[Aristolochia macrophylla]

Pflanzenfamilie Osterluzeigewächse – Aristolochiaceae

Die Amerikanische Pfeifenwinde ist eine Pflanze, die sich nach oben schlingt, wie im wirbelnden, linksdrehenden Tanz, und dabei unglaubliche Höhen erreicht. Dazu verzückt sie mit großen herzförmigen Blättern und einer dichten Belaubung, die im Sommer angenehmen Schatten spendet. Das alleine macht die Lianenpflanze bereits zu einem Augenschmaus. Doch die Vertreterin der Pfeifenwindengewächse hat noch weitere Trümpfe im Ärmel, die sich uns auf den ersten Blick nicht erschließen und Grundlage der Forschung sind. Sie besitzt die Fähigkeit, sich bei Rissen selbst zu reparieren. Stellen wir uns einen Heißluftballon vor. Risse in der luftgefüllten Konstruktion könnten gefährlich werden und gegebenenfalls zu tödlichen Abstürzen führen. Forscher haben herausgefunden, dass Lianen einen pflanzlichen Reparaturmechanismus einleiten, sobald sich Risse im äußeren Stammbereich zeigen. Aus dem benachbarten Grundgewebe dringen Zellen in den Riss, kitten ihn und leiten eine Zellteilung ein, die die Verletzung komplett verschließt. Nach diesem Vorbild der pflanzlichen Selbstreparatur haben Freiburger Bionik-Wissenschaftler eine neue Polyurethanschaum-Beschichtung entwickelt, die im Fall einer Verletzung aufquillt und einen Riss abdichtet, ohne menschliches Zutun. Dies ist nur ein Beispiel aus der Fülle von schlauen Materialien, die durch Imitation der Natur entwickelt werden.

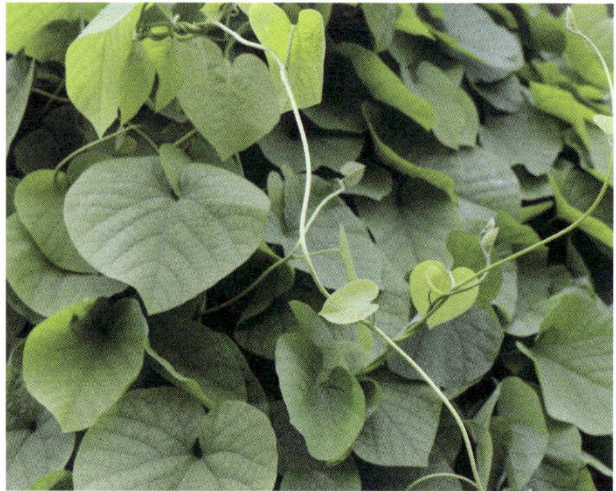

Steckbrief

Höhe: *Wuchshöhe bis ca. 10 m. Die Pflanze ist linkswindend. Sie benötigt eine Rankhilfe.*

Aussehen: *Die Blätter wachsen wechselständig, sind bis zu 35 cm lang und herzförmig. Die Blüten sind tabakpfeifenförmig gebogen, zart-gelb mit einem braunen Saum. Später bildet sich eine Kapselfrucht.*

Blütezeit: *von Juni bis August*

Standort: *Ihre Ursprungsregion ist der Südwesten Nordamerikas. Sie bevorzugt einen halbschattigen Standort mit einem feuchten Boden.*

»Auf der Mauer, auf der Lauer«

[Die Streifenwanze – Graphosoma italicum]

»... sitzt 'ne kleine Wanze.« Tanzen kann die Streifenwanze zwar nicht, doch wäre sie mit ihrem auffälligen Schildpanzer auf jeder Kinderfeier ein Hingucker. Dabei dienen ihre akkurat gezogenen, rot-schwarzen Streifen der Abschreckung möglicher Fressfeinde.

Bereits auf den ersten Blick ist die kleine Wanze eine Schönheit, doch hat man die Möglichkeit, ihren Bauch zu bewundern, kann man bloß staunen: schwarze Punkte auf roter Unterseite vervollständigen ihr Äußeres. Natürliche Ästhetik wie nur die Natur sie vollbringen kann.

Von den weltweit 40.000 Wanzenarten sind ungefähr 800 in Deutschland heimisch. Sie genießen leider einen schlechten Ruf. Schnell werden sie in einen Topf mit Bettwanzen und anderen Schädlingen geworfen. Dabei finden sich unter ihnen viele nützliche Arten, die zum Beispiel Blattläuse vertilgen. Andere wiederum kümmern sich herzerweichend um ihre Brut und umsorgen sie liebevoll wie eine Glucke.

Möchte man in die Wanzenwelt einsteigen, ist die Streifenwanze mit ihrem auffälligen Schild eine gute Kandidatin. Aufgrund der steigenden Temperaturen ist sie mittlerweile in ganz Deutschland zu sehen, ihr Verbreitungsgebiet reicht sogar bis nach Südschweden. Sie liebt die Wärme und bevorzugt sonnige Wiesen. Da sie sich vornehmlich von den Pflanzensäften der Doldenblütengewächse ernährt, findet man sie an den Schirmblüten von Fenchel, Dill, Möhre, Engelwurz oder Giersch, deren Samen sie ansaugt. Ist sie paarungsbereit, gibt sie über Bauchvibrationen akustische Signale ab, mit denen sie ihren Partner anlockt. Nach mehreren Häutungen sind die kleinen Nymphen als adulte Tiere ausgereift und überwintern in einem Laubhaufen oder in einem dicken Pflanzenpolster.

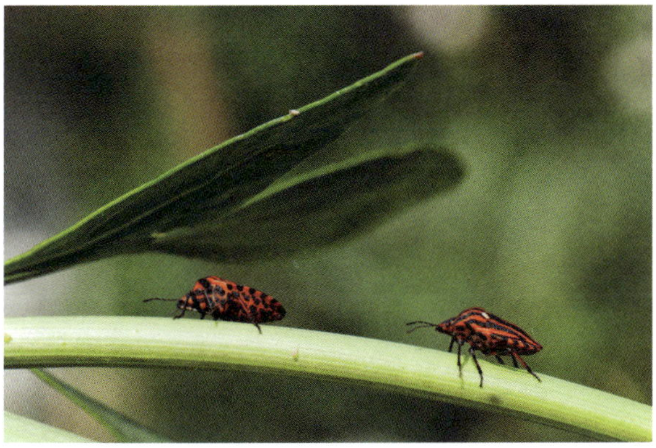

Steckbrief
Körperlänge: *8 bis 12 mm*
Aussehen: *Die schwarz-roten Längsstreifen bedecken die gesamte Oberseite, die Unterseite ist rot mit schwarzen Punkten. Die Fühler und Beine sind schwarz.*
Nahrungsquelle: *die Samen der Doldenblütengewächse*

Der Katz’sche Garten

Klein und fein

Im entzückenden Gernsbach, einer einstigen Flößerstadt, liegt direkt am Ufer der Murg eine kleine Gartenwunderwelt. Der Barock- und Skulpturengarten verbirgt sich gut versteckt hinter einer efeubewachsenen Mauer, doch hat man ihn mal gefunden, so kann man sich der Romantik nur schwer entziehen. Viele Kunstobjekte aus mehreren Jahrhunderten sind spielerisch in die fantasievolle Gartengestaltung eingebunden und erlauben nicht nur einen Ausflug in die Welt der exotischen Pflanzengattungen, sondern in die reiche Vergangenheit des Flößerstädtchens und seiner Region.

Die Ursprünge des Gartens gehen bis in die Anfänge des 19. Jahrhunderts zurück. Die wohlhabende Murgschifferfamilie Katz ließ sich eine schmucke Villa am Ufer der Murg bauen. Um das Auge zu erfreuen, wurde im Zuge dessen auf der gegenüberliegenden Uferseite der Katz’sche Garten angelegt. Der alte Baumbestand, den man heute noch bewundern kann, stammt aus dieser Zeit. Im Jahr 1846 wurde der Garten um ein elegantes Teehaus im klassizistischen Stil erweitert. Doch nur drei Jahre später, während der Badischen Revolution, bezogen preußische Truppen die Gartenwelt am Murgufer. Der Standort diente der Gefechtsaufstellung.

Ein weiterer Meilenstein erfolgte im Jahr 1913. Die Eheleute Otto und Johanna Katz bezogen die Villa und übernahmen somit die Gartenwelt. Gerade Johanna Katz ist es zu verdanken, dass viele Kunstwerke das Kleinod bereichern. Mit großer Sammelleidenschaft hat sie Steinmetzarbeiten und schmiedeeiserne Werke aus Gernsbach und seiner nahen Region zusammengetragen. Die Weichen für das heutige Erscheinungsbild waren gelegt. Doch zunächst folgten Jahre des traurigen Verfalls, nachdem die Gartenbesitzer im Jahre 1952 verstorben waren. Dem damaligen Zeitgeist entsprechend wurde in dem für die Öffentlichkeit nun zugänglichen Garten die Gestaltung verändert und Betonplatten verlegt. Die Rettung kam erst im Jahre 1995 durch die Gründung des Arbeitskreises Katz’scher Garten, der den Barock- und Skulpturengarten aus seinem versunkenen Schlaf des Verfalls sukzessive wieder wachgeküsst hat.

Ein schmiedeeisernes Portal begrüßt am Eingang die Besucher. Es trägt die Jahreszahl 1549 und stammt aus dem Haus einer Gernsbacher Murgschifferfamilie. Noch ist der Blick versperrt und die Neugierde geweckt. Leicht quietscht der Griff, das Tor öffnet sich und unsere Blicke werden vom barocken Ziehbrunnen magisch angezogen. Das Brunnenbassin ist aus Vulkantuffgestein gefertigt, auf dem ein kunstvoll gestalteter schmiedeeiserner Aufbau steht, den eine goldene Weltkugel krönt. Umrahmt wird das Kunstwerk von in Form geschnittenen Miniaturhecken, die Linien auf dem Kiesweg zeichnen. Der Auftakt für die Gartenbesichtigung könnte nicht spektakulärer sein.

Hinter dem Brunnen steht eine spätgotische Balustrade aus heimischem Sandstein. Sie stammt aus dem ehemaligen Garten des Ebersteiner Hofes in Gernsbach und wird auf Anfang des 16. Jahrhunderts datiert. Dahinter fließt die Murg, bewacht von den Enten, die auf der Uferböschung ihre Federn putzen. Sie sind nicht alleine: Tauben gurren, Mauereidechsen schlängeln sich entlang der Skulpturen, Insekten genießen die nektarreiche Bepflanzung.

Die exquisite Flora sämtlicher Kontinente ist im kleinen Garten vertreten und gedeiht dank der fleißigen Helfer prächtig. Bei jedem Schritt spürt man, dass Liebhaber am Werk sind. Insbesondere die artenreiche Palmensammlung sticht ins Auge, doch auch weitere Raritäten sind vorzufinden. Rechter Hand steht ein Seidenbaum (Albizia julibrissin), auch Seidenakazie oder Schlafbaum genannt. Seine Blüten sind an Schönheit kaum zu

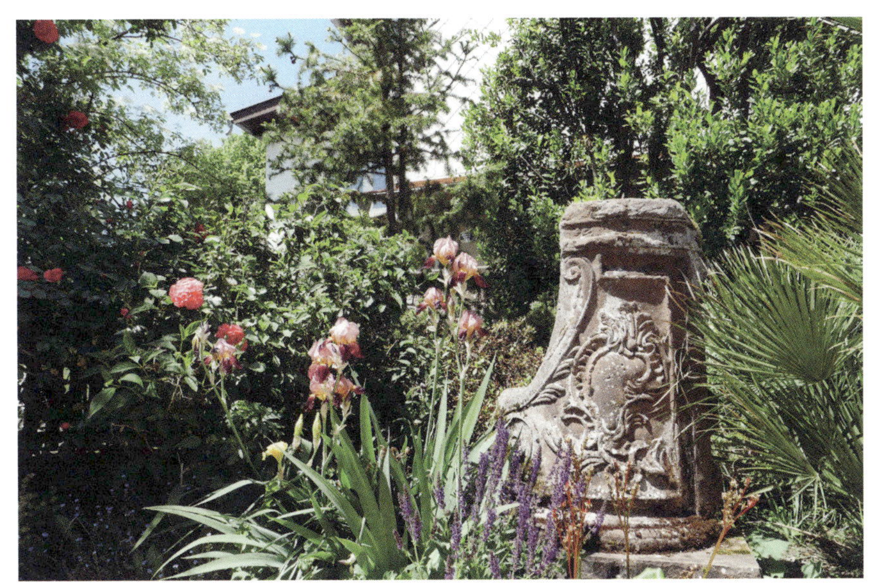

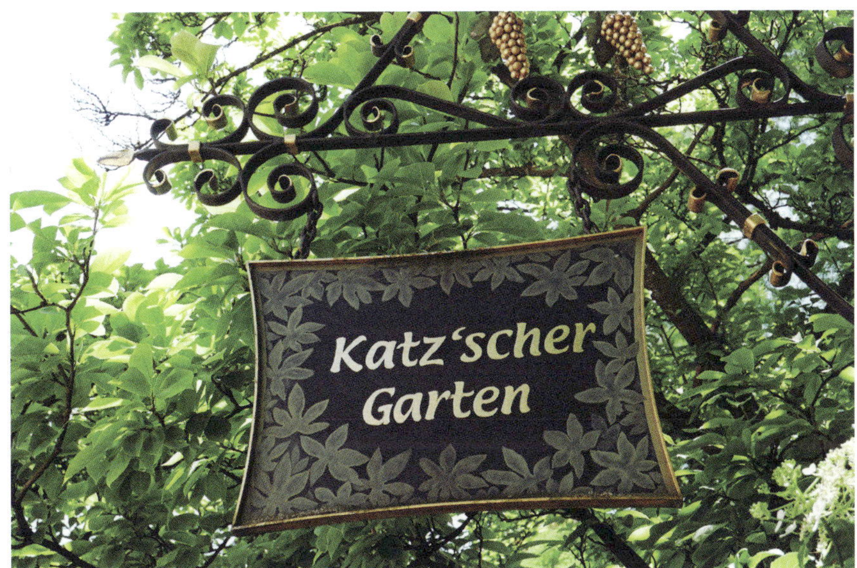
Katz'scher
Garten

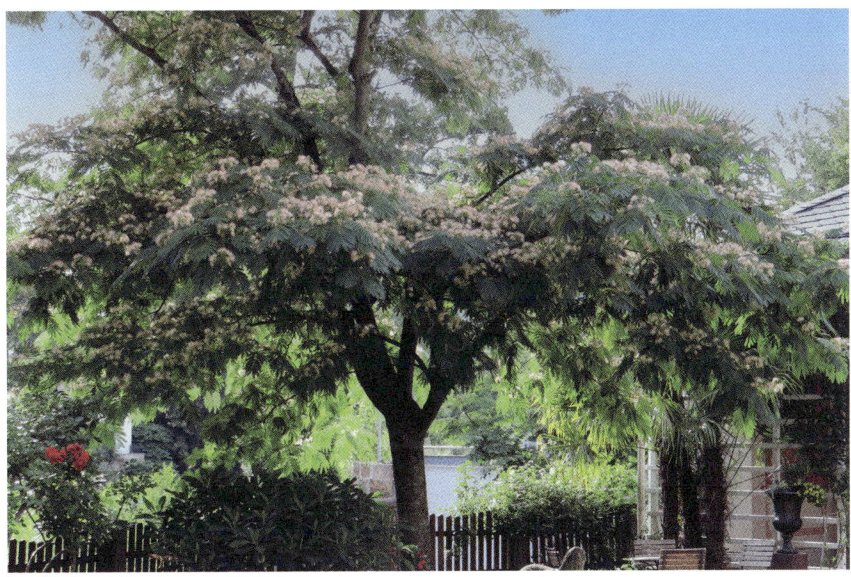

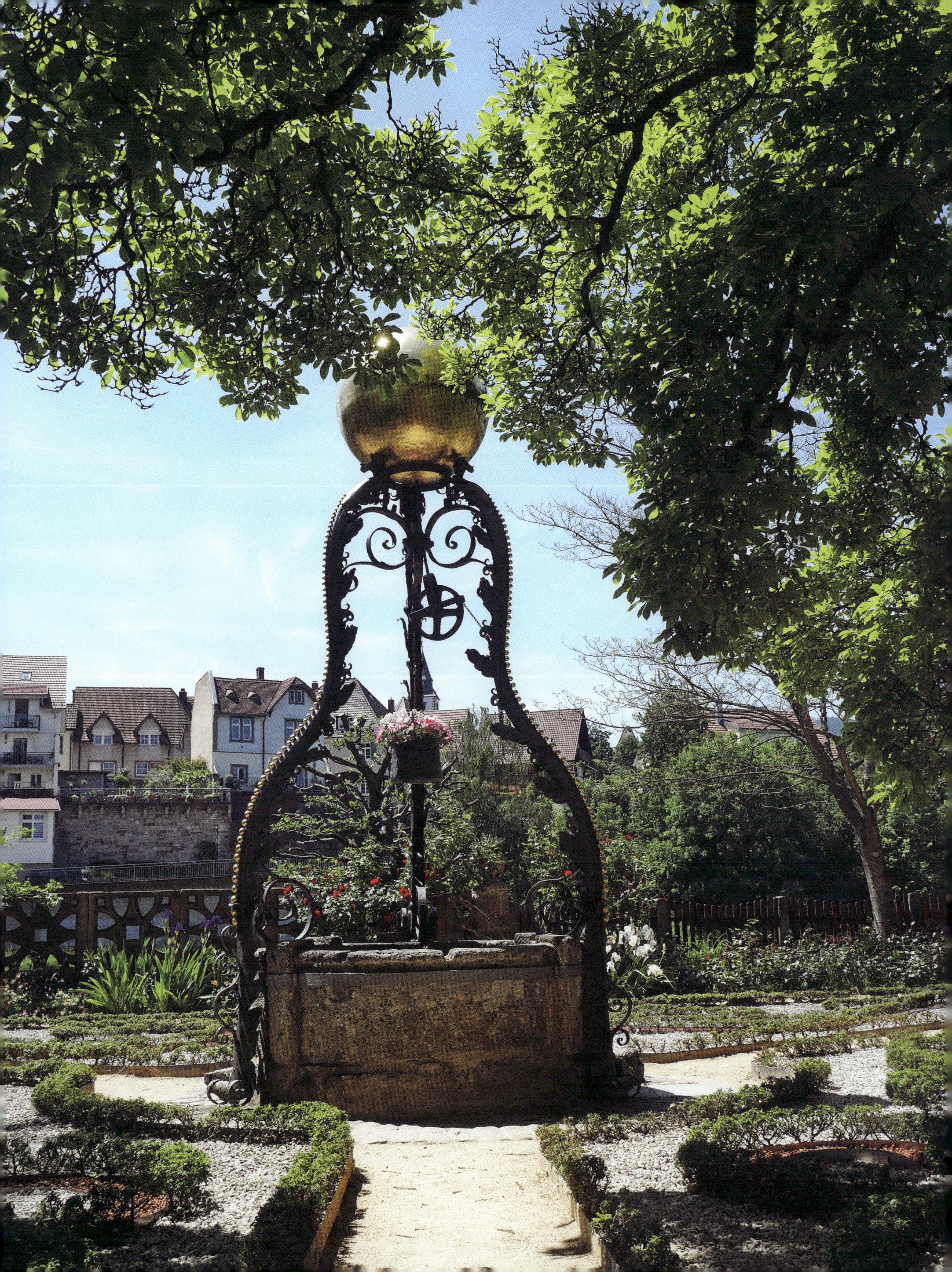

überbieten: wie fächrige Pinsel stehen sie aufrecht und leuchten in einem kräftigen Pink. Den Blütezeitpunkt im Juli sollte man sich auf keinen Fall entgehen lassen. Hinter dem Teehaus stehen an der Nordseite weitere pflanzliche Kostbarkeiten wie eine chilenische Honigpalme (Jubaea chilensis) oder ein Granatapfelbaum (Punica granatum) mit seinen orangeroten Glockenblüten, die sich später im Jahr zu prallen, rot-leuchtenden Früchten wandeln. Als Symbol der Fruchtbarkeit ist er in vielen Kulturen bekannt. Doch nur wenn die Standortbedingungen optimal sind, wie hier im Katz'schen Garten, trägt er seine süß-säuerlichen Früchte.

Auf dem Weg zurück zum Eingangsportal kann man einen Kleinstrauch bewundern, die dreiblättrige Bitterorange (Poncirus trifoliata), deren Heimat nicht der Mittelmeerraum ist, sondern Asien. Ihre Früchte ähneln denen der Zitrone. Erst jetzt nimmt man die Größe der Magnolienbäume (Magnolia x soulangiana) wahr, die das Eingangsportal flankieren. Sie stammen aus der ersten Hälfte des 19. Jahrhunderts und gehören somit zu den ältesten ihrer Art in Deutschland. An der Südseite befinden sich aus altem Baumbestand eine Sumpfzypresse (Taxodium distichum) sowie mehrere Kamelien (camelia japonica). Aufgelockert wird der große Baum- und Strauchbestand durch viele bunte Stauden. Wir sind wieder am Murgufer angelangt. Auf beiden Seiten markieren zwei Feigenbäume (Ficus carica) die Parkgrenzen. Über ihre süßen Früchte darf man sich zweimal im Jahr freuen.

Im Juli warmer Sonnenschein, macht alle Früchte reif und fein.

Im Katz'schen Garten begibt man sich auf eine florale Weltreise: von einer exklusiven Palmensammlung über blühende Bananenstauden bis zur rankenden Passiflora, die artenreiche Flora aus den unterschiedlichen Ländern ist auf dem Terrain vertreten. Auf minimalem Raum das Maximale an Exotik. Inszeniert werden diese Raritäten von Skulpturen aus längst vergangener Zeit. Spätgotik, Barock, Jugendstil, viele Stilrichtungen sind vertreten. Bleibt noch ein bisschen Zeit, lädt die pittoreske Altstadt von Gernsbach zum Flanieren ein.

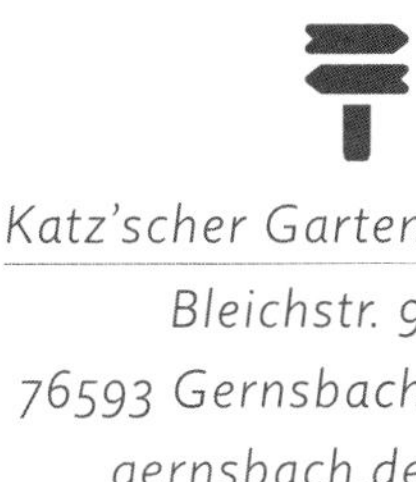

Katz'scher Garten

Bleichstr. 9
76593 Gernsbach
gernsbach.de

Der Granatapfelbaum

[Punica granatum]

Pflanzenfamilie Weiderichgewächse – Lythraceae

Der Granatapfel ist in den warmen, felsigen Gebieten Westasiens beheimatet, rund um das Kaspische Meer, im südlichen Kaukasus, vom Iran bis nach Afghanistan und Pakistan. Von dort aus verbreitete sich die Art nach Westen hin in den östlichen Mittelmeerraum und nach Nordafrika, in östlicher Richtung nach Indien und China. In vielen Kulturen gilt die prallrote Frucht mit ihren vielen Kernen als Zeichen der Fruchtbarkeit und der Liebe. Im alten Rom wurden Granatapfelzweige in den Kopfschmuck der Bräute eingeflochten. Die Wurzel wurde als fiebersenkendes und wurmtreibendes Mittel verwendet, während die gerbstoffreiche Rinde zum Gerben von Leder diente.

Die Pflanze wächst als Strauch oder kleiner Baum. Die Seitentriebe enden in einem langen Dorn. Die scharlachroten, glockenförmigen Blüten öffnen sich in den Sommermonaten, abhängig von den Standortbedingungen. Die apfelähnliche Frucht hat eine glatte Schale. Zunächst grün wandelt sich der Apfel in ein leuchtendes Orangerot. Im Inneren liegen, verborgen und eingebettet in einer weißen Haut, Hunderte von essbaren Samen. Die Kerne sind eine Delikatesse und schmecken süß-säuerlich.

Wer sich nun fragt, wie man die süßen Kerne vom Fruchtfleisch löst, kann die folgende Methode verwenden: Die Frucht wird zwischen den Händen mit einem sanften Druck gerollt und anschließend durchgeschnitten. Über einer Schüssel wird mit einem Löffel auf die Schale geklopft. Die Samen lösen sich und fallen in die Schüssel.

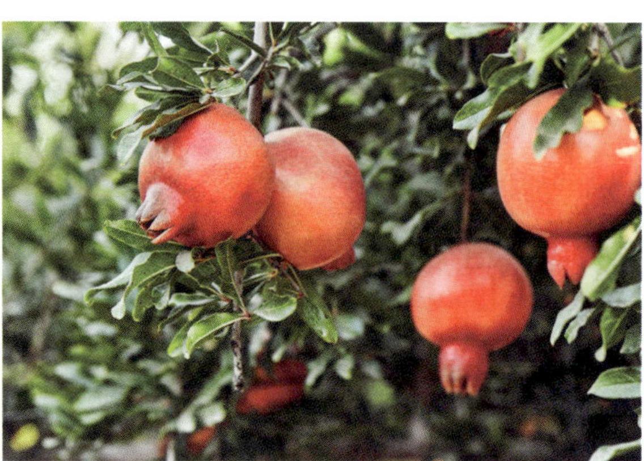

Steckbrief

Höhe: *bis ungefähr 4 m*

Aussehen: *Wächst buschig als Strauch oder kleiner Baum mit spitzen Dornen. Glockenförmige, rote Blüten und apfelähnliche, rote Früchte. Die Kerne sind essbar. Im Spätjahr haben die Blätter eine orangefarbene Herbstfärbung.*

Blütezeitpunkt: *von Juni bis September*

Standort: *Der Granatapfelbaum bevorzugt einen sonnigen Standort und wird in Deutschland in der Regel in Kübeln angepflanzt.*

Inhaltsstoffe: *unter anderem Flavonoide, Polyphenole und Gerbstoffe (Rinde), Vitamine B und C, Mineralstoffe wie Kalium und Eisen*

Granatapfel Granola

Ein knuspriger Morgengruß. Gekauftes Knuspermüsli ist voller Zucker und Zusatzstoffe, bei denen wir ein Chemielexikon benötigen, um zu verstehen, was drin ist. So viel gesünder und schmackhafter ist die Herstellung einer eigenen Kreation. Und das Tolle daran? Das Granola ist schnell herzustellen und unglaublich kreativ. Die Mischung im Rezept ist mit gesunden Granatapfelkernen hergestellt, es können alternativ auch frische Beeren, geriebener Apfel oder Bananenscheiben verwendet werden. Eine grenzenlose Vielfalt für einen knusprigen Morgenstart.

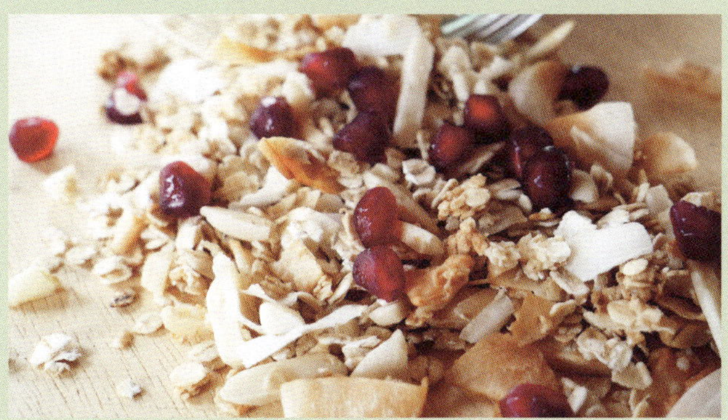

Zutaten

(für 8 Portionen)

3 EL Kokosnuss-Öl

3 EL Honig

25 ml Wasser

50 g Mandeln

50 g Kokosnuss-Chips

300 g Haferflocken

1 Granatapfel

Zum Servieren: Milch, pflanzlicher Milchersatz oder Joghurt

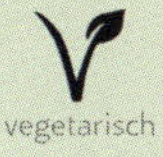

1. Den Ofen auf 160 °C Ober- Unterhitze vorheizen.
2. In einer großen Glas- oder Metallschüssel das Kokosnuss-Öl, den Honig und das Wasser vermengen und über einem Topf im Wasserbad erhitzen.
3. Die Mandeln in einen Gefrierbeutel legen und mit einem Nudelholz leicht anschlagen. Die Mandelsplitter gemeinsam mit den Kokosnuss-Chips und den Haferflocken dem Honig-Öl-Gemisch zufügen. Alles miteinander verrühren.
4. Auf einem Backpapier das Granola flach verteilen. Im Ofen 15 Minuten backen, herausnehmen und umrühren. Weitere 5 Minuten backen. Aus dem Ofen nehmen und abkühlen lassen.
5. Zum Servieren den Granatapfel aufschneiden, die Kerne vom Fruchtfleisch lösen und mit dem Granola vermischen.

Tipp: Das Granola lässt sich gut auf Vorrat backen. Luftdicht verpackt hält es sich mindestens eine Woche. Allerdings sollte man die Früchte erst beim Servieren hinzufügen. Die Granatapfelkerne lassen sich gut einfrieren.

Der Kakteengarten in Horb

Ein pieksiges Vergnügen

Auf über 400 Höhenmetern im Schwarzwald vermutet man dunkle Nadelwälder. Umso erstaunter ist man zu erfahren, dass sich im Städtchen Horb ein Kakteengarten verbirgt. Die glühende Sonne und schwüle Hitze Mittelamerikas fehlen zwar, und doch gedeihen im kleinen Garten, unweit des Neckars, dornige Schönheiten, die man eher in den Gewächshäusern eines botanischen Gartens vermuten würde. Und das hat seinen Grund. Der Kakteen-Experte Holger Dopp hat sein jahrzehntelanges Fachwissen in dem kleinen Mittelalter-Städtchen zusammengetragen und mit viel Expertise und Leidenschaft ein ganz besonderes Reich für winterharte Sukkulenten geschaffen, zu denen die Kakteengewächse ebenfalls gehören.

Entstanden ist die Idee an einem – natürlich – brütend heißen Sommertag. Für die anstehende Gartenschau in Horb suchte der damalige Oberbürgermeister nach Anregungen für ein brachliegendes Grundstück mitten im Herzen der historischen Altstadt. Dabei waren die Grundvoraussetzungen nicht gerade ideal. In kompletter Südhanglage und umgeben von Trockenmauern – welche Pflanzen könnten den dortigen Backofen-Bedingung standhalten? Schließlich wollte man den Besuchern keine verdorrte Pflanzensteppe zur Gartenschau präsentieren. Die zündende Idee kam von Holger Dopp: »Winterharte Sukkulenten müssen einziehen!« Unglaubliches Kopfschütteln, freundliche Erheiterung, denn schließlich fristet der Kaktus in unserer Region allenfalls ein kümmerliches Dasein als Zimmerpflanze. Den sukkulenten Pflanzen einen gesamten Außen-Garten zu widmen, klang wie ein Ding der Unmöglichkeit. Nahezu zwei Jahrzehnte später erleben wir, wie man Großartiges erschaffen kann, wenn sich mutige Überlegungen, fachmännische Expertise und anpackende Unterstützung vereinen. Mithilfe der Stadt wurden gewaltige Gesteinsbrocken bewegt und der angemischte Nährboden herbeigeschafft. Sobald die Vorarbeiten erledigt waren, brachte Holger Dopp aus seiner privaten Sammlung kistenweise bewurzelte Stecklinge winterharter Kakteen in sein neues Trockenreich. Insgesamt sind es mehr als hundert verschiedene Arten, die seitdem im Schutze der Trockenmauern prächtig gedeihen. Vor allem in der Hauptblütezeit, von Ende Mai bis Mitte Juli, sind die dornigen Schönheiten nicht nur eine farbenfrohe Augen-, sondern auch eine begehrte Insektenweide, wenn sich an sonnigen Tagen Hunderte von Blüten öffnen und bunte Geschichten aus einer fernen Welt erzählen.

Sukkulenten sind dickfleischige Pflanzen, die in ihren Blättern, Stängeln oder Wurzeln monatelang lebensnotwendiges Wasser speichern können und somit optimal an lange Trockenperioden angepasst sind. Auch Kakteen besitzen diese Fähigkeit der Gewebespeicherung, verfügen aber zusätzlich über Areolen, kleine Wucherungen, aus denen Dornen, Blätter oder Blüten sprießen. Winterharte Kakteen sind in der Region vom Süden Kanadas bis ins argentinische und chilenische Patagonien beheimatet, ein Ausbreitungsgebiet von nahezu 10.000 km Länge. Dabei sind ihre Wuchsformen sehr unterschiedlich. Von fast mannshoch wachsenden Vertretern mit tellergroßen Triebabschnitten bis zu kleinen kugelrunden Gewächsen: Die Bandbreite ist gewaltig. Einige blühen pro Jahr nur ein oder zwei Tage, während andere selbstbewusst und stolz jährlich Hunderte von herrlichen Blüten tragen. So vielfältig ihre Formen sind, so unterschiedlich ist auch das Alter, das sie erreichen können. Manche Arten erfreuen uns nur einige Jahre, während andere einige Jahrzehnte überleben.

Der Besuch im Kakteengarten in Horb eröffnet uns eine dornige Welt voller Geheimnisse und Überraschungen. Zugleich fällt eine kräftig

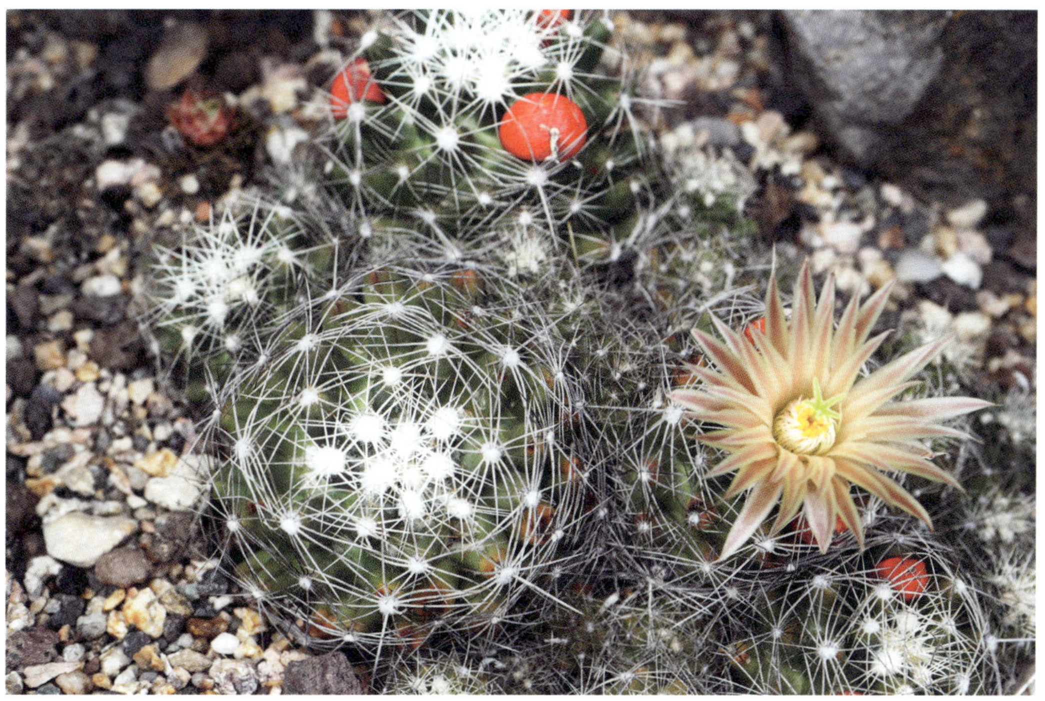

Escobaria missouriensis

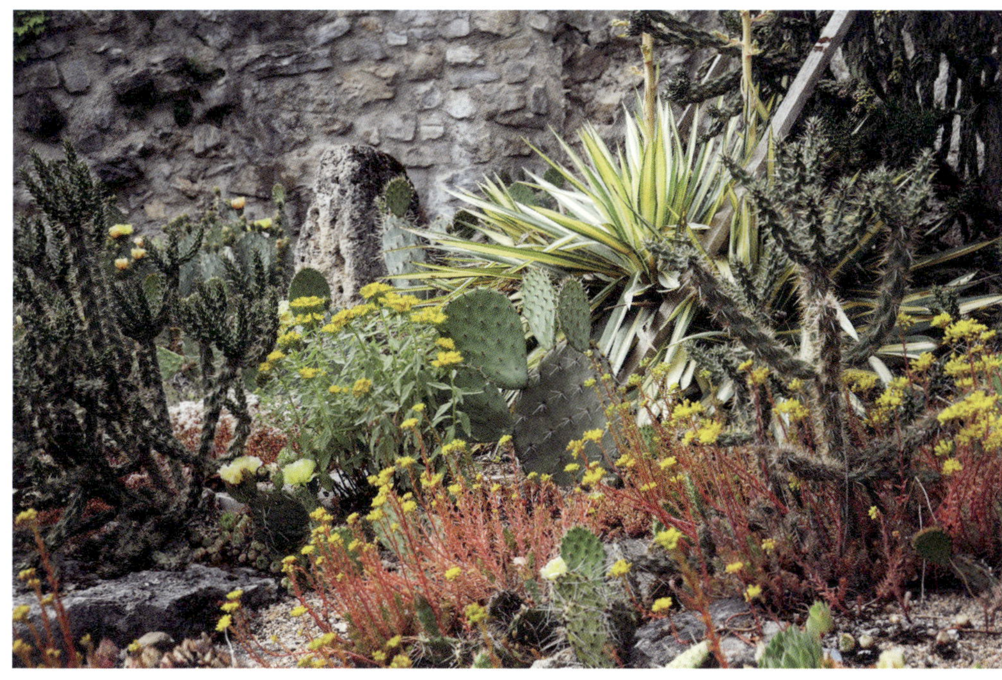

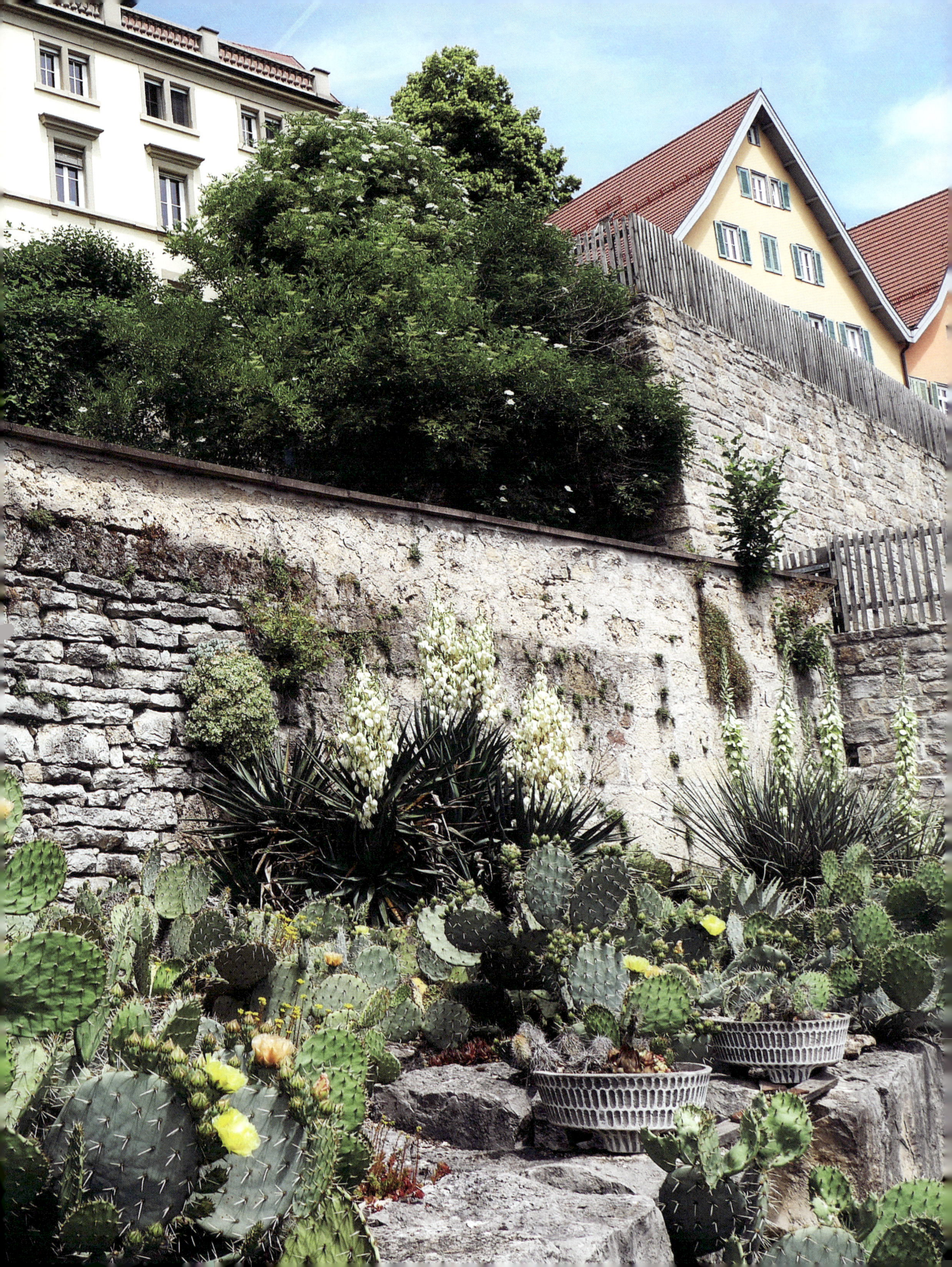

blühende Opuntien-Art auf. Die in Mexiko beheimatete Opuntia engelmannii hat einen beeindruckenden buschigen Wuchs. Wie tellergroße Ohren wirken ihre einzelnen Triebabschnitte, die prächtige gelbe Blüten bilden. Nach wenigen Tagen werden diese Blüten orange, bis sie sich bräunlich färben. In den Spätsommer- und Herbst-Wochen entwickeln sich feigenartige auffallend rote Früchte. Ein anderer attraktiver Kaktus ist Cylindropuntia imbricata, dessen zylindrische dichtbedornte Zweige bis etwa 2 m hohe Büsche bilden. Fast könnte man an der kleinwüchsigen Escobaria missouriensis vorbeilaufen, dabei ist diese Rarität bei näherer Betrachtung eine unglaubliche Schönheit. Netzartig verdecken ihre dicht wachsenden zarten weißen Dornen ihre grüne Epidermis, während sich ihre gelblich- bis rosafarbenen Blüten mit grünlich-gelblichen Narbenstrahlen sternförmig öffnen. Rot und kugelrund trägt sie ihre Früchte zwischen den Areolen, wie kleine Vogelkirschen. Ganz schön viel Farbe für so eine kleine Pflanze.

Viele Hauswurz-Arten (Sempervivum) ergänzen das Kakteenreich in Horb und bieten ein geschlossenes harmonisches Bild. Auch sie ertragen problemlos Hitze, Kälte und Trockenheit. In der Mitte thront eine Araucaria araukana, die sich stolz über den Kakteengarten erhebt und ihre kleinen Schützlinge zu bewachen scheint. Ihre Heimat sind die chilenischen Anden und Patagonien. Ganz so nah sollte man sie nicht in Augenschein nehmen, denn ihre schuppenartig angeordneten Blätter sind nadelscharf. Apropos scharf und dornig. Ohne Stechen geht die Arbeit von Holger Dopp nicht vonstatten. Doch dafür hat der erfahrene Kakteenliebhaber ein großes Arsenal an allerlei Pinzetten, sein wichtigstes Werkzeug, von klitzeklein bis armlang. Mit Charme und unaufdringlicher Expertise führt der Fachmann die Besucher durch sein Reich. Mittlerweile kommen Gäste aus der ganzen Welt, um seine dornigen Schützlinge in Horb zu bewundern. Besondere Freude bereitet es ihm, Pflanzen anderer Liebhaber in seiner »Kakteen-Klinik« vor dem Eingehen zu retten. Die überschaubare Größe des Horber Kakteengartens wird durch die traumhafte Kulisse mehr als wettgemacht. Auf leicht erhabener Position genießt man einen wunderschönen Blick auf die Fachwerk-Szenerie, während der langsam mäandernde Neckar uns zu Füßen liegt. Horb am Neckar – eine Kakteenhochburg.

Summen die Bienen um Nazarius (28. Juli) über den Wiesen,
darfst guten Wildblumenhonig du genießen.

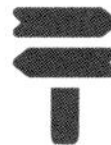

Der Kakteengarten Horb am Neckar
Sommerhalde
72160 Horb am Neckar
horb.de

Der Gewöhnliche Feigenkaktus

[Opuntia ficus indica]

Kakteengewächse – Cactaceae

Eine Reise in das ferne Mexiko, die wahrscheinliche Ursprungsregion des Feigenkaktus, ist nicht notwendig. Als Neophyt hat er bereits in vielen Ländern Wurzeln geschlagen. Anzutreffen ist er unter anderem in Südamerika, Südafrika, Australien und im gesamten Mittelmeerraum, wo er sich wuchsfreudig ausbreitet.

Er erreicht mit einer Wuchshöhe von bis zu 6 m eine beachtliche Höhe. Dabei gliedern sich die Sprossteile strauchartig aneinander, wie aufgesetzte Mickey-Maus-Ohren erscheinen uns die wasserspeichernden Triebe. Borstenähnliche Dörnchen, die mit einem Widerhaken versehen sind, die Glochiden, verteilen sich büschelartig auf der Oberfläche der Sprossglieder. Haben sie sich einmal in der Haut verfangen, ist es schwer, sie wieder herauszubekommen. Eine Pinzette und Geduld sind gefragt. An den Sprossenden öffnen sich spektakuläre gelbleuchtende Blüten. Später bilden sich schmackhafte Früchte, die an Feigen erinnern. Sie haben dem Kaktus seinen Namen gegeben. In seiner Ursprungsregion werden seine Früchte seit jeher genutzt. Als Obst frisch verspeist oder zu Marmeladen oder Getränken verarbeitet ist das süß-saure Fruchtfleisch eine Delikatesse. Die zarten Triebe werden als Gemüse gedünstet oder dienen der Kultur der Cochenillelaus, aus der der rote Farbstoff Karmin gewonnen wird. Die Früchte und die Kerne des Feigenkaktus haben neben einem hohen Gehalt an Ballaststoffen, Vitaminen und Mineralstoffen auch interessante Flavonoid-Verbindungen. In Mittel- und Südamerika ist er eine traditionelle Heilpflanze.

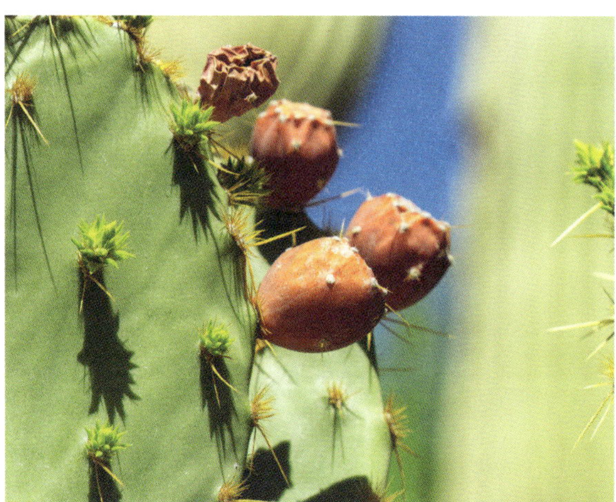

Steckbrief

Höhe: *bis 6 m*

Aussehen: *Ein strauchförmiger Wuchs mit scheibenförmigen Sprossteilen, die sich aneinander gliedern. Endständig öffnen sich gelbe Blüten. Die Früchte sind grünlich oder rötlich. Sie sind essbar.*

Standort: *Sonniger Platz. Er ist nicht winterhart. In der kalten Jahreszeit ist die Überwinterung in einem Wintergarten ratsam.*

Blütezeit: *von Juni bis September*

Inhaltsstoffe: *unter anderem Vitamine, Mineralstoffe, Flavonoide und Oxalsäure*

Eigenschaften: *Unter anderem darmregulierend, kann beim Abnehmen unterstützen.*

Die emsige Drechslerin

[Die Blaue Holzbiene – Xylocopa violacea]

So groß wie eine Hummel, gefährlich schwarz behaart und laut brummend: Wenn die Blaue Holzbiene über unsere Köpfe rast, hat man im ersten Augenblick den Drang, sich zu bücken. Doch die respekteinflößende Biene ist eine friedfertige Gesellin, die man auf ihrer Nektarsuche gut beobachten kann. Ihre Körperlänge von bis zu 30 Millimetern und ihre blau schimmernden Flügel machen es einfach, sie zu bestimmen.

Anders als Honigbienen lebt sie solitär. Bereits im Frühling begibt sie sich auf der Suche nach einem geeigneten Nistplatz, um ihre Brut aufzuziehen. Dabei bevorzugt sie morsches Holz, in dem sie ihre bis zu 30 cm langen Gänge bohrt. Dafür hat sie das geeignete Werkzeug – ihre kräftigen Kiefer. Mit denen nagt sie sich durch das Holz, bis ihre Höhlen lang genug sind. Damit ist ihre Arbeit noch nicht erledigt. Die Höhlen werden mit einzelnen kleinen Zellen fleißig ausgestopft, in denen sie auf einem Pollenbrei, die Nahrung der Larven, ein Ei ablegt. Nach ungefähr zehn Wochen hat sich das Ei in ein adultes Tier verwandelt – eine neue Generation ist entstanden. Mit ihrem Rüssel bedient sie sich am liebsten am Nektar und am Pollen von Korb- und Schmetterlingsblütlern. Dafür taucht sie tief in die Blüte ein, bis man nur noch ihr Hinterteil sehen kann. Reicht ihre Akrobatik nicht aus, dann hat sie eine ganz andere schlaue Möglichkeit: Mit ihrem Beißwerkzeug knabbert sie den Blütenkelch von außen an und kommt so an die süße Speise. Möchte man ihr im Garten ein Habitat einräumen, reichen in der Regel ein Totholz-Haufen auf einem sonnenbeschienenen Plätzchen und eine pollenreiche Bepflanzung. Spätestens wenn wir ein bisschen Sägemehl an einem morschen Holz vorfinden, wissen wir, die Blaue Holzbiene ist zu Gast in unserem Garten.

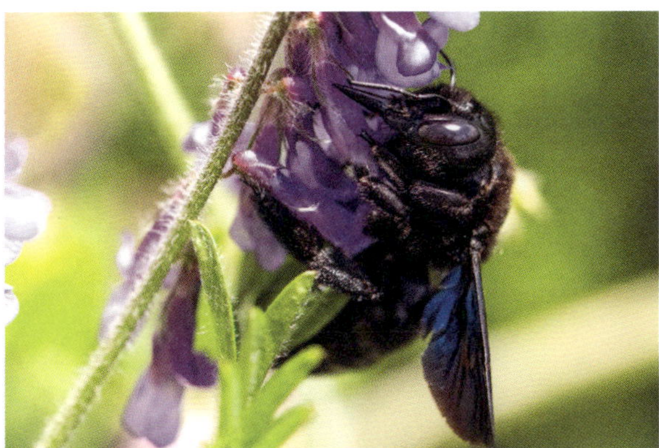

Steckbrief
Körperlänge: *bis zu 30 mm*
Aussehen: *Schwarzer Körper mit einer leichten Behaarung. Ihre Flügel sind ebenfalls schwarz, schimmern jedoch je nach Lichtstrahlung blau.*
Habitat: *Totholz, morsches Holz, Gartenzaun o. ä.*
Paarungszeit: *in der Regel Mitte April bis Anfang Mai*
Nahrungsquelle: *Sie bevorzugt Pollen und Nektar von Korb- und Schmetterlingsblütlern.*

Der Japanische Garten in Freiburg

Shinrin joku – Waldbaden in Freiburg

Das Land der aufgehenden Sonne ist eine langgezogene Gebirgskette, die sich aus dem Japanischen Meer und dem Pazifik erhebt, und eine Insel voller Gegensätze: Hell erleuchtete, moderne Riesenstädte, auf engstem Raum gebaut, in denen das Leben pulsiert, und demgegenüber die Stille riesiger und schwer zugänglicher Bergwälder, mit einer urwüchsigen Vegetation, die von den gemäßigten Nadelwäldern der Nordinseln bis in die subtropischen Laubwälder der Südinseln reichen. Wasser, Wälder, Gesteine sind die vorherrschenden Elemente, die sich in den Miniaturwelten der japanischen Gärten wiederfinden. Sie sind fernöstliche Gedichte an die Urgewalt der Natur. Anstatt Wörter werden Elemente wie Steine, Sand, Wasser und Bäume so arrangiert, dass sie im Kleinen die Kraft der ungebändigten Naturlandschaft symbolisieren. Eine Insel, die sich aus dem tosenden Meer erhebt, Steine, die sich über Tausenden von Jahren ihren Weg in einem Flussbett bahnen, bizarr wachsende Bäume, die auf einem Felsen gedeihen und in den Himmel schießen. Um einzutauchen in die Philosophie eines japanischen Gartens, benötigt es viel mehr, als einen schnellen Gang durch einen fernöstlichen Miniaturpark, denn die Gartenkunst im Land der aufgehenden Sonne beruht auf einer philosophischen Tiefe, die wir mit unserer europäischen Gedankenwelt auf den ersten Blick nicht erschließen können. Es bedarf Ruhe, Zeit und Auseinandersetzung, um sie annähernd zu verstehen. Doch die Erkundung des Japanischen Gartens in Betzenhausen ist ein guter Anfang und die Geschichte einer ungewöhnlichen Städtepartnerschaft.

Im Miniaturreich auf dem großzügigen Gelände des Seeparks sind Naturlandschaften in idealisierter Weise nachgebildet. Das zentrale Thema des Gartens ist ein als Kunstwerk gestalteter Wasserlauf, der sich von der Quelle hoch oben in den Bergen über einen tosenden Wasserfall in einen Ozean ergießt – dem Flückinger See auf dem Seeparkgelände. Dabei könnte die Kaskade nicht naturgetreuer nachgebaut worden sein. Wie ein Schleier fällt das Wasser auf die untere Stufe, bevor es auf seinem weiteren Weg durch die Landschaft einen Stein umrundet.

Unsere Blicke werden geleitet: eine Pagode und Laternen, Schrittsteine und Steinsetzungen, Brücken und gestalterisch geformte Sträucher und Bäume. Oberhalb des Wasserfalls erhebt sich eine Steinpagode mit ihren 13 Dächern in die Höhe, während versteckt hinter Büschen mehrere Steinlaternen zum Vorschein kommen. In dem vom Shintoismus und Buddhismus geprägten Land standen sie ursprünglich für Opfergaben vor Tempeln und Schreinen. Die Schrittsteine im Flussbett sind viel mehr als eine Möglichkeit, den Weg trocken zu überqueren. Sie eröffnen neue Perspektiven, lenken unsere Augen und leiten unsere Suche. Das Denken wird animiert. Ein weiteres wichtiges Element ist die Steinauswahl und -setzung. Dem Betrachter sollen gewaltige Berge und tiefe Schluchten suggeriert werden. Dafür werden nicht irgendwelche Gesteine genommen, sondern Exemplare eingesetzt, die von der Natur modelliert wurden. Verwitterte, moosbewachsene Steine, die die Unverfälschtheit festhalten. Fündig wurden die japanischen Gartenbauer schließlich im Bereich des Schauinslands. Das schlicht gehaltene Wasserbecken mit seinem einfachen Speier ist ein weiteres Gestaltungselement. So simpel in seiner Ausführung und doch vollkommen in seiner Ästhetik. Schließt man die Augen, könnte man meinen, dem Nieselregen in einem japanischen Bergwald zu lauschen, der sanft auf einen Felsen tropft. Da alles miteinander verbunden ist und harmonisch ineinanderfließt, wird auch die Formgestaltung der Pflanzen mit Bedacht ausgeführt. Damit die Di-

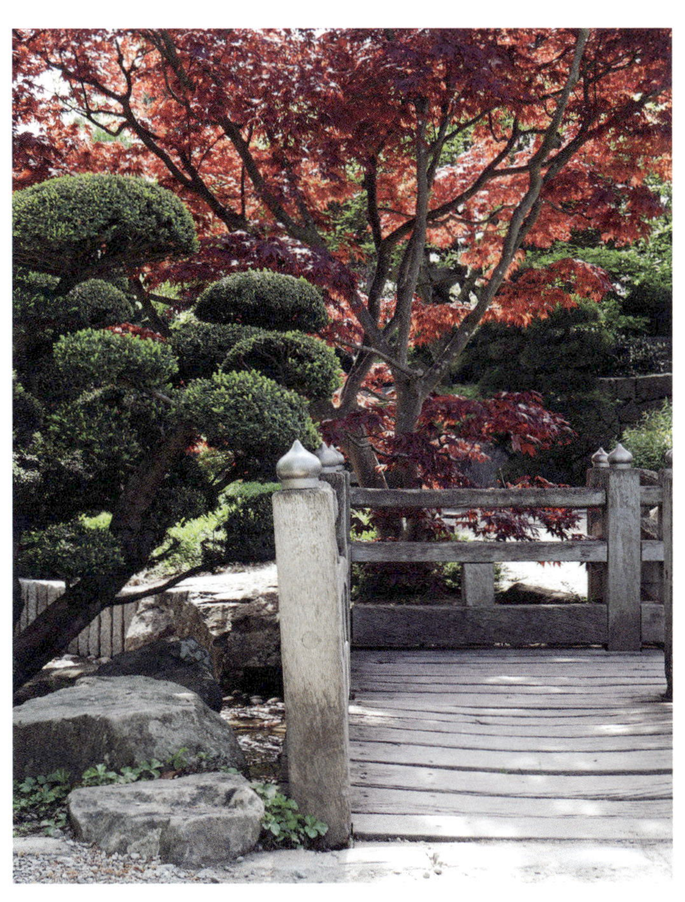

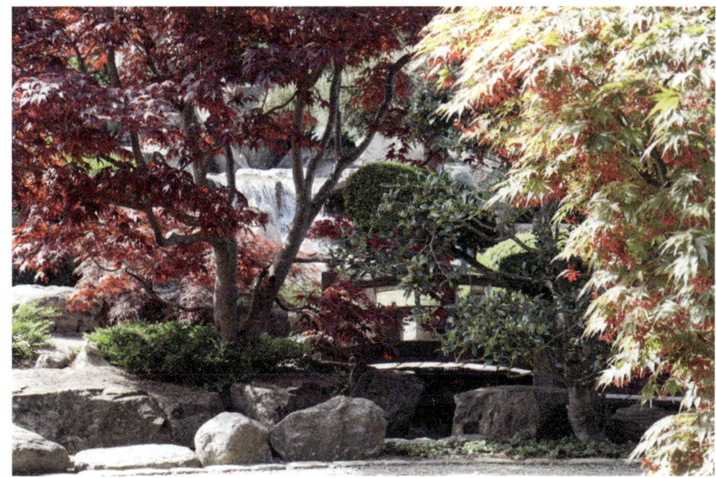

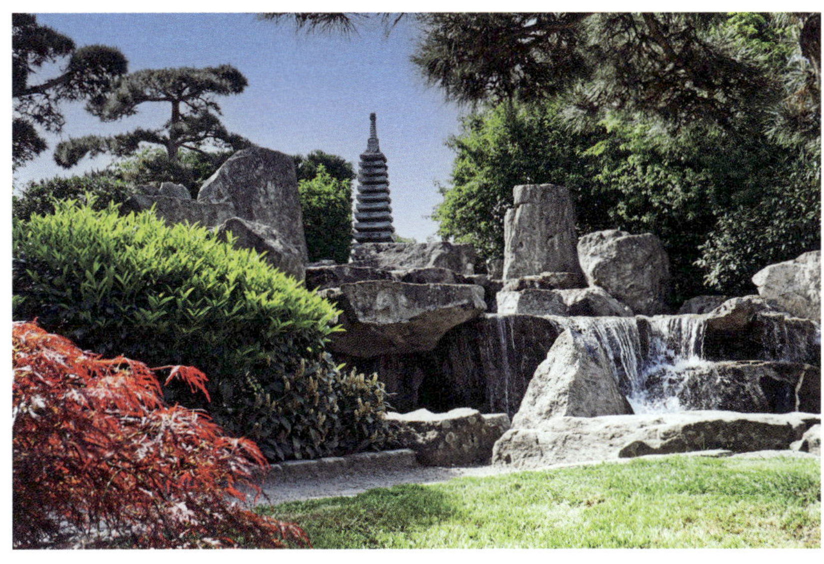

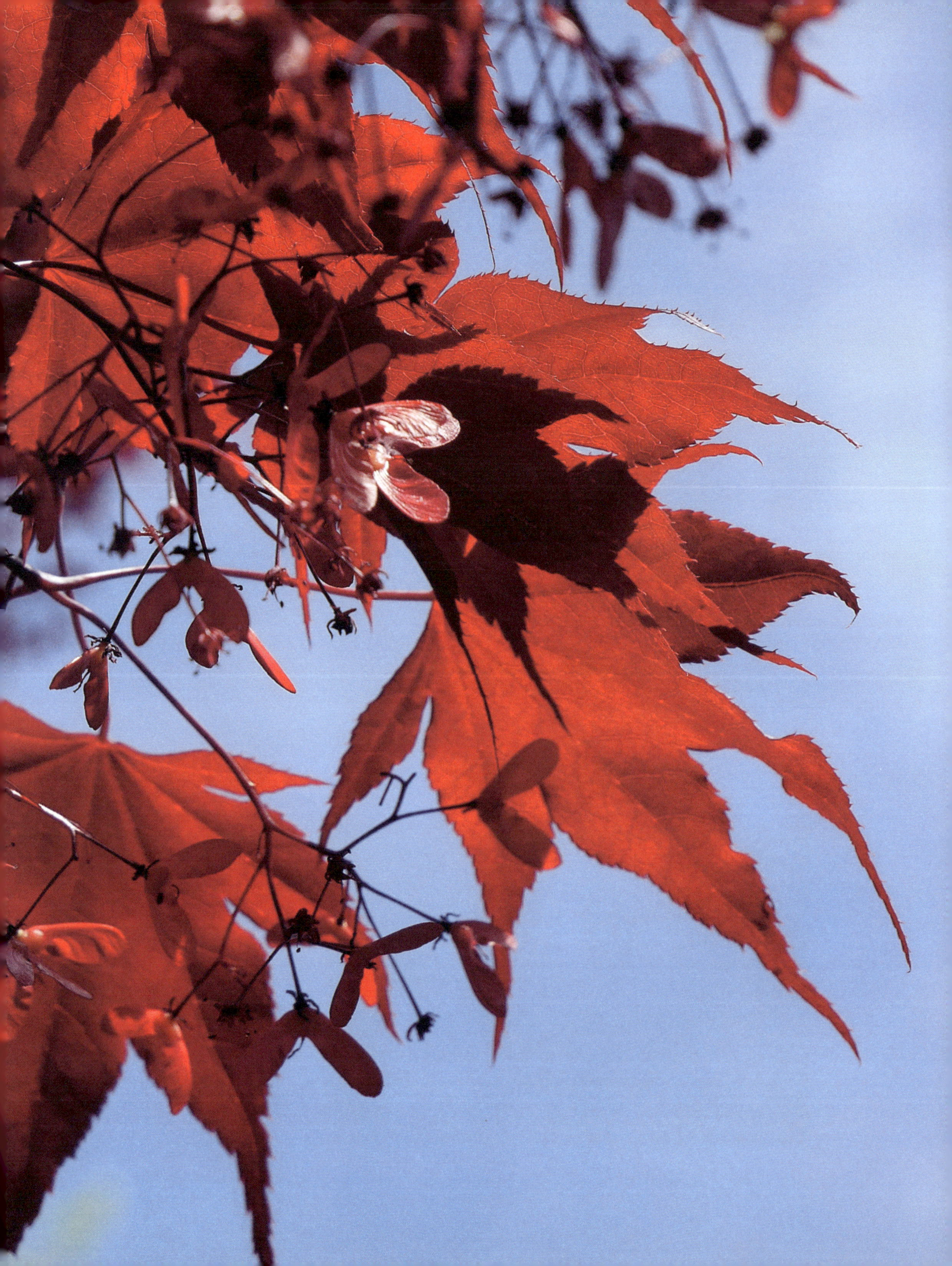

mensionen zwischen den Elementen stimmig bleiben, werden die Bäume und Sträucher regelmäßig gestutzt und bewusst in Form gebracht. Rechter Hand, am Ende des Gartens, steht ein Holzpavillon, der in Japan der traditionellen Teezeremonie dient, die Lichtjahre entfernt von unserer Teebeutel-Kultur ist. Die gezackte Holzbrücke und der gewölbte Steinsteg ermöglichen ebenfalls neue Blicke und Sichtweisen. Als verbindende Elemente zwischen zwei Punkten haben sie eine starke Symbolkraft. Sie vereinen zwei Welten wie die der Partnerstädte Freiburg und Matsuyama, die bereits auf eine über dreißigjährige Freundschaft zurückblicken können.

Der Japanische Garten in Betzenhausen ist ein Geschenk Matsyamas an die Freiburger Bevölkerung. Angelegt wurde er 1989 von dem japanischen Gartenarchitekten Yoshinori Tokumoto zusammen mit drei japanischen und zehn Freiburger Gärtnern des Gartenamts. Die feierliche Eröffnung fand im Mai 1990 statt. Wie Freiburg ist Matsuyama eine Universitätsstadt und bekannt für ihre heißen Quellen, die traditionelle Badekultur und ihre uneinnehmbare Festung, die hoch über der Stadt ragt.

Je nach Jahreszeit hat der Japanische Garten in Freiburg viele Gesichter: wenn die Kirschblüten mit ihrer zarten Schönheit den Frühling feiern, die Schatten des Sommers Strichzeichnungen auf dem Boden malen, die Ahornbäume im Herbst in vielen Rottönen leuchten oder ein pulvriger Schnee sich auf den Garten legt. Übertroffen werden diese Momente früh morgens, wenn die Miniaturgartenwelt ihre Pforte öffnet und man ganz alleine, in völliger Ruhe, in Meditation versinken kann. Vielleicht öffnet sich dann ein Törchen, und man hat die Möglichkeit, in die Seele der japanischen Gartenkultur zu blicken.

Das Glück kommt zu denen, die lachen – 笑う人に幸せが来る

Japanische Weisheit

Tipp: Ein weiterer sehenswerter japanischer Garten liegt in Bonndorf. Alleine schon aufgrund seiner idyllischen Einbettung im Kurpark und seiner Höhenlage von 850 m ist er eine Besonderheit.

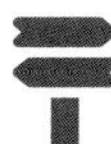

Japanischer Garten
Gerhart-Hauptmann-Str.
79110 Freiburg im Breisgau
freiburg.de / pb / 233136

Der Ginkgo

[Ginkgo biloba]

Pflanzenfamilie Ginkgogewächse – Ginkgoaceae

Wie tausende kleine japanische Fächer erscheinen die Blätter des Ginkgos, als würden sie dem Baum einen erfrischenden Luftzug zuhauchen. Vor allem im Herbst, wenn die goldgelben Blätter im Blau des Himmels leuchten, ist er eine ästhetische Schönheit unter den Bäumen. Fast könnte man meinen, es handele sich um eine neue Züchtung. Dabei ist der Ginkgo ein Dinosaurier unter den Bäumen. Bereits vor über 150 Millionen Jahren soll er verbreitet gewesen sein, eine Zeit, in der riesige Landtiere unser Erde bevölkerten und Urvögel in der Luft schwebten.

Anfangs wächst er schlank in die Höhe, mit zunehmendem Alter trägt er eine mächtige Baumkrone. Er hat langgestielte Blätter, die zweilappig und von Blattnerven durchzogen sind. Obwohl er botanisch gesehen den Nadelbäumen nahesteht, wirft er im Winter sein gelbes Blätterkleid ab. Er ist zweihäusig, männliche und weibliche Blüten sitzen auf getrennten Bäumen. Seine gelben Früchte, die Mirabellen ähneln, besitzen einen Kern. Zertritt man sie, verströmen sie einen unangenehmen Geruch nach Buttersäure. Der Ginkgo kann ein Alter von 1.000 Jahren und darüber hinaus erreichen.

Bei uns ist der Fächerbaum eine Rarität. Wir sehen ihn allenfalls in Parks oder Gärten. In Ostasien hingegen wird er als Tempelbaum verehrt und ist oft anzutreffen. In Japan sind seine Nüsse eine gerne verspeiste Knabberei. Medizinisch wird ein alkoholischer Auszug verwendet, der unter anderem bei Durchblutungsstörungen eingesetzt wird.

Steckbrief
Höhe: *bis zu 30 m*
Aussehen: *Zunächst ein schlanker Wuchs, mit zunehmendem Alter in der Krone breiter werdend. Die Rinde ist graubraun und gefurcht. Zweilappige grüne Blätter, die sich im Herbst gelb färben. Die gelbe mirabellengroße Frucht enthält einen Kern.*
Blütezeitpunkt: *von April bis Mai*
Vorkommen: *In Europa in Parks und Gärten anzutreffen.*
Inhaltsstoffe: *unter anderem Flavonglykoside und Procyanidine*

Black Forest Okonomiyaki

Der japanische Pfannkuchen Schwarzwald-Style. Passend zur Gartenexkursion wird ein Klassiker der japanischen Küche vorgestellt, in stark abgewandelter Form: Wir ersparen uns das aufwendige Zusammensuchen der vielen japanischen Zutaten, bevorzugen stattdessen heimische Produkte und verzichten auf die Mayonnaise und die zuckerhaltige Soße, die traditionell verwendet werden. Frisch, regional, saftig, diese herbstliche Okonomiyaki-Variante kann sich sehen lassen. Das Brennnessel-Gewürz sorgt für das gewisse Etwas.

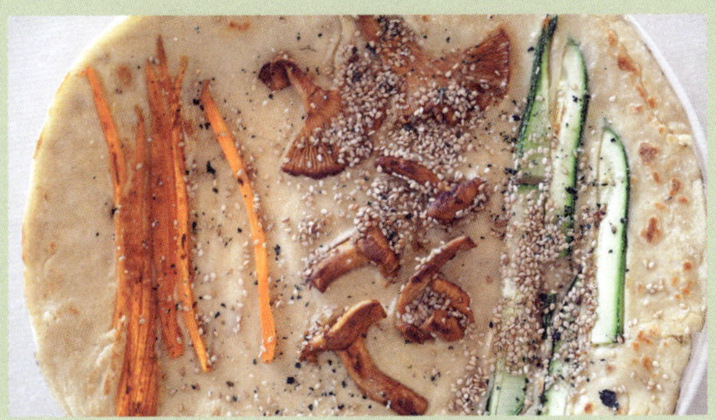

Zutaten

(für 2 Personen)

100 g Weizenmehl

200 ml Wasser

2 Eier

1 Prise Salz

2 EL Sesam

3 Triebe Brennnesseln – getrocknet

1 EL grobes Meersalz

1 Handvoll Pilze: Pfifferlinge, Steinpilze oder Champignons

1 Karotte

1 Zucchini

1 EL Rapsöl

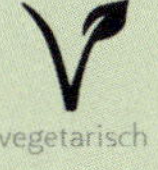

vegetarisch

1. In einer Schüssel das Mehl, das Wasser, die Eier und die Prise Salz miteinander verquirlen. Den Teig eine halbe Stunde ruhen lassen.
2. In einer Pfanne 1 EL Sesam ohne Fettzugabe 5 Minuten rösten. Abkühlen lassen und im Mörser zusammen mit den Brennnesseln und dem groben Meersalz zerstoßen.
3. Die Pilze säubern und in mundgerechte Stücke schneiden. Die Karotte und die Zucchini waschen und in Streifen hobeln. In der Pfanne das Öl erhitzen und die Pilze anbraten, bis das ausgetretene Wasser verdampft ist.
4. In einer gefetteten Crêpe-Pfanne, die Hälfte der Teigmasse einfüllen und mit dem Gemüse bedecken. Mit einem halben EL Sesam bestreuen und ca. 5 Minuten backen. Den Pfannkuchen wenden und weitere 3 Minuten backen. Den fertigen Eierkuchen mit dem Brennnesselgewürz bestreuen. Mit dem restlichen Teig ebenso verfahren. Itadakimasu – Guten Appetit!

Tipp: Stilechter ist der Okonomiyaki mit Weißkohl, Ingwer und Sojasauce. Das Rezept ist wandelbar und kann mit kunterbuntem Garten-Gemüse hergestellt werden.

Dankesagung

Das kleine Stück Gartenglück hinter dem Haus ist ein ganz persönliches Reich. Ich danke allen Gartenbesitzern, die mir mit so viel Freundlichkeit ihr Gartentor geöffnet haben. Geblieben sind blumige Erinnerungen, die sich fest in meinem Kopf eingegraben haben.

Auch allen Gartenenthusiasten öffentlicher Gärten gilt mein besonderer Dank. Oft ehrenamtlich und mit viel Herzblut widmen sie sich dem kleinen Stück Natur, das sie begleiten und modellieren. Dabei schenken sie uns Glücksmomente, die unser Leben bereichern.

Erwähnen möchte ich auch die Mitarbeiter des Botanischen Gartens der Albert-Ludwigs-Universität Freiburg, insbesondere Dr. Friederike Gallenmüller für ihre freundliche Unterstützung, und Ines Veith, Roman- und Drehbuchautorin und Mitinitiatorin des SOPHI-Parks für ihre Inspiration.

Ihnen allen sende ich blumige Grüße,
Astrid Lehmann

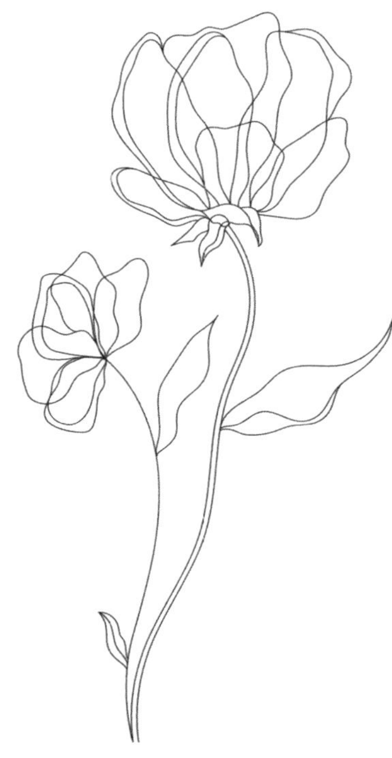

LITERATURVERZEICHNIS

Apothekergarten im Kurpark Bad Liebenzell, Schwarzwaldverein Bad Liebenzell, Friedrich Böckle, Druckhaus Weber
Blätter von Bäumen, Susanne Fischer-Rizzi, AT Verlag
Das BLV Handbuch Vögel, Einhard Bezzel, BLV Buchverlag
Das große Buch der Heilpflanzen, Apotheker M. Pahlow, Gräfe und Unzer Verlag
Die 444 besten Bauernregeln, Jurik Müller, BLV Buchverlag
Die Geschichte Badens, Wolfgang Hug, Theiss
Die Wildbienen Deutschlands, Paul Westerich, Ulmer Verlag
Enzyklopädie Essbare Wildpflanzen, Fleischhauer, Guthmann, Spiegelberger, AT Verlag
Geschichte und Volkskunde der deutschen Heilpflanzen, Prof. Dr. Heinrich Marzell, Reichl Verlag
Heimische Tag- und Nachtfalter Wolfgang Dierl, BLV Buchverlag
Regenwürmer – Helfer im Garten, Dr. Ralf Klinger, Pala Verlag
Reichtum ernten, Ute Klaphake, Karin Lüdemann, Dierk Jensen, Kosmos
Steinbachs Naturführer – Bäume und Sträucher, Bruno Kremer, Ulmer Verlag
Steinbachs Naturführer – Insekten, Heiko Bellmann, Ulmer Verlag
Verborgenes Juwel, Heide Jahnke, Badische Heimat 1 / 2022
Vögel im Garten, Robert Burton, DK Verlag
664 Jahre »Kuchelgarten« der Freiburger Kartause, Iso Himmelsbach, Gutenberg-Druckerei

Sonstige Quellen:
NABU Naturgucker Akademie – artenwissen.online. de und nabu.de, telepolis.de / features / / Clevere-Werkstoffe-kitten-sich-selbst, Botanischer Garten Freiburg, Sukkulenten-Sammlung Zürich, Uni Graz »Es muss nicht immer Weizen sein« (unipub.)

ABBILDUNGSVERZEICHNIS

Sofern hier nicht gelistet, stammen alle Abbildungen von Astrid Lehmann.

S. 21 © creative nature / Envato Elements
S. 33 © yuriybal / Envato Elements
S. 60 © Viktor Pravdica / Envato Elements
S. 61 © manfredxy / Envato Elements
S. 65 © MargJohnsonVA / Envato Elements
S. 85 © yuriybal/ Envato Elements
S. 97 © 2020 JJ. Gouin / iStock
S. 110 © albinasol777 / Envato Elements
S. 112 © Anatoliy Berislavskiy / iStock
S. 113 © ssumetha / Envato Elements
S. 125 © WildMediaSK / Envato Elements
S. 137 © lifeonwhite.com / Envato Elements
S. 152 © Amerikanische Pfeifenwinde / adobeStock
S. 158 © ALEXDONIN / Envato Elements
S. 164 © ChantelleL3 / Envato Elements
S. 165 © IciakPhotos / Envato Elements

Illustrationen
© AhsanjayaCorp / Envato Elements
© ShapeSlide / Envato Elements

ÜBER DIE AUTORIN

Astrid Lehmann

Nach einer kurzen Kindheit in Frankreich und einer etwas längeren Jugend im Schwarzwald hat Astrid Lehmann jahrelang auf drei Kontinenten in großen Metropolen gelebt und gearbeitet. Fremde Kulturen und grandiose Naturlandschaften haben sie auf ihren Reisen fasziniert. Vor über zwölf Jahren ist Astrid Lehmann in den Schwarzwald zurückgekehrt und wohnt heute mit ihrer Familie im wunderschönen Wolftal, wo sie ihre ganz persönliche Heimat gefunden hat. Nach Stationen in der Vertriebswelt und dem Tourismus arbeitet sie nun als Autorin und Wildpflanzenpädagogin. Naturverbunden und abenteuerlustig genießt sie die einzigartige Natur- und Kulturlandschaft des Schwarzwalds und ist dabei am liebsten zu Fuß unterwegs.

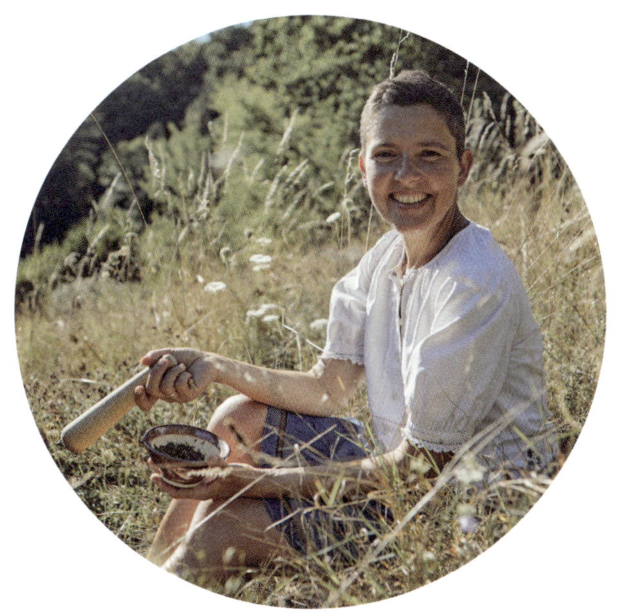